CÔTES EN DANGER

Pratiques de la Géographie

CÔTES EN DANGER

par

Roland PASKOFF

Professeur à l'université Lumière de Lyon

MASSON
Paris Milan Barcelone Bonn
1993

Les figures illustrant le livre ont été redessinées par Michèle Le Goffe de l'Unité de recherche associée D0904 du CNRS.

Toutes les photographies sont de l'auteur.

© *Masson, Paris, 1992*

ISBN 2-225-84009-1

ISSN 0993-6149

MASSON S.A.	120, bd Saint-Germain, 75280 Paris Cedex 06
MASSON S.p.A.	Via Statuto, 2, 20121 Milano
MASSON S.A.	Avenida Principe de Asturias 20, 08012 Barcelona
DÜRR UND KESSLER	Maarweg, 30, 5342 Rheinbreitbach b. Bonn.

TABLE DES MATIÈRES

AVANT-PROPOS

Les côtes, où la terre, la mer et l'air se rencontrent, constituent des franges étroites, caractérisées par une haute énergie mécanique et une grande diversité biologique, qui attirent chaque jour davantage la convoitise des hommes, malheureusement dans leur grande majorité ignorants de la véritable nature des espaces littoraux. Des activités multiformes, parfois conflictuelles entre elles, s'y développent et elles ont souvent pour résultat de déstabiliser gravement ces milieux dynamiques et précaires. On recourt alors à des solutions, dans la plupart des cas coûteuses, pas toujours efficaces, pour tenter de porter remède à des dégradations qui peuvent être irréversibles et qu'une meilleure connaissance de l'environnement côtier aurait sans doute permis d'éviter.

Dans ce livre les problèmes de pollution des rivages marins ne seront évoqués qu'au passage. On mettra avant tout l'accent sur les déséquilibres morphologiques et sédimentaires induits par des aménagements élaborés et décidés de façon imprévoyante. Ils seront illustrés par de nombreux exemples pris en France, mais aussi par de multiples cas choisis un peu partout dans le monde.

Des thèmes relatifs aux difficultés qui peuvent surgir quand les hommes occupent des milieux côtiers feront donc ici l'objet d'une discussion par un géographe. En effet, la géographie occupe une place légitime pour intervenir dans les questions d'environnement, n'en déplaise à des esprits égarés qui, en France, après avoir réussi à la démanteler dans les instances du CNRS, s'efforcent maintenant de la dénaturer insidieusement dans les programmes des enseignements secondaire et supérieur. Faut-il leur rappeler que les relations entre l'Homme et la nature constituent le paradigme fondateur de cette science qui a traversé les siècles et qui nulle part ailleurs n'est ainsi menacée d'anéantissement?

L'auteur a conduit des recherches fondamentales et appliquées sur des littoraux de la Méditerranée occidentale et du Pacifique sud-américain. Il a eu aussi l'avantage de présider pendant huit ans la Commission sur l'environnement côtier de l'Union géographique internationale. La possibilité lui a été ainsi donnée de parcourir de nombreuses côtes de tous les continents sous la conduite de collègues qu'il remercie ici collectivement pour toutes les informations qu'ils ont bien voulu lui communiquer. Il a également beaucoup bénéficié de son appartenance à l'Unité de recherche associée D0904 du CNRS, intitulée Dynamique et gestion des espaces littoraux, qui lui a ouvert des perspectives nouvelles dans l'approche géographique des milieux côtiers et dont l'aide matérielle lui a été précieuse.

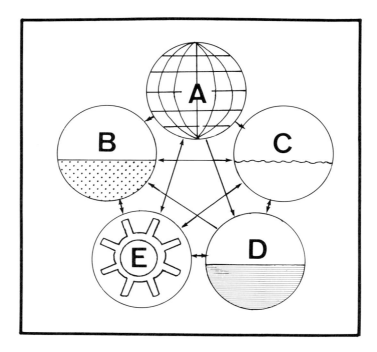

Fig. 1. — *Facteurs dont les actions, interactions et rétroactions se manifestent dans les milieux côtiers,* d'après O. Pilkey *et al.,* 1989. A. Climat. B. Budget sédimentaire. C. Processus côtiers (vagues, courants, vent). D. Niveau relatif de la mer. E. Activités humaines.

Le message que l'on trouvera dans les pages qui suivent est simple. Les littoraux constituent des environnements fragiles dans lesquels se manifestent de multiples facteurs d'évolution aux actions, interactions et rétroactions complexes (fig. 1). Les hommes doivent savoir utiliser ces milieux sans en abuser. Un développement durable représente un objectif réalisable si, d'une part les planificateurs et les ingénieurs trop souvent mal informés des contraintes qu'impose la nature, d'autre part les décideurs et les usagers fréquemment guidés dans leurs choix et dans leurs comportements par le court terme, acceptent de bon gré des limitations dans leurs interventions. Les côtes appellent une gestion patrimoniale dont quelques principes seront énoncés sous une forme que l'on a voulu accessible à un large public, conformément à l'esprit de la collection dans lequel le livre est publié.

Chapitre 1

LE NIVEAU DE LA MER : LA CRAINTE DU DÉLUGE

A l'échelle de la vie humaine, le niveau moyen de la mer apparaît comme une donnée fixe. C'est d'ailleurs lui qui sert de référence pour mesurer l'altitude des reliefs des continents ou la profondeur des cuvettes océaniques. En France, le réseau de nivellement utilisé pour l'établissement des cartes topographiques a été mis en place à partir d'un niveau de référence, le zéro NGF (nivellement général de la France), qui correspond au niveau moyen de la mer à Marseille. Ce niveau a été déterminé en calculant la moyenne arithmétique des hauteurs de la marée dans l'anse Calvo, pendant la période allant du 3 février 1885 au 1er janvier 1897, et il est matérialisé par un repère fixe, scellé sur une paroi rocheuse.

De fait, même en faisant abstraction des vagues, des marées et autres ondes de diverses périodes, en particulier les tsunamis, souvent encore improprement appelés raz de marée (ils n'ont rien à voir avec l'attraction combinée de la lune et du soleil ; leurs vagues, parfois gigantesques, sont engendrées par des séismes, des éruptions volcaniques ou de glissements de terrain qui se produisent sous la mer), la surface de l'eau n'est pas stable car elle est sensible à l'action de facteurs météorologiques et hydrologiques. Ainsi, à Marseille, le niveau de la mer est habituellement plus haut en automne que pendant les premiers mois de l'année : le maximum se place en novembre, le minimum en mars, avec une amplitude de l'ordre de 20 à 30 cm. Le cas est d'ailleurs général dans l'hémisphère boréal, au moins dans la zone extra tropicale, la date du maximum retardant au fur et à mesure que l'on s'élève en latitude. Le phénomène est inverse dans l'hémisphère sud, le maximum se situant entre février et juin, pendant l'automne austral. Ces fluctuations au cours de l'année sont mises en relation avec des variations de la pression atmosphérique, de la poussée des vents, de l'évaporation, de la densité de l'eau de mer qui dépend de sa température et de sa salinité, du débit des courants océaniques aussi.

Le Niño : un enfant terrible

Des variations pluriannuelles du niveau de la mer ont aussi été mises en évidence. Par exemple, il s'en produit dans l'océan Pacifique lorsque se manifeste le Niño, un phénomène dont on a beaucoup parlé ces dernières années. Pris dans son acception initiale, le Niño désigne un événement habituel qui apparaît chaque année sur la côte du Pérou vers la fin du mois de décembre, d'où son nom qui signifie en espagnol l'Enfant Jésus, et qui peut durer jusqu'au mois de mars. Pendant l'hiver austral, du Nord du Chili à l'Équateur, l'alizé souffle parallèlement à la côte qui se trouve sur sa droite. Le résultat est que les eaux superficielles du courant de Humboldt, dirigé vers le Nord, sont poussées vers le large et elles sont remplacées par des eaux plus profondes, froides et riches en sels minéraux. C'est le mécanisme de l'*upwelling*, à l'origine des brouillards littoraux du type de la *garua* péruvienne ou de la *camanchaca* chilienne, et de la richesse en poissons de ces parages de l'Amérique méridionale. Le courant de Humboldt, dit aussi du Pérou, porte alors jusqu'à environ 1° de latitude nord où se fait la rencontre avec le courant contre-équatorial chaud et peu salé. Pendant l'été, de décembre à avril, l'alizé mollit, entraînant un affaiblissement du courant de Humboldt qui permet alors au contre-courant équatorial de s'avancer vers le Sud, au-delà de l'équateur, en longeant la côte jusque vers 2° de latitude sud : c'est *la corriente del Niño*.

Cependant, certaines années, on constate une extension anormale dans l'espace et dans le temps des eaux chaudes du Niño qui peuvent aller au-delà de 15° de latitude sud. L'*upwelling* ne fonctionne plus. Le niveau moyen de l'océan est alors plus élevé de 10 à 20 cm qu'à l'ordinaire. Surtout, la substitution d'eaux chaudes aux eaux froides est susceptible de provoquer des catastrophes : pluies diluviennes et inondations sur une côte habituellement désertique, mortalité massive de la faune marine, en particulier dans les bancs d'anchois dont vit la pêche péruvienne, émigration des oiseaux de mer affamés, pollutions littorales. Aujourd'hui on tend, par un abus de langage fâcheux mais bien enraciné, à réserver l'appellation de Niño au phénomène exceptionnel dont l'explication tient à des causes météorologiques.

En temps normal, dans l'océan Pacifique austral, aux latitudes tropicales, les eaux ont tendance à s'accumuler sur son bord occidental où la surélévation du niveau de la mer peut atteindre une quarantaine de centimètres. Cette situation s'explique par l'existence dans la partie orientale de cet océan d'un grand anticyclone centré sur l'île de Pâques tandis qu'à l'Ouest, en particulier sur l'archipel indonésien, dominent de basses pressions. Les vents alizés qui soufflent de l'Est exercent une tension superficielle sur les eaux de surface qui, véhiculées par le courant équatorial, se dirigent vers l'Ouest et vont s'entasser sur les rivages des îles de l'Indonésie.

De temps à autre il arrive que, durant quelques mois, le gradient de pression entre l'Est et l'Ouest de l'océan s'inverse. Ce mouvement de balancier qui affecte l'ensemble du domaine Pacifique tropical sur 150° de longitude a été découvert dans les années vingt par G. Walker, alors Directeur général des Observatoires de l'Inde, qui tentait d'établir une corrélation entre les fluctuations de la mousson indienne et les famines résultantes d'une part, les années de Niño exceptionnel d'autre part. Cette modification radicale dans le régime des pressions est connue dans la littérature scientifique sous l'appellation d'Oscillation Australe et comme le phénomène du Niño exceptionnel lui est lié, on utilise souvent l'acronyme *ENSO* qui signifie *El Niño Southern Oscillation*. Le jargon devient condamnable quand, pour la situation barométrique normale, on parle d'anti-Niño voire de Niña, ce qui est proprement une aberration!

Le résultat de l'Oscillation Australe est que les alizés faiblissent, voire même cèdent la place à des flux d'air de sens contraire. La tension que ces vents exerçaient sur les eaux superficielles disparaît et la pente de la surface océanique va s'inverser. Le reflux des eaux chaudes et salées se fait par l'intermédiaire d'une onde, dite de Kelvin, qui met deux à trois mois pour traverser l'océan Pacifique d'Est en Ouest. Son arrivée sur les côtes de l'Amérique méridionale, sensible de l'Équateur au Chili du Nord, se traduit par un relèvement du niveau de la mer de 20 à 30 cm qui est aussi observé parfois sur les rivages de l'Amérique centrale et septentrionale jusque dans l'État de l'Oregon.

Le Niño exceptionnel est un phénomène stochastique. Depuis le début du XXe siècle, il s'est produit une quinzaine de fois, sans qu'une périodicité ait pu être établie pour son occurrence. Le dernier en date s'est manifesté à la fin de l'année 1991. Celui de 1982-83 a connu une grande notoriété à cause de son intensité, de sa durée et de son extension spatiale, autant de caractères qui le placent avant celui de 1891 qui avait été le plus fort depuis le début des observations scientifiques. En effet, ses effets induits ont été catastrophiques : une sécheresse apparemment sans précédent a affecté l'Australie du Nord ; six cyclones ont, entre décembre 1982 et avril 1983, ravagé la Polynésie française, rarement frappée par ce type de phénomène météorologique ; des pluies diluviennes se sont abattues sur le littoral du Pérou et du désert d'Atacama ; des eaux anormalement chaudes ont tué des colonies de coraux dans le golfe de Panama ; des érosions spectaculaires de côtes, lors de tempêtes, se sont produites en Californie et en Oregon où le niveau moyen de la mer s'éleva pendant plusieurs mois de quelques dizaines de centimètres. Les conséquences écologiques et socio-économiques de ces événements ont atteint ou dépassé des seuils critiques, créant des déséquilibres que l'on a pu craindre irréversibles.

Le Niño exceptionnel s'explique donc par des interactions et des rétro-actions complexes dans le couple océan-atmosphère, mais le forçage à l'origine de son déclenchement reste inconnu. Résulte-t-il d'une variation naturelle propre au système ou d'une réponse à un choc extérieur à lui ? On ne le sait pas. D. Cadet a pu dire que le Niño était un enfant naturel qui cachait encore ses origines !

L'eustatisme ou les variations planétaires du niveau de la mer

Il existe aussi des variations du niveau de la mer de plus longue durée, à l'échelle du siècle ou du millénaire, qui peuvent atteindre des ampli-tudes de plusieurs mètres ou de plusieurs dizaines de mètres et avoir, par là même, des conséquences importantes sur les établissements humains. Ces variations à long terme dépendent de l'interférence de facteurs d'ordre astronomique et géophysique, et le terme d'eustatisme désigne ces changements qui affectent le niveau général des océans et des mers.

De ce point de vue, les modifications les plus spectaculaires, parce que rapides dans une perspective géologique du temps et mettant en jeu la soustraction ou l'ajout de gros volumes d'eau aux cuvettes océaniques, sont celles liées à l'alternance de périodes marquées par le refroidissement de la Terre (périodes glaciaires) et de périodes caractérisées au contraire par son réchauffement (périodes interglaciaires). On sait qu'une telle alternance s'est produite à plusieurs reprises au cours de l'ère quaternaire, c'est-à-dire approximativement pendant les deux derniers millions d'années de l'his-toire du globe. Si le refroidissement du climat est suffisant, les glaces s'éten-dent sur les continents. Dans les hautes latitudes, d'énormes calottes du type inlandsis peuvent alors se former, telles celles qui, entre 80 000 et 10 000 ans avant aujourd'hui, se sont développées et ont fini par recouvrir sous quelques milliers de mètres d'épaisseur le Canada et la Fennoscandie. Dans les grandes montagnes des moyennes latitudes (Rocheuses, Alpes, Caucase, Himalaya, Andes), les glaciers s'étaient considérablement allongés et épaissis. Il y a environ 20 000 ans, lors du maximum du froid, 71 millions de km^3 d'eau (contre 24 millions de km^3 actuellement) prélevée dans les océans étaient stockés sur les continents sous forme de glace. En ce temps-là, le niveau général des océans et des mers était situé entre -100 et -120 m par rapport à sa position actuelle. L'émersion de larges portions des plates-formes continentales avait considérablement étendu les terres émergées. Par exemple, les îles Britanniques étaient annexées au continent européen. La grotte Cosquer ornée de peintures et de gravures datant du

Paléolithique supérieur, découverte en 1991 par un plongeur professionnel sur la côte des calanques de Marseille, avait une entrée à l'air libre qui se trouve actuellement à 37 m sous l'eau.

Il y a 15 000 ans un réchauffement climatique commença à se manifester. La hausse des températures fut suffisante pour faire disparaître en une dizaine de milliers d'années les grands inlandsis du Canada et de Fennoscandie, et pour réduire considérablement l'extension des glaciers de montagne. De l'eau retourna aux océans et aux mers dont le niveau actuel fut atteint, à peu de chose près, il y a 5 ou 6 000 ans. Cette remontée mondiale du niveau marin (fig. 2), parfois interrompue par des baisses temporaires dues à des récurrences du froid, est connue sous différentes appellations qui sont synonymes : transgression postglaciaire, holocène (l'Holocène couvre les 10 000 dernières années de l'histoire de la Terre), flandrienne en Europe occidentale, versilienne en

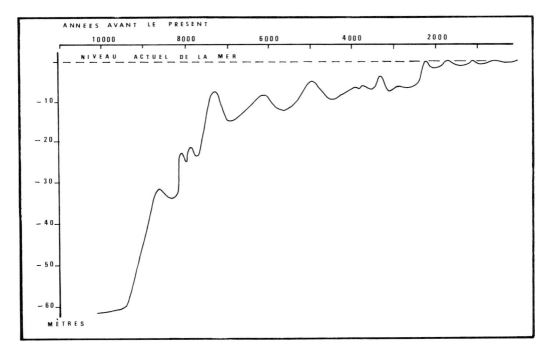

Fig. 2. — *Courbe de remontée du niveau de la mer à la fin de la dernière glaciation sur la côte atlantique française*, d'après M. Ters (1976).
On remarque une première phase de transgression rapide pendant laquelle le niveau de la mer s'est élevé d'une cinquantaine de mètres en moins de 3 000 ans et qui correspond à la période de fusion accélérée des calottes de glace du Canada et de la Fennoscandie. Dès 5 000 ans avant le Présent, le niveau actuel de la mer était presque atteint, mais des fluctuations d'amplitude réduite ont continué à se produire.

Photo 1. — Salakta, Tunisie orientale. Submersion sous une quarantaine de centimètres d'eau de la base d'une construction romaine du IIe siècle après J.-C., indiquant une élévation du niveau de la mer depuis l'antiquité.

Méditerranée. Au début, parce que la déglaciation a été brutale, les eaux de fonte restituées aux océans et aux mers ont déclenché une submersion rapide, liée à un relèvement accéléré du niveau marin de l'ordre de 1 à 3 cm par an. Le Déluge dont parle la Bible représente sans doute le souvenir, perpétué dans la mémoire collective des Hommes, de cette invasion universelle des terres par les eaux.

Si, à la suite d'un réchauffement suffisant du climat actuel, les calottes de glace qui couvrent aujourd'hui l'Antarctide et le Groenland venaient à fondre complètement, le niveau général de la mer s'élèverait d'environ 70 m. Cette estimation tient compte de l'affaissement du fond des océans qui réagit au poids de la tranche d'eau ajoutée. En effet, le lit marin se déprime ou se relève suivant que l'épaisseur de l'eau augmente ou diminue. C'est le phénomène de l'hydro-isostasie. Ainsi, on évalue à 100 t/m^2 la pression exercée par une tranche d'eau de 100 m. L'ampleur des variations du niveau de la mer n'est donc pas le seul résultat du volume d'eau retranché ou rendu par la rétention ou la fusion glaciaire.

Toujours à propos de l'influence du climat sur le comportement du niveau marin, il convient de signaler que celui-ci peut être affecté par une variation de la température de l'atmosphère terrestre, même si elle est insuffisante pour entraîner la formation ou la fusion de glaciers continentaux. On estime, par exemple, qu'un accroissement de 1 °C de la température moyenne actuelle des 200 m les plus superficiels des océans et des mers, à la suite d'un réchauffement de la basse troposphère, provoquerait, par expansion thermique de l'eau (effet stérique), un relèvement du niveau marin de l'ordre de 20 cm.

Des changements planétaires dans la position du niveau marin peuvent aussi tenir à des modifications dans le volume des bassins océaniques. La tectonique des plaques montre que certains océans s'élargissent par expansion de leur fond à partir des dorsales où naissent de nouvelles portions de la croûte, tandis que d'autres peuvent se rétrécir lorsque des plaques se rapprochent, sans que leurs effets de sens opposé soient nécessairement compensés. Le refroidissement de la lithosphère, au fur et à mesure qu'elle s'éloigne des dorsales sous-marines où elle prend naissance, provoque de son côté un affaissement général du lit océanique. Pour ces raisons, les contenants des eaux marines subissent des transformations morphologiques qui ont nécessairement des répercussions sur la position du niveau marin. Mais la vitesse des variations de position que ces transformations provoquent est lente : elle est estimée à environ 1 cm de déplacement vertical pour 1 000 ans. On peut donc dire que ce facteur est négligeable pour l'étude du comportement du niveau marin à l'échelle du siècle.

L'instabilité des continents et le niveau relatif de la mer

A côté de ces changements réels du niveau de la mer qui se manifestent sur toute la planète, ils en existent d'autres, apparents, qui interviennent dans un cadre régional, par suite de l'instabilité des marges continentales qui peuvent s'affaisser ou se relever. On parle alors de variations du niveau relatif de la mer.

Les continents réagissent là où s'empilent de gros volumes de laves ou là où s'accumulent de grandes épaisseurs de sédiments, comme dans les régions deltaïques. Ils réagissent aussi, et le phénomène acquiert dans ce cas toute son ampleur, lorsque se forment ou disparaissent d'énormes calottes de glace du type inlandsis. La constitution d'une calotte de glace provoque sous elle l'enfoncement de la lithosphère dans la matière visqueuse du manteau sous-jacent qui, en refluant, soulève au contraire les régions périphériques. Lors de la fonte de cette calotte, le processus inverse se produit. La lithosphère, là où elle s'était affaissée, se relève tandis que, par compensation, les régions périphériques se dépriment. Suivant le cas, sur les côtes, le niveau relatif de la mer baisse ou monte et son mouvement peut durer des millénaires car le retour à une position d'équilibre — c'est le phénomène de l'isostasie — est long à s'établir en raison de la forte viscosité du manteau. Ainsi, bien que la Fennoscandie soit libre de glace depuis environ 8 000 ans, les marégraphes enregistrent toujours sur presque tous ses rivages un relèvement du niveau relatif de la mer, attesté aussi, par exemple, par la présence d'anneaux d'amarrage aujourd'hui hors de la portée des bateaux. Sur la côte centre-ouest du golfe de Botnie, dans les environs d'Umea, ce relèvement se fait encore à une vitesse rapide, de l'ordre de 1 cm par an. En revanche, sur la côte nord-orientale des États-Unis qui s'était soulevée lorsque, pendant la dernière glaciation, le Canada était recouvert par un grand inlandsis, l'affaissement se poursuit au rythme d'environ 1,5 mm par an.

Séismes et variations brusques du niveau relatif de la mer

L'instabilité tectonique des rivages contribue aussi à faire varier localement l'intersection de la surface de la mer avec le continent. C'est en particulier le cas des côtes qui se situent sur des marges actives, là où une plaque lithosphérique en mouvement s'enfonce par subduction sous une de ses congénères qui s'avance à sa rencontre. Le littoral du Chili, localisé sur une ligne marquant la plongée de la plaque de Nazca sous celle de l'Amérique du Sud, est fréquemment secoué par de forts tremblements de terre. Ceux-ci sont capables d'engendrer des modifications de la topographie qui font varier brusquement la position du niveau relatif de la mer. Darwin qui, au cours de son grand voyage autour du monde, se trouvait le 20 février 1835 à Valdivia, dans le Sud du Chili, lors de l'occurrence d'un séisme important, en observa les effets quelques jours plus tard à Concepción, un peu plus au Nord, où le niveau marin local s'était abaissé comme conséquence d'un soulèvement du rivage de 0,60 à 1 m. Le capitaine Fitzroy qui commandait le *Beagle* lui signala que l'île voisine de Santa María s'était exhaussée de 3 m, comme l'indiquaient des coquillages, accrochés à des parois rocheuses, en cours de putréfaction. La même région fut touchée par un tremblement de terre de grande magnitude (8,7 dans l'échelle de Richter) le 21 mai 1960 et toute la côte du Chili comprise entre le 37° et le 48° de latitude en subit le contre-coup. Des nivellements de précision firent apparaître une hausse de 2 m de niveau relatif de la mer dans le Nord de l'île de Chiloé (42° latitude sud) et une baisse de 5 m dans l'île de Gamblin (45° latitude sud). De tels changements de niveau, pratiquement instantanés, sont aussi connus au Japon. A Nojimazaki, à l'extrémité sud de la péninsule de Boso, dans l'île de Honshu, lors de deux séismes intervenus, l'un en 1703, l'autre en 1923, des soulèvements de 5 à 6 m et de 1,5 m respectivement ont été constatés. A la suite du premier, comme l'atteste une carte ancienne, la baisse du niveau relatif de la mer eut pour résultat de rattacher un îlot à la terre ferme dont il était éloigné d'environ 200 m avant cet événement. En Méditerranée orientale où les plaques d'Arabie et d'Eurasie entrent en collision, P. A. Pirazzoli a montré qu'entre le milieu du Ve et le milieu du VIe siècle de notre ère, le niveau relatif de la mer avait baissé de plusieurs mètres sur une distance de quelque 1 200 km, des côtes de l'arc hellénique, en particulier en Crète et à Rhodes, à celles du Proche-Orient jusqu'en Israël, en passant par les rivages de la Turquie, sans oublier Chypre. Dans l'Ouest de la Crète, l'ancien port de Phalasarna s'est trouvé émergé, tout comme celui de Poecilassus, près de Tripitis, dans le Sud-Ouest de la même île qui ici a été soulevée de 7 m. Il n'est pas encore bien établi si cette variation brutale du niveau de la mer a été le résultat d'un seul grand séisme, par exemple celui de juillet 551, ou de la série de tremblements de terre, intervenus à intervalles rapprochés, qui a été signalée entre 345 et 553. Cette période d'activité tectonique qui s'est donc manifestée au début de l'époque byzantine avait été précédée par une longue période de calme d'une durée de quelque 100 000 ans et la rémission qui a suivi s'est maintenue jusqu'à aujourd'hui.

Le géoïde : la surface cabossée des océans

La ligne de contact entre la mer et la terre peut être aussi affectée par des modifications dans la forme de la surface des océans que l'on appelle le géoïde. En effet, des mesures de géodésie, faites à partir de satellites, ont montré que cette surface est irrégulière. Elle est caractérisée par des creux et des bosses, de plusieurs dizaines de mètres de dénivellation, dont l'existence tient à des différences de densité de la matière sous la lithosphère rigide. Ainsi, dans l'océan Atlantique, la hauteur de la surface du géoïde par rapport au centre du globe passe de +64 m à l'Ouest de l'Irlande à –50 m au large de la Floride. Le géoïde étant une surface équipotentielle du champ de gravité de la Terre, sa forme se modifie en relation avec des transferts de matière dans les couches profondes du globe, en particulier dans l'asthénosphère visqueuse. Mais, si la surface de l'eau s'adapte presque instantanément, du fait de sa fluidité, à un changement de gravité, la croûte terrestre, elle, s'y ajuste plus lentement. Il en résulte une élévation du niveau marin si se développe une bosse ou, au contraire, une baisse si apparaît un creux. Mais de telles modifications du géoïde doivent être très lentes, même dans une perspective géologique du temps, et elles ne sont pas perceptibles à l'échelle de la centaine d'années par exemple.

Le comportement récent du niveau de la mer et la fiabilité des relevés marégraphiques

Ainsi, ce sont les variations climatiques, parce qu'elles peuvent modifier rapidement et considérablement le volume des eaux océaniques, surtout par le biais d'un stockage ou d'un déstockage de glace sur les continents, qui peuvent jouer un rôle prépondérant dans les changements du niveau de la mer à l'échelle planétaire, en un laps de temps de l'ordre de quelques décennies. L'instabilité isostatique et tectonique des continents intervient pour modifier régionalement ou localement la position de ce niveau sur une côte. Le problème, en un endroit donné, est de faire la part de la variation réelle et de la variation relative lorsqu'une modification affecte la localisation de l'intersection de la surface marine et de la surface terrestre.

Malgré cette difficulté, il semble maintenant établi que le niveau moyen des océans et des mers s'est réellement relevé d'une quinzaine de centimètres au cours de la dernière centaine d'années (fig. 3). Cette

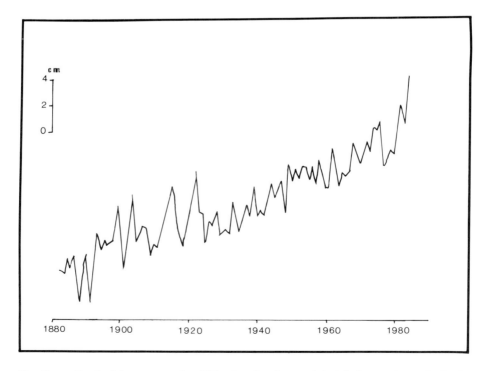

Fig. 3. — *Courbe faisant apparaître l'élévation du niveau général de la mer depuis la fin du XIXe siècle*, d'après l'*US Environmental Protection Agency* (1986).

valeur a été obtenue par le recours aux données des échelles de mesure des marées qui ont commencé à fonctionner à la fin du XVIIe siècle, mais c'est surtout depuis la deuxième moitié du XIXe siècle que les relevés sont devenus plus nombreux et plus réguliers grâce à la mise en service de marégraphes. Ce sont des appareils qui permettent d'enregistrer automatiquement la position du niveau de la mer en fonction du temps. Certains sont à flotteur, d'autres sont des manomètres immergés qui mesurent la pression sur le fond marin, variable avec la hauteur de la colonne d'eau. On dispose aujourd'hui d'informations couvrant plus d'un siècle et provenant de plus d'une centaine de marégraphes.

Malheureusement, leur utilisation n'est pas sans poser des problèmes. Certaines difficultés tiennent au degré de précision des instruments, souvent insuffisant au début de la période des observations systématiques, à des interruptions temporaires dans les relevés, à des changements dans la localisation d'un même marégraphe au cours de sa période de fonctionnement. Mais il y a plus grave. L'installation de marégraphes répond surtout à des besoins liés à l'activité portuaire. Aussi ont-ils été très souvent implantés dans des fonds de baie ou sur des rives d'estuaire, là où des travaux d'aménagement (dragages, artificialisation des berges, remblayages) sans cesse poursuivis, contribuent à modifier le marnage, c'est-à-dire la différence de niveau entre la pleine et la basse mer. Ainsi, dans l'estuaire de la Loire, à Nantes, le marnage est passé de 2 m en 1990 à 4,75 m en 1975. La surexploitation des nappes phréatiques à proximité des grandes cités maritimes, grosses consommatrices d'eau pour couvrir les besoins de leurs habitants et surtout de leurs industries, induit souvent des affaissements importants de la surface du sol. Ils atteignent jusqu'à 4,60 m près de Tokyo où 70 km² de terrains se trouvent aujourd'hui au-dessous du niveau moyen de la mer. Pour la même raison, le niveau relatif de la mer à Bangkok s'élève à la vitesse effrayante de plus de 3 cm par an.

Il faut aussi savoir que la répartition géographique des marégraphes utilisables pour notre propos, à savoir la mise en évidence d'un changement du niveau marin à l'échelle planétaire au cours des cent dernières années, est très inégale. Leur immense majorité — plus de 95 % d'entre eux — se rencontre dans l'hémisphère nord, dans quatre régions principalement : la Fennoscandie où le continent se relève parce que récemment libéré du poids d'une grande calotte glaciaire ; l'Europe occidentale et l'Est des États-Unis où le continent s'affaisse en compensation du soulèvement actuel de la Fennoscandie et du Canada ; enfin, le Japon qui est un archipel particulièrement instable par suite de sa position à la rencontre de plaques lithosphériques en mouvement.

On peut d'ailleurs dire, de façon plus générale encore, que la quasi-totalité des marégraphes dont les relevés sont exploitables est située sur les côtes des continents dont les marges sont labiles. En effet, celles-ci, encore émergées il y a 15 000 ans, ont depuis été submergées par la transgression postglaciaire et souvent elles n'ont pas fini de réagir à la surcharge qu'a signifié pour elles l'ajout d'une tranche d'eau, d'épaisseur variable d'un endroit à un autre. Les plates-formes continentales subissent également le contre-coup isostatique du poids des sédiments qui, apportés par les cours d'eau jusqu'à la mer, s'y accumulent. L'idéal aurait évidemment été de disposer de longues séries d'observations de la marée au milieu des océans, là où existent de grands fonds.

L'élévation contemporaine du niveau de la mer

Il y a maintenant une cinquantaine d'années que des chercheurs ont commencé à essayer de dégager une tendance dominante dans le comportement du niveau marin depuis la fin du siècle dernier. Au cours du temps, les calculs ont été affinés et ils portent sur des séries d'observations et de mesures assez longues pour effacer l'influence des fluctuations à court terme, périodiques et aléatoires, d'origine astronomique, météorologique et hydrologique. Les données relatives à des régions où l'instabilité de la côte est notoire, par exemple la Fennoscandie ou l'archipel japonais, ont été laissées de côté. Pour celles qui ont été utilisées, on a supposé qu'au total, sur les rivages, les effets de soulèvement étaient compensés par les manifestations d'affaissement.

Il est en tout cas remarquable de constater que la plupart des chercheurs ont abouti à des résultats convergents, malgré le recours à des méthodes statistiques diverses pour traiter des données qui se sont améliorées avec le temps. Il apparaît que dans le monde le niveau réel de la mer fluctue, mais qu'au cours des cent dernières années sa tendance est à l'élévation. Celle-ci a été évaluée par T.P. Barnett en 1984 à 1,4 mm par an pour la période 1881-1980 et à 2,3 mm pour la période 1930-1980, ce qui indiquerait une tendance à l'accélération d'un phénomène qui n'était pas notable avant 1880. Évidemment, cette hausse n'apparaît pas là où un rivage se soulève à une vitesse plus rapide, la résultante étant en cet endroit un niveau relatif de la mer qui montre au contraire une baisse, comme à Stockholm où se manifeste un phénomène de compensation glacio-isostatique (fig.4). En revanche, elle est exagérée là où une côte s'affaisse, comme dans les deltas, généralement subsidents par suite de l'épaisse accumulation de sédiments qui les caractérise. Ainsi, la montée du niveau de la mer sur le littoral de la plaine alluviale du Mississippi se fait à la vitesse de 12 mm par an.

Il convient cependant de dire que cette élévation mondiale, donc d'origine eustatique, du niveau marin n'est pas admise par tous les chercheurs. C'est en particulier le cas, en France, de P.A. Pirazzoli qui pense que les résultats obtenus sont entachés d'un biais, dû au poids trop lourd dans les calculs des données marégraphiques collectées dans les latitudes moyennes de l'hémisphère nord. Or, ces régions ont tendance à s'affaisser pour compenser le soulèvement de celles des hautes latitudes, lequel soulèvement a été déclenché, on l'a dit, à la fin de la dernière époque gla-

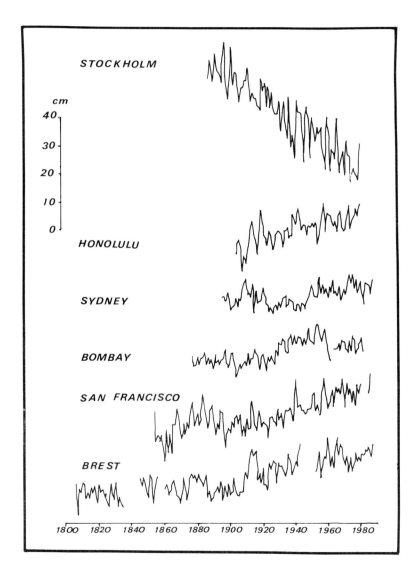

Fig. 4. — *Variations du niveau moyen de la mer dans six stations marégraphiques, en différentes régions du monde, pour lesquelles de longues séries de relevés sont disponibles,* d'après P. L. Woodworth (1991).

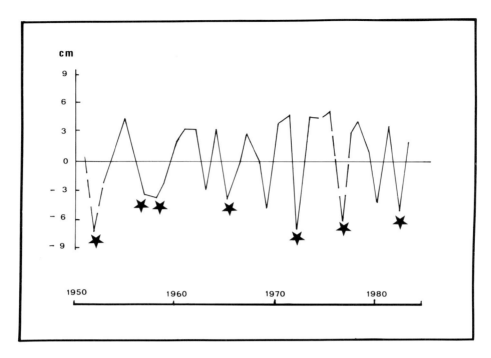

Fig. 5. — *Variations du niveau moyen de la mer sur l'atoll de Truk, dans l'océan Pacifique central, depuis 1950,* d'après R.W. Fairbridge (1990).
Le niveau moyen de la mer apparaît stable sur la période considérée. Les années de Niño, marquées par une étoile, sont caractérisées par une baisse de niveau.

ciaire, par la fusion des grands inlandsis qui les recouvraient. De fait, aucune côte n'étant totalement stable, les variations du niveau marin constatées au cours des décennies écoulées n'auraient, selon cet auteur, qu'une signification locale ou à la rigueur régionale, mais pas planétaire. Tout au plus admet-il, pour les cent dernières années, une hausse eustatique totale du niveau marin de l'ordre de 4 à 6 cm qui aurait d'ailleurs cessé de se manifester depuis une quarantaine d'années. Son point de vue est partagé par R.W. Fairbridge qui s'appuie sur la stabilité de la surface océanique à Truk, atoll des îles Carolines au milieu du Pacifique tropical, depuis 1950 (fig. 5). En cet endroit seules se remarquent des baisses temporaires de niveau, dues à un reflux d'eau vers l'Est de l'Océan en période de Niño exceptionnel. Or, l'atoll offre des conditions d'observations privilégiées : il est entouré de grands fonds ; il ne montre pas d'indices de soulèvement ou d'affaissement au cours de l'Holocène ; il se situe à l'écart des bordures de plaques, hors d'atteinte des manifestations glacio-isostatiques des hautes latitudes, loin des grands courants géostrophiques, à l'abri des transferts de sédiments.

L'origine de la montée actuelle des eaux marines

On pense généralement que l'élévation contemporaine du niveau de la mer pourrait être la conséquence du réchauffement du globe qui est apparu dans la deuxième moitié du XIXe siècle (fig. 6), mettant un terme au Petit Age glaciaire qui avait commencé dans le courant du XVIe siècle. Mais cette relation de cause à effet reste à démontrer. Il est maintenant établi qu'entre 1880 et 1940 la température moyenne de la Terre a augmenté d'environ 0,5 °C. Elle a ensuite baissé de quelque 0,2 °C jusque vers la fin des années soixante. Depuis lors, la hausse a repris nettement et le pic thermique de 1940 a été dépassé. La décennie quatre-vingt a même été caractérisée par l'occurrence de six des sept années les plus chaudes enregistrées depuis que l'on dispose de données instrumentales, l'an 1990 détenant à cet égard le record absolu, suivi dans l'ordre par 1988, 1983, 1987, 1944, 1989 et 1981. Des observations de terrain récentes, faites dans le Nord de l'Alaska, apportent un autre type de preuve à cette reprise du réchauffe-

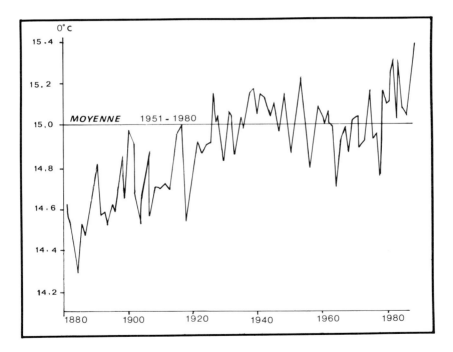

Fig. 6. — *Variations de la température moyenne à la surface de la Terre depuis 1880*, d'après J. Gribbin (1988).
L'élévation de la température a été interrompue entre les années quarante et les années soixante-dix.

ment : le toit du permafrost, le sous-sol perpétuellement gelé, s'est abaissé, selon les endroits, de 0,2 à 2 m, ce qui indiquerait un gain de l'ordre de 2 °C dans le bilan thermique à la surface du sol. Le problème est qu'apparemment la montée du niveau marin a continué même pendant la période de rémission de la hausse des températures.

Si l'on admet une valeur de l'ordre d'une quinzaine de centimètres pour l'élévation du niveau marin au cours des cent dernières années, on pourrait en attribuer environ le tiers, soit 5 cm, à l'expansion thermique de la tranche supérieure de l'eau des océans en raison du réchauffement du climat à la surface de la Terre. Quant aux 10 cm restant, il faudrait en chercher l'origine dans la fusion des glaciers de montagne qui ont récemment restitué de l'eau aux océans. On sait que ces glaciers ont beaucoup reculé au cours du XXᵉ siècle. E. Le Roy Ladurie, dans son *Histoire du climat depuis l'an mil*, a donné des illustrations parlantes du retrait impressionnant qui, à partir de la seconde moitié du XIXᵉ siècle, a commencé à affecter les grands glaciers des Alpes, mais qui est arrêté aujourd'hui. Des réavancées ont même été constatées. A ce propos, il convient de tenir compte du temps de réponse, estimé à 18-19 ans, de ce type de glacier aux sollicitations climatiques. Quand aux inlandsis de l'Antarctide et du Groenland, ils ne paraissent pas avoir apporté une contribution notable. Rien dans les observations dont ces grandes calottes de glace ont fait l'objet, à propos de leur extension et de leur épaisseur, n'indique qu'elles soient en cours de récession. A partir de données satellitaires, certains auteurs ont même pu suggérer pour elles un comportement opposé. D'autres ont récemment réduit la part de l'expansion thermique des océans à seulement 2 ou 3 cm et celle des glaciers de montagne entre 3 et 8 cm dans la montée du niveau de la mer observé depuis une centaine d'années. On le voit, on est loin d'avoir encore une vision claire de cette question.

L'élévation du niveau de la mer aurait sans doute été un peu plus marquée sans le stockage d'eau dans les barrages et l'extension de l'irrigation qui a fait remonter le toit des nappes souterraines. Inversement, il faudrait tenir compte de l'addition d'eau au cycle hydrologique par suite de prélèvements dans des aquifères aux réserves fossiles. On se doute que de tels volumes soient difficiles à évaluer. La résultante de toutes ces interventions humaines aurait été une réduction de 2 cm de la hausse du niveau de la mer depuis la fin du siècle dernier.

L'effet de serre :
la montée des eaux va-t-elle s'accélérer ?

La question mérite d'être posée. En effet, on sait que, la quantité de gaz carbonique augmentant dans l'atmosphère par suite de certaines activités humaines, des modèles ont prédit un réchauffement appréciable du climat de la Terre dans les années à venir. Une hausse des températures pourrait accélérer l'élévation du niveau de la mer : à la contribution des glaciers de montagne risquerait de s'ajouter celle des grands inlandsis de l'Antarctide et du Groenland qu'un accroissement important des températures contribuerait à déstabiliser.

La quantité de gaz carbonique dans l'atmosphère est passée d'une concentration évaluée à 270-280 ppmv (parties par million de volume) avant la révolution industrielle du milieu du XIXᵉ siècle à une concentration mesurée de 315 ppmv en 1958 et de 355 ppm aujourd'hui. Même si l'on sait que la teneur en gaz carbonique de l'atmosphère peut varier naturellement — elle était seulement de 180-200 ppmv il y a 18 000 ans, au maximum de la dernière époque glaciaire —, il ne fait pas de doute que son augmentation considérable au cours de la période contemporaine est étroitement liée à l'utilisation croissante de combustibles fossiles (charbon, pétrole, gaz), aux déforestations étendues, en particulier dans la zone intertropicale, à la fabrication industrielle de ciment à partir de roches calcaires. Elle serait plus forte encore si la moitié environ du gaz carbonique ainsi émis n'était absorbé par les océans.

Le rôle du gaz carbonique dans le bilan énergétique de l'atmosphère est bien connu. Si ce gaz ne s'oppose pas à la pénétration de la radiation solaire, en revanche il absorbe, tout comme la vapeur d'eau, le rayonnement infrarouge émis par la surface de la Terre pendant la nuit, réchauffant ainsi la troposphère. C'est l'effet de serre. L'image se comprend aisément : l'intérieur d'une serre est plus chaud que l'extérieur quand le temps est ensoleillé parce que ses vitrages laissent passer le rayonnement lumineux, mais empêchent le départ de l'air chaud. L'effet de serre s'accroît avec l'augmentation de la teneur en gaz carbonique dans l'air. Il est aussi renforcé par la présence d'autres gaz, sans doute moins importants, dont la quantité dans l'atmosphère a été accrue par des activités humaines. Il s'agit du méthane, de l'oxyde nitreux, des chlorofluorocarbones (CFC), de l'ozone aussi dont la teneur augmente dans la troposphère alors qu'elle s'amenuise, on le sait, dans la stratosphère. Des rétroactions nombreuses et complexes sont attendues. Rétroactions positives avec la réduction de la couverture de glace et de neige, donc un renforcement de l'absorption de la radiation solaire par la surface de la Terre, ou avec le renforcement de l'évaporation qui accroîtra la quantité de vapeur d'eau dans l'atmosphère. Rétroaction négative avec l'extension de la couverture nuageuse, due à cette évaporation, qui augmentera la réflexion et la diffusion de la radiation solaire avant qu'elle n'atteigne la surface de la Terre.

Peut-on considérer comme un signal de l'effet de serre le léger réchauffement que l'on a constaté sur le globe depuis la fin du XIXᵉ siècle ? Beaucoup sont portés à le croire, mais ceux qui pensent qu'il s'agit plutôt d'une petite variation naturelle du climat, comme la Terre en a connue tout au long de son histoire, leur opposent un argument : comment expliquer l'occurrence du discret rafraîchissement intervenu à partir des années quarante alors que la concentration en gaz carbonique dans l'air ne cessait de s'élever ? Les premiers peuvent alors répondre aux seconds que, sans un effet de serre déjà commencé, cette période de baisse des températures eût été plus marquée.

Des prévisions apocalyptiques revues à la baisse

Les prédictions sur les conséquences climatiques à court et moyen terme de l'accroissement de la teneur en gaz carbonique et en autres gaz à effet de serre dans l'atmosphère restent encore peu précises. D'abord, parce que cet accroissement dépendra de l'évolution de la population mondiale, du développement économique, des progrès des technologies énergétiques, autant de paramètres qu'il est hasardeux de vouloir quantifier, tant les projections dans ces domaines sont aléatoires. Ensuite parce que les modèles sont encore trop élémentaires pour intégrer correctement toutes les interactions et rétroactions en jeu. Aussi les prévisions qu'ils donnent des modifications du climat et des changements induits du niveau de la mer sont-elles entachées de grandes approximations.

Ces difficultés n'ont pas empêché de nombreux chercheurs, en particulier aux États-Unis où l'Académie nationale des sciences et l'Agence pour la protection de l'environnement se sont particulièrement intéressées au problème, de se livrer à des études prospectives. Dans les rapports publiés, il existe des points d'accord général même si des divergences apparaissent dans les conclusions. Ainsi, on pense, parce que le relais des combustibles fossiles par d'autres sources d'énergie n'est pas prévisible dans un proche avenir, que la concentration actuelle en gaz carbonique aura probablement doublé vers le milieu du XXIe siècle. Dans de telles conditions, on peut s'attendre à une hausse des températures qui devrait être plus marquée vers les pôles que vers les tropiques et pour laquelle une fourchette assez large qui va de 1,5° à 4,5 °C a été proposée. Quant à l'impact de ce réchauffement sur le niveau marin, il se traduira logiquement par une élévation, mais les simulations à partir des modèles donnent des évaluations marquées par de larges incertitudes. Le comportement des inlandsis, en particulier celui de l'Antarctide, reste une inconnue. Lors de la dernière période interglaciaire qui a culminé il y environ 125 000 ans et au cours de laquelle les températures moyennes à la surface du globe devaient être supérieures de quelque 2 °C par rapport à ce qu'elles sont actuellement, on pense que la calotte de glace de l'Antarctide occidentale avait disparu puisque le niveau de la mer se situait sans doute en ce temps-là à 5 ou 6 m au-dessus de celui d'aujourd'hui. On ne peut donc pas exclure, si le climat devait encore se réchauffer dans les décennies à venir, une nouvelle fusion de cette calotte, particulièrement vulnérable parce qu'elle repose sur un archipel dont les îles sont séparées par des profondeurs dépassant 1 000 m. Elle a ainsi une base qui s'appuie, pour l'essentiel, au-dessous du niveau de la mer et elle s'avance sur l'océan Austral pour former deux grandes barrières, celle de Ross au Sud et celle de Ronne-Filchner au Nord. Une telle assise la rend particulièrement fragile à une hausse thermique de la troposphère qui entraînerait un réchauffement des couches supérieures de l'eau océanique et une élévation du niveau de la mer. On a pu prédire une disparition complète de cette calotte en un laps de temps de l'ordre du siècle, phénomène qui, selon certains, a pu se produire lors du dernier interglaciaire et qui prendrait aujourd'hui les proportions d'un déluge planétaire. Cette hypothèse catastrophique n'est heureusement plus retenue aujourd'hui !

Dans ces conditions, quelles valeurs avancer pour le relèvement du niveau de la mer au cours du XXIᵉ siècle ? En 1986, l'Agence pour la protection de l'environnement des États-Unis avait retenu plusieurs scénarios, compte tenu des incertitudes dont on a parlé. En 2025, 2050 et 2075, l'élévation pourrait être respectivement de 13, 24 et 38 cm pour le scénario optimiste, de 55, 117 et 212 cm pour le scénario pessimiste. Depuis, ces prévisions dramatiques ont été révisées à la baisse (fig. 7).

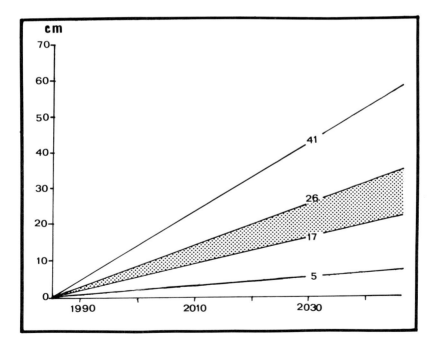

Fig. 7. — *Projections de l'élévation du niveau général de la mer pour le début du XXIᵉ siècle*, d'après D. Pugh (1990).
La hausse la plus probable est indiquée en grisé.

Photo 2. — Hammam Lif, environs de Tunis. Forte érosion de la plage après une violente tempête en décembre 1981.

Des estimations moyennes donnent seulement une hausse de 18 cm pour 2030, de 44 cm pour 2070 et 65 cm pour la fin du siècle prochain. Ces valeurs plus faibles s'expliquent par une réévaluation des conséquences du réchauffement de l'atmosphère, à cause de l'effet de serre attendu, sur le comportement des inlandsis. Des modèles font apparaître, en particulier sur la calotte de glace de l'Antarctide, un accroissement des précipitations neigeuses. Compte tenu des très basses températures, la conséquence serait une augmentation du stock de glace qui devrait diminuer l'ampleur de l'élévation du niveau marin due à l'expansion thermique des eaux superficielles des océans et à la décrue des glaciers de montagne. Cependant, des observations récentes montrent que de grands glaciers qui alimentent la plate-forme flottante de Ross présentent des vitesses d'écoulement accrues, dues peut-être à une lubrification basale, signal d'un déséquilibre. Ce qui conduit certains à reparler d'une possible désintégration de la calotte glaciaire de l'Antarctide occidentale! On le voit, dans ce domaine, les incertitudes restent grandes.

Les risques de submersion

Même limitée à quelques dizaines de centimètres, l'élévation du niveau de la mer aurait des conséquences graves pour de nombreuses régions côtières. Les effets les plus visibles seraient liés à des phénomènes de submersion (fig. 8), d'érosion et de salinisation.

Ce sont les plaines deltaïques, à la topographie souvent à fleur d'eau, qui présentent sans doute la plus grande vulnérabilité à une variation positive du niveau marin. Elles sont d'autant plus menacées par une éventuelle submersion qu'elles sont toutes plus ou moins subsidentes par suite des épaisses accumulations de sédiments qui les caractérisent. D'autre part, leur affaissement n'est souvent plus aujourd'hui compensé par des apports alluviaux car ceux-ci ont été considérablement réduits par des travaux d'aménagement, en particulier par les barrages qui retiennent de grandes quantités de galets, de sables et de limons. On a calculé qu'une montée de 1 m du niveau de la mer inonderait quelque 17 % de la superficie du Bangladesh, un état surpeuplé (1 170 habitants par km^2 de terre cultivable) qui s'étend sur la plus grande partie de la plaine alluviale construite par le Gange, le Brahmapoutre et la Meghna. En Égypte, 12 % de la surface agricole serait perdue. On doit à N. Petit-Maire et J. Marchand une étude sur les effets qu'aurait une élévation marine de 0,50 m sur la côte de la Camargue (fig. 9). Par simple submersion passive, entre Fos et La Grande-Motte, s'étendrait en arrière d'un mince cordon littoral sableux un vaste espace, large suivant les endroits de 6 à 12 km, inondé de façon perma-

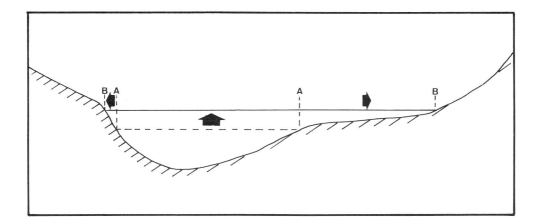

Fig. 8. — *Déplacement du trait de côte par submersion passive d'un espace côtier, à la suite d'une élévation du niveau de la mer.*
L'ampleur du déplacement du trait de côte de A vers B dépend de la pente de l'espace submergé.

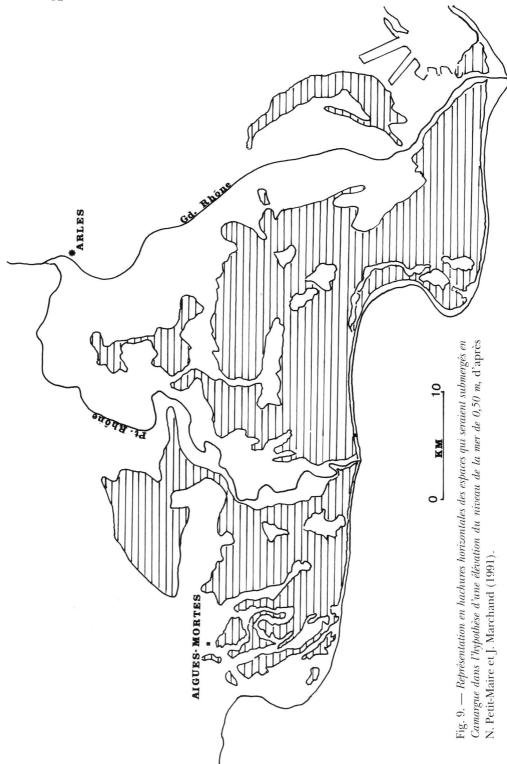

Fig. 9. — *Représentation en hachures horizontales des espaces qui seraient submergés en Camargue dans l'hypothèse d'une élévation du niveau de la mer de 0,50 m, d'après N. Petit-Maire et J. Marchand (1991).*

nente par la mer. Celle-ci envahirait les rizières des environs de la Sigoulette et de Sylvéréal ainsi que de vastes terrains servant de parcours aux chevaux et aux bovins dans les alentours des Salins-de-Giraud, autour de l'étang de Vaccarès et en Petite Camargue. Même les abords des étangs de Scamandre et du Charnier, pourtant situés plus à l'intérieur des terres, pourraient eux aussi être recouverts par de l'eau salée. Dans de telles conditions, les digues des marais salants des Salins-de-Giraud et d'Aigues-Mortes ainsi que les routes qui y donnent accès devraient être relevées pour les mettre à l'abri d'une submersion. L'impact économique d'une telle conjoncture ne devrait pas être négligé.

Les marais maritimes, localisés dans les parties des côtes abritées de l'agitation des houles et constitués de vase progressivement colonisée par une

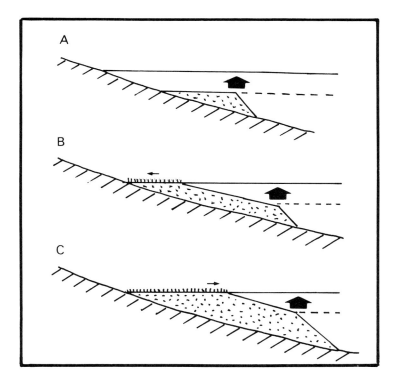

Fig. 10. — *Réponse d'un marais maritime à une élévation du niveau de la mer.*
En A, le marais est submergé si la vitesse de l'élévation du niveau de la mer est supérieure à la vitesse de la sédimentation sur le marais.
En B, la sédimentation sur le marais lui permet de compenser l'élévation du niveau de la mer. Le marais se maintient et conserve sa superficie, mais il migre du côté de la terre (rétrogression).
En C, une forte sédimentation sur le marais lui permet, non seulement de compenser l'élévation du niveau de la mer, mais encore d'accroître sa superficie du côté de la mer (progradation).

végétation halophile, représentent des espaces également vulnérables en raison de leur position dans l'étage intertidal, d'où leur inondation pendant les marées hautes. Au cours de l'Histoire, beaucoup d'entre eux ont été transformés en polders par endiguement et drainage, en particulier en Europe occidentale, sur la façade orientale de l'Amérique du Nord et en Extrême-Orient. Si l'élévation du niveau marin reste lente, comme elle l'est aujourd'hui sauf là où régionalement la subsidence l'aggrave, et si la topographie de l'arrière-pays est basse, les marais maritimes peuvent par sédimentation minérale et organique s'exhausser et migrer vers la terre, sans perdre de leur extension (fig. 10). On l'a constaté, par exemple, sur la côte sud-orientale de l'Essex, en Angleterre, où l'élévation du niveau marin, ici de 3 mm par an, est compensée par un dépôt de vase du même ordre de grandeur, mais le front du marais a reculé de 40 m depuis 1955. Cependant, si les marais maritimes sont limités sur leur bord interne par des falaises ou des aménagements que l'on décide de protéger de la situation amphibie qui les menace, leur rétrogression est rendue impossible. Ils sont alors condamnés à rétrécir et à disparaître. On a calculé que pour une élévation de 0,50 m du niveau marin, les États-Unis perdraient ainsi quelque 35 % de leurs terres humides littorales.

C'est à cause d'une légère baisse du niveau de la mer, intervenue dans les premiers siècles de l'ère chrétienne, que beaucoup d'atolls de l'océan Pacifique tropical ont été rendus habitables. Le problème est de savoir si, le niveau marin s'élevant, la croissance verticale du corail permettra d'éviter qu'ils ne soient submergés. Ici encore, tout dépendra de la vitesse de cette élévation. On sait que des récifs coralliens ont été engloutis pendant la transgression postglaciaire à cause de sa rapidité. Les taux de croissance des Madréporaires se situent en général entre 1 et 8 mm par an. Seuls les taux les plus élevés permettront la survie des récifs. Mais lorsque ceux-ci sont localisés à la limite supérieure de la tolérance thermique des coraux, ils risquent aussi d'être déstabilisés par une augmentation de la température des eaux de surface. Ce réchauffement devrait également accroître la fréquence et la force des cyclones tropicaux qui, par les hautes vagues qu'ils engendrent, fragilisent les constructions coralliennes ainsi que les îles — *cayes ou motu* — qu'elles portent. Tous ces phénomènes adverses risquent de se produire à une époque où les activités humaines mettent sérieusement en danger la vie des coraux, comme on le verra par la suite. On conçoit alors l'inquiétude manifestée par les populations des atolls que menace de disparition une élévation du niveau de la mer. Le minuscule État indépendant du Tuvalu (anciennes îles Ellice), en Micronésie, qui compte une dizaine d'îlots ne dépassant pas 4 m de hauteur et couvrant quelque 26 km^2, est en danger de submersion. Ses 7 600 habitants ne trouveront pas de refuge sur place et ils devront partir, premiers représentants d'une nouvelle catégorie de réfugiés, celle des personnes contraintes à quitter leur pays pour des raisons environnementales. Mais avant l'exode, ils auront connu des problèmes d'approvisionnement en eau. En effet, la vie sur les petites îles coralliennes dépend d'aquifères situés juste au-dessus du niveau moyen de la mer, la nappe d'eau douce flottant en quelque sorte sur l'eau salée plus dense. Selon le principe de Ghyben-Hertzberg, si la surface libre de l'aquifère se trouve à 1 m au-dessus du niveau de la mer, l'interface entre l'eau douce et l'eau salée se place à 40 m au-dessous de ce niveau. Une élévation du niveau de la mer de 1 m soulèverait l'aquifère de 1 m, ce qui n'est pas possible dans le cas d'une île corallienne émergeant à peine, le résultat étant une diminution spectaculaire de la profondeur de la nappe d'eau douce qui compromettrait l'habitabilité de l'île. Dans l'océan Pacifique, Tuvalu n'est pas le seul territoire menacé de submersion. Le même danger plane sur Kiribati (anciennes îles Gilbert), État indépendant (60 000 habitants, 860 km^2), Tokelau (1 700 habitants, 10 km^2), dépendance de la Nouvelle-Zélande, les îles Marshall (43 000 habitants, 180 km^2), dépendance des États-Unis. Dans l'océan Indien, une situation semblable prévaut pour les îles Cocos-Keeling (600 habitants, 14 km^2), administrées par l'Australie, et la République des Maldives (200 000 habitants, 298 km^2). C'est d'ailleurs à Malé, capitale des Maldives, dont la piste de l'aéroport se trouve à peine à 0,50 m au-dessus du niveau des plus hautes marées, que s'est tenue en novembre 1989 une conférence qui a réuni quatorze petits États, en danger d'extinction à cause d'une élévation du niveau de la mer. Leurs représentants ont exprimé leurs préoccupations à propos d'un phénomène que peut exacerber l'effet de serre dont d'autres pays sont responsables. A l'occasion de cette conférence, des habitants des Maldives ont manifesté dans la rue. Un jeune garçon brandissait un panneau sur lequel on pouvait lire : A bas l'élévation du niveau de la mer !

L'emprise de la mer s'étendra au-delà de l'annexion d'espaces côtiers bas, inondés passivement par simple submersion, car les phénomènes d'érosion qui font reculer les rivages seront renforcés si le relèvement du niveau marin s'accélère. En effet, avec l'augmentation de la profondeur des eaux littorales, les vagues peuvent déferler plus près du trait de côte et à une hauteur plus grande, donc libérer davantage d'énergie sur l'estran, et l'attaquer à un niveau plus élevé de son profil. Le repli des falaises, en particulier celles constituées de roches tendres, sera plus rapide. Mais, c'est sur les plages que les démaigrissements et les retraits seront aggravés. Les cordons littoraux qui ferment les lagunes migreront vers la terre, en roulant sur eux-mêmes tout en s'amincissant, d'où des risques de rupture qui ouvriront la voie à des inondations dans l'arrière-pays. On sait d'ailleurs que l'élévation actuelle du niveau de la mer est une des causes non négligeable de la crise érosive que connaissent aujourd'hui les plages un peu partout dans le monde.

Les intrusions salines
et les problèmesde drainage

Une élévation appréciable du niveau de la mer pourrait avoir des répercussions négatives sur les extractions d'eau dans les parties amont des estuaires, extractions nécessaires pour couvrir des besoins domestiques, agricoles et industriels. En effet, elle provoquerait une avancée notable de la marée de salinité à l'intérieur des embouchures des fleuves d'autant plus que, dans certains cas, elle pourrait être accompagnée d'un accroissement du marnage. Ainsi, on prévoit que dans l'estuaire de la rivière Delaware, aux États-Unis, une hausse de 0,70 m du niveau de la mer se traduirait, en période de diminution du débit fluvial, par une progression de 20 km du coin salé. L'approvisionnement en eau potable de la ville de Philadelphie serait alors compromis pendant 15 % du temps.

La remontée du toit de la nappe phréatique entraînée par une élévation du niveau de la mer engendre à la fois une augmentation de la salinité des eaux souterraines à proximité du littoral, d'où une salinisation des sols, et des problèmes de drainage. On peut se faire une idée des transformations que subit un environnement littoral bas sur lequel le niveau de la mer s'élève rapidement en prenant l'exemple des rivages du golfe de Gabès, en Tunisie, où une hausse de 5,7 mm par an est attestée par les relevés d'un marégraphe installé à Sfax. Lorsqu'on parcourt ces rivages, on s'étonne d'y rencontrer des vestiges archéologiques importants, comme les ruines étendues de l'ancienne ville romaine de *Thaenae*, à quelques kilomètres au Sud de Sfax. Le milieu naturel apparaît aujourd'hui très hostile. Il s'agit de terrains de *sebkha*, en hiver submergés par de l'eau marine après les tempêtes ou gorgés d'eau apportée par les pluies, aux sols salés couverts d'une végétation halophile rase et discontinue, n'offrant pendant l'été que de maigres pâturages alors que pullulent les moustiques. De fait, dans l'antiquité, l'environnement n'était probablement pas aussi hostile pour les établissements humains qu'il l'est aujourd'hui. Le niveau de la mer étant alors plus bas, le toit de la nappe l'était aussi. Les sols présentaient une salure moindre et s'inondaient moins facilement. A l'époque romaine, des vergers et des champs de cultures s'étendaient sans doute dans les alentours aujourd'hui désolés de *Thaenae* qui illustrent bien la péjoration d'un milieu en relation avec une élévation du niveau de la mer.

Dans une conjoncture d'élévation du niveau de la mer, la salinisation des nappes, le relèvement de leur toit, la diminution du gradient vers le niveau de base expliquent la nécessité impérieuse qu'il y aura dans les polders, à la fois de surélever les digues, de dessaler les sols par des lâchages d'eau douce et de maintenir un drainage forcé par pompage. Dans les grandes villes côtières se posera le problème de l'écoulement des eaux usées par suite de la montée en charge des collecteurs destinés à les évacuer, comme le montre déjà l'exemple de La Nouvelle-Orléans. Près de la moitié de cette ville, protégée par des digues, se trouve au-dessous du niveau moyen de la mer. Son drainage est assuré par 140 km de canaux, 90 km de conduites de gros diamètre et 21 stations de pompage, capables de diriger 85 millions de litres d'eau par minute vers le Mississippi et le lac Pontchartrain. La ville étant construite sur des vases tourbeuses, il s'ensuit des affaissements de terrain qui déstabilisent les constructions et qui aggravent encore les conditions du drainage.

L'exacerbation des événements extrêmes

En réalité, plus que par ses effets lents et insidieux, c'est à cause de l'occurrence plus fréquente et aussi de l'amplification d'événements météo-marins qualifiés aujourd'hui d'exceptionnels, en raison de leur rareté et de leur magnitude, que l'opinion publique prendra conscience de la réalité et de la gravité d'une accélération éventuelle de l'élévation du niveau de la mer. Des phénomènes extrêmes, comme les ondes de tempête qui résultent de la conjonction aléatoire de basses pressions atmosphériques, de forts vents poussant de hautes vagues à la côte et de marées de vives-eaux, et qui se traduisent momentanément par une élévation anormale du niveau de la mer, se produiraient plus souvent, avec des surcotes renforcées. Des espaces qui, dans la mémoire collective des hommes, étaient considérés comme hors d'atteinte de la mer, deviendraient inondables temporairement. Par exemple, aux Pays-Bas, on a calculé que, pour une élévation du niveau de la mer de 0,50 m, la probabilité d'occurrence de la grande onde de tempête des 31 janvier et 1er février 1953 dont le bilan a été lourd, passerait de 500 à 80 ans. C'est dans les grandes villes côtières que ces événements extrêmes ainsi exacerbés feraient de gros dégâts. Il est bon de rappeler ici que sur vingt agglomérations urbaines dépassant 8,5 millions d'habitants, dix sont localisées à proximité de la mer. De ce point de vue les plus vulnérables sont Bangkok et Chang-Hai.

La résistance à l'élévation du niveau de mer

Il a été discuté lors d'un atelier organisé par l'OTAN en 1989 à Fuerteventura, une île de l'archipel des Canaries, de la faisabilité d'une manipulation du cycle hydrologique pour, sinon annuler, du moins ralentir au cours d'une première phase le relèvement à venir du niveau de la mer. En effet, dans un article publié dans la revue *Nature* en 1986, deux scientifiques de renom, W.S. Newman et R.W. Fairbridge, avaient proposé de retenir des eaux d'écoulement en multipliant le nombre des barrages et en accroissant leur capacité d'une part, en utilisant les nappes aquifères non saturées comme des magasins de stockage d'eau d'autre part. Ils suggéraient aussi de lancer des projets pharaoniques consistant à permettre, par le creusement de canaux, à de l'eau de mer de venir s'accumuler dans de vastes dépressions fermées continentales dont le fond est pour certaines situé bien au-dessous du niveau général des mers : Kattara en Égypte, mer Morte au Proche-Orient, mers Caspienne et d'Aral dans l'ancienne Union soviétique, Imperial Valley aux États-Unis. Certes, de grandes entreprises, comme les canaux interocéaniques de Suez et de Panama ou le tunnel sous la Manche qui, initialement, ont été considérées comme des utopies, sont devenues des réalités ou sont en passe de l'être. Même si des études préalables ont été conduites en Israël à propos de l'alimentation de la mer Morte par de l'eau méditerranéenne, on imagine les difficultés auxquelles se heurteraient de gigantesques travaux de dérivation hydrologique : nécessité d'une coopération internationale à une échelle sans précédent, coûts faramineux, risques séismiques induits par une modification de l'équilibre isostatique sous le poids des énormes masses d'eau stockées, profondes perturbations des équilibres écologiques. C'est surtout la prise en considération de ce dernier aspect des choses qui avait fait renoncer, dès avant la déconfiture du pays, à la réalisation en Union soviétique de deux projets grandioses, imaginés à l'époque stalinienne, qui, s'ils n'étaient pas originellement destinés à contrecarrer l'élévation du niveau de la mer, auraient pu y contribuer : d'une part, il s'agissait de détourner l'Onega et la Pechora, fleuves qui se jettent dans l'océan Arctique, en direction de la Volga, donc vers la mer Caspienne pour en élever le niveau qui avait considérablement baissé au cours des dernières décennies, mais qui remonte naturellement depuis quelques années; d'autre part, on voulait inverser le cours de l'Ob et de son grand affluent l'Irtych, dont les eaux coulent aussi vers l'océan Arctique, en direction du Kazakhstan pour y étendre les surfaces irrigables et, en fin de parcours, vers la mer d'Aral dont l'assèchement en cours constitue une véritable catastrophe écologique.

Pour se protéger des risques qu'entraîne une élévation de son niveau, on peut contenir la mer en érigeant sur les côtes des murs, des digues et des barrages. Dans ce domaine, les Hollandais, dont environ le tiers du territoire, conquis sur l'espace maritime, est situé au-dessous du niveau moyen de la mer, ont acquis depuis longtemps une très grande maîtrise technologique. Pour mettre leurs terres à l'abri d'une submersion toujours menaçante, ils ont au cours des siècles exhaussé et élargi les dunes littorales, et surtout construit des digues, longues au total de près de 800 km, soigneusement entretenues et périodiquement renforcées en raison d'un affaissement continu de la côte, dû à une subsidence naturelle et au pompage de l'eau dans les polders. En dépit de ces efforts soutenus, l'onde de tempête qui affecta la mer du Nord les 31 janvier et 1er février 1953, entraînant sur le littoral une surcote de 3 m et surpassant de 0,60 m celle relevée en 1894, la plus haute observée jusqu'alors, provoqua une catastrophe considérable : 1 365 km² furent inondés, 1 835 personnes trouvèrent la mort, 47 300 maisons souffrirent de dégâts. De l'eau recouvrit des polders pendant plusieurs mois. L'opinion fut traumatisée et, après consultation des spécialistes, le pouvoir politique prit la décision de protéger la partie centrale du littoral du pays, la plus densément peuplée, des effets d'une tempête dont la probabilité d'occurrence est d'une fois en 10 000 ans et pour laquelle la surcote a été estimée à 5 m au-dessus du niveau moyen de la mer. Le reste est mis à l'abri d'un même événement qui a la possibilité de se reproduire une fois tous les 4 000 ans. La loi prévoit également une révision périodique de la hauteur des dunes et des ouvrages de défense pour tenir compte d'une éventuelle accélération de l'élévation du niveau de la mer, élévation qui est actuellement aux Pays-Bas de l'ordre de 2 mm par an. C'est dans cette perspective qu'a été mis en œuvre le fameux plan Delta dont la finalité était la fermeture de tous les estuaires de la Zélande, à l'exception bien sûr de ceux donnant accès aux ports de Rotterdam et d'Anvers, pour soustraire à l'action de la mer quelque 700 km de côte. Le dernier ouvrage, celui clôturant sur 9 km les bouches de l'Escaut oriental, a été inauguré en octobre 1986. Ici, sous la pression d'une opinion publique influencée par le mouvement écologiste et soucieuse de conserver un estuaire ouvert au phénomène de la marée, on renonça à l'idée initiale d'un barrage fixe, semblable à ceux qui avaient déjà été construits à l'entrée des autres estuaires devenus ainsi des plans d'eau morte, salée ou douce suivant les cas. C'est donc un barrage mobile, ouvrage titanesque qui a coûté plus de 20 milliards de francs et exigé des prouesses techniques de la part des ingénieurs néerlandais, qui ferme l'Escaut oriental. Il est équipé de soixante-deux vannes d'acier coulissantes, normalement ouvertes et abaissées seulement à l'approche des fortes tempêtes.

La ville de Londres, située à l'amont de l'estuaire de la Tamise, vit aussi depuis des siècles sous la menace des inondations marines. L'alerte a été chaude lors de l'onde de tempête de 1953 qui provoqua une surcote de 3 m à Southend, à la sortie de l'estuaire. La montée du niveau de la mer est ici de l'ordre de 3 mm par an en raison d'une subsidence active du Sud-Est de l'Angleterre. Dans l'estuaire même, il faut ajouter les effets sur le marnage des travaux qui ont modifié sa géométrie en l'approfondissant par des dragages et en le rétrécissant par des gains artificiels de terres sur ses berges : aujourd'hui les hautes marées sont supérieures de 1 m à ce qu'elles étaient à la fin du XVIIIe siècle. C'est pour mettre à l'abri de la submersion, lors de marées exceptionnelles coïncidant avec de fortes tempêtes, environ 116 km² de terres basses sur lesquelles vivent plus d'un million d'habitants de l'agglomération londonienne qu'un barrage a été construit, les digues édifiées sur les rives de l'estuaire n'offrant pas une protection suffisante. Le barrage, localisé à Woolwich, fonctionne depuis 1982. Son coût a été d'environ 450 millions de livres anglaises. Long de 520 m, il comporte dix portes mobiles qui, lorsqu'elles ne sont pas fermées, reposent à plat sur le lit de la Tamise, sans gêner la navigation. L'ouvrage qui peut être opérationnel en quinze minutes est prévu pour assurer une défense sûre dans le cas d'une hauteur d'eau supérieure de 2 m à celle atteinte en 1953, événement dont la probabilité d'occurrence a été calculé ici à une fois en mille ans. Parallèlement, les digues des bords de l'estuaire ont été élargies et surélevées à un coût de quelque 300 millions de livres. Le barrage mobile sur la Tamise devrait garantir une bonne protection jusqu'en l'an 2030. Ses portes sont fermées en moyenne deux fois par an, mais les experts qui ont contribué à sa mise en place pensent que la fréquence de son fonctionnement pourrait être multipliée par cinq au début au prochain millénaire en raison de l'accélération attendue du relèvement du niveau de la mer.

Venise, qui se situe à fleur d'eau dans une lagune, et ses trésors artistiques sont sérieusement menacés d'une invasion par la mer, comme l'a montré l'*acqua alta* du 4 novembre 1966 qui submergea la place Saint-Marc sous plus d'un mètre d'eau et recouvrit plus de 90 % de la superficie de la ville. L'*acqua alta* est un phénomène bien connu à Venise, mais on s'inquiète à juste titre de l'augmentation de sa fréquence et de son ampleur depuis le début de ce siècle. Il faut dire qu'au cours des cent dernières années le niveau de la mer s'est relevé ici de 27 cm environ (fig. 11), en partie pour des causes naturelles (subsidence : 3 à 7 cm ; eustatisme : 6 à 10 cm), en partie pour des causes humaines (pompage de l'eau dans les nappes phréatiques qui a provoqué un affaissement de la topographie estimé à 14 cm). A ceci s'ajoute un accroissement du marnage de l'ordre de 12 cm dans la lagune pour des raisons d'ordre anthropique (élargissement et approfondissement des passes, dragages de chenaux de navigation, réduction de la superficie de la lagune par remblayage à partir de ses berges naturelles). Afin de conjurer le péril de la submersion de Venise, différentes solutions ont été proposées : relèvement artificiel du niveau bâti par injection de matériau dans le sous-sol, endiguement du centre historique de la ville, restitution d'espace au profit de la lagune dans le but d'écrêter les marées. Pour une élévation du niveau de la mer de 30 cm au-dessus de sa position actuelle, valeur qui pourrait être atteinte dans la seconde moitié du siècle prochain et pour laquelle la place Saint-Marc serait inondée pendant trois hautes marées sur quatre

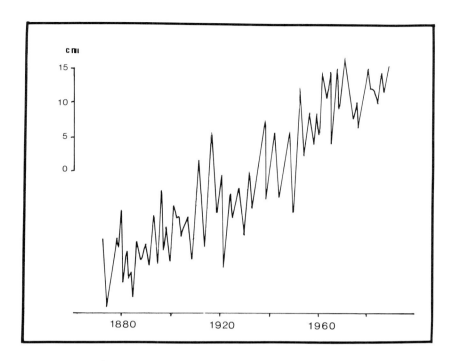

Fig. 11. — *Élévation du niveau moyen de la mer à Venise entre 1872 et 1987*, d'après P.A. Pirazzoli (1991).

(2 325 heures par an, soit un quart du temps), la meilleure solution, selon P. A. Pirazzoli, semble se trouver dans la mise en place d'écluses mobiles dans les trois passes qui donnent aujourd'hui accès à la lagune. On arriverait ainsi à concilier le maintien des activités portuaires et industrielles dans le plan d'eau et la sauvegarde du patrimoine historique de Venise. Mais la fermeture temporaire de la lagune rendrait encore plus grave le problème déjà très aigu de la pollution de ses eaux. Si la montée du niveau de la mer devait dépasser 30 cm, il faudrait alors clôturer les passes de façon permanente et la lagune serait définitivement isolée de la mer. On sauverait ainsi Venise au prix de la disparition du complexe industrialo-portuaire de Marghera.

Venise abrite à juste titre le centre international *Citta d'Acqua* dont la raison d'être est d'aider les grandes villes littorales à élaborer des stratégies pour faire face à une éventuelle accélération de la montée du niveau de la mer. Toutes seront coûteuses. La résistance ne pourra pas être généralisée. Il faudra aussi s'adapter. Les réponses ne seront pas les mêmes dans les pays pauvres en voie de développement et dans les pays riches industrialisés.

Pour le moment, il convient de surveiller étroitement le comportement du niveau de la mer. Depuis 1933 existe, créé par le Conseil international des unions scientifiques, le Service permanent du niveau moyen des mers (*Permanent Service for Mean Sea Level* ou *PSMSL*) dont le siège est l'observatoire de Bidston, à Birkenhead, en Angleterre. Chargé de la collecte, de la diffusion et de l'analyse des informations relatives au niveau moyen de la mer, il joue le rôle d'une banque de données. Il bénéficie aujourd'hui des informations que lui fournit le Système mondial d'observation du niveau de la mer (*Global Sea Level Observing System* ou *GLOSS*), créé en 1985 dans le cadre de la Commission océanographique intergouvernementale (*Intergovernmental Oceanographic Commission* ou *IOC*), elle-même dépendante de l'UNESCO. Le but de ce nouvel organisme est de constituer un réseau international de quelque 300 stations marégraphiques, réparties à travers le monde, sur les côtes des continents à un intervalle moyen de 1 000 km et dans chaque grand groupe d'îles, fournissant des données normalisées et fiables à partir desquelles le comportement actuel du niveau marin général pourra être mis en évidence. En ce moment, le principal problème consiste à séparer les variations propres du niveau de la mer d'avec les mouvements du sol où sont installés les marégraphes, par un raccord à un système de référence absolu grâce à des techniques géodésiques nouvelles, basées par exemple sur un système de positionnement par satellites (*Global Positioning System* ou *GPS*). Parallèlement se développent, à partir d'enregistrements dus à des capteurs embarqués sur des satellites, des observations sur les variations des températures à la surface des océans, sur les changements dans l'étendue des glaces marines polaires, sur les modifications de la superficie et des hauteurs des inlandsis groenlandais et antarctique, autant de signaux qui pourraient confirmer ou infirmer les prévisions pessimistes à propos de l'accélération de l'élévation du niveau de la mer, attendue pour les prochaines décennies.

ORIENTATION BIBLIOGRAPHIQUE

BARNETT (T.P.), The estimation of "global" sea level change: a problem of uniqueness, *Journal of Physical Research*, 1984, 89, 7980-7988.

CADET (D.), El Niño, un enfant naturel qui cache ses origines, *La Recherche*, 1986, 180, 1107-1111.

EMERY (K.O.) et AUBREY (D.G.), Sea levels, land levels, and tide gauges, Springer, Berlin, 1991, 237 p.

GLYNN (P.W.), Global ecological consequences of the 1982-83 El Niño-Southern Oscillation, *Elsevier Oceanography Series*, Amsterdam, 1990, 52, 563 p.

GORNITZ (V.), Global coastal hazards from future sea level rise, *Palaeogeography, Palaeoclimatology, Palaeoecology*, 1991, 89, 379-398.

GORNITZ (V.), LEBEDEFF (S.) et HANSEN (J.), Global sea level trend in the past century, *Science*, 1982, 215, 1611-1614.

MEIER (M.F.), Reduced rise in sea level, *Nature*, 1990, 343, 115-116.

NATIONAL RESEARCH COUNCIL, *Responding to changes in sea level, engineering implications*, 1987, National Academy Press, Washington, 148 p.

PASKOFF (R.), Les variations du niveau de la mer, *La Recherche*, 1987, 191, 1010-1019.

PELTIER (W.R.) et TSUHINGHAM (A.M.), Global sea level rise and the greenhouse effect: might they be connected?, *Science*, 1989, 244, 806-810.

PIRAZZOLI (P.A.), Trends of relative sea-level change: past, present and future, *Quaternary International*, 1989, 2, 63-71.

PIRAZZOLI (P.A.), *World atlas of Holocene sea-level changes*, Elsevier, Amsterdam, 1991, 300 p.

PIRAZZOLI (P.A.), Possible defenses against a sea-level rise in the Venice area, Italy, *Journal of Coastal Research*, 1991, 7, 231-248.

PUGH (D.), Le niveau de la mer : changements et enjeu, *Nature et Ressources*, 1990, 26, 36-46.

ROY (P.) et CONNELL (J.), Climatic change and the future of atoll states, *Journal of Coastal Research*, 1991, 4, 1057-1075.

STEWART (R.W.), KJERFVE (B.), MILLIMAN (J.) et DWIVEDI (S.N.), Relative sea-level change: a critical evaluation, *Unesco Reports In Marine Science*, 1990, 54, 22 p.

TITUS (J.G.), Greenhouse effect, sea level rise and land use, *Land Use Policy*, 1990, 138-153.

TOOLEY (M.J.) et SHENANN (I.), *Sea-level changes*, Basil Blackwell, Oxford, 1987, 397 p.

WALKER (H.J.), Sea level change: environmental and socio-economic impacts, *GeoJournal*, 1992, 26, 4, 511-520.

WATSON (I.) et FINKL (C.V.), State of the art in storm surge protection: the Netherlands Delta project, *Journal of Coastal Research*, 1990, 6, 739-764.

Chapitre 2

PLAGES A LA DÉRIVE

Les plages se rencontrent sur les côtes où les vagues et les courants littoraux déposent, parce qu'ils n'ont pas l'énergie suffisante pour tous les transporter, des sédiments dont la taille est supérieure à celle des constituants de la vase. Ce sont donc des rivages d'accumulation faits de sables ou de galets plus ou moins gros, dans certains cas des deux à la fois, qui proviennent de l'avant-côte, de falaises en recul et surtout de la charge solide apportée par les rivières et les fleuves. Ces matériaux sont meubles, mais sur le bord des mers tropicales ils peuvent être localement cimentés par du calcaire en grès ou en conglomérats connus sous le nom de *beach rock*. Le

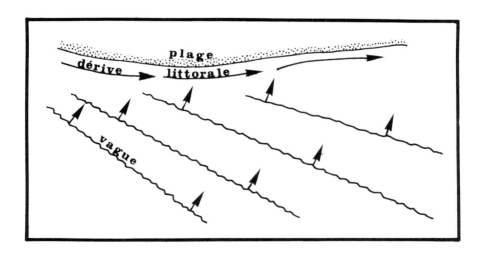

Fig. 12. — *Formation de la dérive littorale.*
La dérive littorale, courant parallèle au rivage qui se manifeste dans la zone du déferlement des vagues, joue un rôle essentiel dans le déplacement des sédiments le long d'une côte et dans l'alimentation des plages en sables et en galets. Elle naît de l'obliquité des vagues par rapport au tracé du rivage. Lorsque la quantité de matériaux dont elle dispose est inférieure à sa capacité de transport, la dérive littorale peut exercer une action érosive sur les côtes meubles.

mouvement de va-et-vient des vagues sur une plage émousse et polit en les déplaçant les sables et les galets qui migrent aussi longitudinalement sous l'effet de la dérive littorale, courant parallèle au trait de côte, né de l'obliquité de la houle par rapport au tracé du rivage (fig. 12). L'apparente immobilité des plages est un leurre.

Les plages présentent des aspects divers. Pour s'en tenir à des exemples pris en France métropolitaine, il y a les petites plages, appelées plages de poches, logées dans le fond d'anses, comme en Bretagne ou en Corse ; la longue plage rectiligne, bordée de grandes dunes, de la côte d'Aquitaine ; les cordons littoraux ou lidos qui isolent des lagunes sur la côte du Languedoc-Roussillon ; les flèches à pointe libre illustrées par celle de la Coubre à l'embouchure de la Gironde ou le They de la Gracieuse qui protège de la mer les installations portuaires de Fos, près de l'embouchure du Rhône.

Les plages sont longtemps restées à l'écart des établissements humains. Les choses ont changé avec le développement du tourisme balnéaire dont elles constituent le principal support parce qu'elles favorisent la baignade et les activités nautiques. Espaces exigus et linéaires, elles ont fait l'objet depuis une trentaine d'années de convoitises pressantes de la part des aménageurs aussi bien dans les pays développés que dans ceux du tiers-monde. Parce que ce sont des milieux fragiles, aux équilibres dynamiques souvent précaires, les interventions de l'Homme, dans un environnement dont les différentes composantes sont unies par des liens de solidarité, peuvent conduire à leur déstabilisation. Les plages entrent alors dans une phase d'évolution régressive qui menace de destruction les aménagements dont elles ont été équipées.

Les dieux sont à la mer

L'érosion du littoral sableux du Togo constitue, par la vitesse de recul du trait de côte qui a pu atteindre jusqu'à 40 m par an, un cas exemplaire de déstabilisation d'un rivage marin à la suite d'aménagements lourds, conçus sans prise en compte de leurs effets induits négatifs sur l'environnement. Les conséquences économiques et sociales de cette érosion qui n'a commencé à se manifester véritablement que vers la fin des années soixante ont été considérables. La route qui va du Ghana au Bénin en longeant la côte a été en certains endroits déplacée à deux reprises vers l'intérieur des terres, les chaussées ayant été englouties dans les flots. Six villages de pêcheurs et les cocoteraies qui les entouraient ont été rayés de la carte. La piscine d'un grand hôtel, naguère entourée d'un vaste jardin, a fini par être démantelée par les vagues. A Kpémé, où se trouve une usine de concentration de phosphates qui représente à elle seule 20 à 25 % du produit intérieur brut et environ la moitié des recettes d'exportation du pays, le recul de la côte a été de 130 m entre 1968 et 1975. En 1986, le wharf d'embarquement des produits de l'usine a failli s'effondrer, certaines de ses piles ayant été déchaussées à l'occasion d'une tempête. A Aného, vieille ville côtière, frontalière du Bénin, on avait été obligé de murer l'entrée principale de l'église du foyer Pierre-et-Paul qui date de 1926 parce que des vagues pouvaient y pénétrer. A proximité d'Aného se situe le temple de Glidji, celui de Mami Wata, déesse de la mer, une des plus puissantes divinités du panthéon Vaudou. Sous le titre « Les dieux sont à la mer », *Le Monde* publiait en février 1985 un article bien documenté qui, conjointement avec une émission de la série télévisée *Thalassa*, contribua à donner un écho international à l'érosion spectaculaire de la côte du Togo. A peu près à la même époque commençait l'étude scientifique de ce phénomène catastrophique par une équipe franco-togolaise de chercheurs universitaires, efficacement dirigée par G. Rossi, en collaboration avec un bureau d'études de France. Il fallait en déterminer les causes et proposer des remèdes, inévitablement coûteux, dont l'application imposait nécessairement un recours à des bailleurs de fonds internationaux, le pays étant trop pauvre pour en supporter le prix.

La première cause directe du recul de la côte togolaise a été la construction, terminée en 1961, du barrage d'Akossombo au Ghana voisin, l'accumulation d'eau ainsi créée étant destinée à alimenter une usine de production d'électricité qui fonctionne aujourd'hui seulement au tiers de sa capacité. Ce barrage piège 95 % des transports solides de la Volta, en particulier la totalité des sables en transit dont le volume annuel est estimé à 3 millions de m^3. Privée de ce considérable apport sédimentaire qui la limitait à seulement une action de transport, la puissante dérive littorale, née des houles australes du Sud-Ouest, qui longe le golfe du Bénin en se dirigeant vers l'Est, n'était plus la rivière de sable de naguère et a pu exercer une action érosive. La ville ghanéenne de Kéta, sur la côte du delta de la Volta, en a été la première victime puisqu'une centaine de maisons se disloquent chaque année en bordure de sa plage, avant que le recul ne commence à se manifester progressivement vers le Togo.

Le port artificiel de Lomé, construit à partir de 1964, est l'autre grand ouvrage responsable de la déstabilisation de la côte du Togo. Sa longue jetée occidentale, en saillie de 1 200 m par rapport au trait de côte initial, a fonctionné comme un gigantesque épi qui a interrompu totalement le transfert sédimentaire littoral. Ainsi s'est formé du côté de l'Ouest, sur une dizaine de kilomètres, un espace d'atterrissements, aujourd'hui large de 850 m au contact même de l'ouvrage et s'amincissant pour finalement disparaître aux approches de la frontière avec le Ghana. Mais cet ensablement, qui a mis les environs de Lomé à l'abri de l'érosion en cours de propagation vers l'Est après la construction du barrage d'Akossombo, a eu pour corollaire, à l'Est du port, une érosion exacerbée qui s'est peu à peu déplacée en direction du Bénin. A proximité du port, le recul du trait de côte a été de 180 m depuis 1964. Par chance, cette érosion a fait apparaître à fleur d'eau, sur une vingtaine de kilomètres de longueur, un providentiel banc de grès dur, un *beach rock*, de 3 à 7 m d'épaisseur et d'une trentaine de mètres de largeur, qui a eu pour effet de dissiper l'énergie des vagues déferlantes. Là où il existe, ce brise-lames naturel a permis de stabiliser le trait de côte, mais au-delà, dans les secteurs où se trouvent justement le terminal phosphatier de Kpémé et la ville d'Aného, l'érosion a continué de plus belle. Sa propagation vers l'Est s'est poursuivie à une vitesse de l'ordre de 1 km par an et la côte du Bénin est maintenant à son tour sur le point d'être touchée par le recul. Il faut d'ailleurs s'attendre dans un avenir proche à un phénomène aggravé dans ce pays par la mise en service, en 1987, du barrage de Nangbeto sur le Mono, à la frontière du Togo et du Bénin, qui arrête les apports sédimentaires de ce fleuve à la mer. La stabilisation, depuis la même date, par des ouvrages de défense — un brise-lames et des épis — d'un linéaire côtier d'environ 15 km dans les secteurs de Kpémé et d'Aného doit encore accentuer la menace en supprimant une source d'alimentation en sables pour la dérive littorale.

Le cas de l'érosion spectaculaire de la côte sableuse du Togo mérite de servir de leçon. Les ingénieurs du barrage d'Akossombo n'avaient pas prévu qu'en réalisant un grand ouvrage au Ghana ils provoqueraient la déstabilisation du littoral du Togo. Ceux qui ont conçu, quelques années plus tard, le port de Lomé n'ont pas envisagé qu'ils allaient encore aggraver une situation mettant en danger des intérêts économiques vitaux pour le pays et affectant les conditions de vie de groupes humains. Il y a eu à la fois ignorance et imprévoyance. Ignorance de la nature et de la solidarité de processus naturels qui transcendent les frontières politiques. Imprévoyance à propos de la gravité des effets négatifs induits par ces aménagements qui appelaient de sérieuses études d'impact préalables. On ne peut que suivre G. Rossi quand il écrit : « Interrompre le transit littoral sur une côte où il est l'un des plus fort du monde, oblige, une génération plus tard, à investir en protection l'équivalent du coût des infrastructures alors réalisées. Cela doit porter à la prudence et à la réflexion ».

Démaigrissement et recul des plages

L'exemple du Togo n'est pas exceptionnel comme l'a montré une enquête menée pendant huit ans par E.C.F. Bird sous l'égide de l'Union géographique internationale, enquête dont les résultats ont été publiés en 1985 dans un livre intitulé *Coastline Changes*. Les plages représentent environ 20 % du linéaire côtier du monde. Sur 70 % de leur longueur, elles sont actuellement érodées ; sur 20 %, elles sont stables ; sur 10 % seulement, elles montrent des signes d'élargissement. En France, les plages de sable ou de galets qui continuent à engraisser constituent des exceptions. La pointe de la Coubre que l'on a déjà citée a connu un développement rapide au cours des cent dernières années (36 m par an entre 1881 et 1948) ; cependant, elle semble approcher maintenant du stade terminal de son évolution. Le sillon de Talbert, le plus long bourrelet de galets à extrémité libre de la Bretagne, s'accroît encore dans sa partie distale, mais son enracinement sur le continent est en cours de rupture. Il en va de même pour la flèche graveleuse du Hourdel, en Picardie, qui progresse par accolement de crochets successifs à une vitesse de l'ordre de 5 m par an à son extrémité, tandis que sa racine est, elle aussi, sérieusement érodée. Sur la côte du delta du Rhône, la progradation de la pointe de l'Espiguette au rythme de 25 m par an représente la contrepartie du recul rapide de la côte de la Petite Camargue, tout comme l'avancée de la pointe de Beauduc (300 m en 80 ans) s'explique par l'arrivée de sables fournis par l'érosion du rivage de Faraman. Quant aux plages stables, ce sont généralement celles qui se logent dans le fond de petites baies et qui sont restées à l'écart des aménagements ; on en trouve encore des exemples en Bretagne et en Corse. Par opposition, les cas de plages en recul ne se comptent plus. A l'Est de Dunkerque, la côte a reculé de 30 m entre 1947 et 1977. Sur les littoraux sableux du Calvados, le retrait moyen annuel est estimé à 0,50 m par an. La côte meuble orientale du Cotentin, au Sud de Barfleur, a reculé, d'après une enquête menée en 1983 par F. Hinschberger, de 20 à 100 m selon les endroits depuis l'origine du cadastre en 1829. En Bretagne, le repli du rivage du Sud de la baie d'Audierne a été, dans la commune de Tréguennec, de 150 m entre 1952 et 1969. En Charente, la plage de Chatelaillon a perdu 160 m de largeur dans sa partie nord et 250 m dans sa partie sud entre le début du XVIIIe siècle et nos jours. En Aquitaine, le recul de la côte est considérable. Il affecte tout le littoral entre l'embouchure de la Gironde et celle de l'Adour. Il semble avoir été de plus de 10 km depuis le VIe siècle de notre ère dans le Médoc. Il s'est accéléré à partir du XVIIIe siècle et il est devenu catastrophique au XXe : 185 m à l'Amélie, près de la pointe de Grave, entre 1940 et 1970 ; 700 à 800 m à Capbreton entre 1881 et 1922 ; 33 m à Anglet entre 1952 et 1963. Sur les plages du Languedoc, des taux de retrait de 1,5 à 4 m par an ont été mesurés. Sur le littoral du delta du Rhône, dans les environs des Saintes-Maries-de-la-Mer, le recul a pu atteindre 12 m par an. En Provence, la plage de Fréjus, entre Saint-Aygulf et Saint-Raphaël, a perdu une centaine de mètres de largeur dans sa partie méridionale depuis la fin du XIXe siècle, la vitesse moyenne de recul ayant atteint 2 m par an au cours des deux dernières décennies. En

Corse, au Sud de Bastia, entre 1948 et 1981, le rivage a reculé de 100 m à l'embouchure du Golo et de 50 à 60 m à celle du Fium'Alto. On pourrait multiplier les exemples d'érosion de plages ailleurs dans le monde. On en trouverait sur les côtes de tous les continents, sous toutes les latitudes. La liste serait inutilement longue et fastidieuse. Répétons-le, il s'agit bien là d'un phénomène général, global pour utiliser un anglicisme à la mode aujourd'hui.

De l'abondance à la pénurie en sédiments

Les plages étant par définition des formes d'accumulation, leur érosion actuelle témoigne d'une inversion dans leur tendance évolutive. Certaines qui sont aujourd'hui en recul étaient encore naguère en cours de progradation rapide. Ainsi, Woy Woy Beach, dans la baie de Broken, près de Sydney, en Australie, n'a cessé de s'élargir, par accolement de crêtes de plages successives, à une vitesse moyenne annuelle de 0,60 m à partir de 7 000 ans avant le Présent. A un moment que nous ne connaissons pas, l'accumulation a cédé la place à l'érosion et aujourd'hui le trait de côte occupe la position qui était la sienne il y a 1 500 ans. De la même façon, on a pu établir à partir de données archéologiques que, sur les bords du golfe de Tunis, la progradation d'une plaine sableuse littorale avait favorisé l'extension spatiale de la ville de Carthage entre 400 av. J.-C. et 150 ap. J.-C. Mais le rivage actuel se situe à l'emplacement du bord de mer qui existait au IIe siècle av. J.-C., comme le montrent les ruines, immergées sur l'avant-plage, de toute une *insula* romaine construite au début de l'ère chrétienne.

Les plages ont donc connu, au cours des derniers millénaires de leur évolution, une période d'abondance en sédiments. Cette phase qui a pu se prolonger jusqu'à la période historique a vu sur certains rivages le stockage de gigantesques quantités de matériaux meubles. La disproportion criante qui existe parfois entre les gros volumes de sable ainsi déposés dans un passé récent et les apports modestes d'aujourd'hui a retenu l'attention des chercheurs. Leurs études ont fait apparaître que les sédiments accumulés sur les plages constituent pour une large part un héritage. A Jerba, dans le Sud tunisien, où existent de belles plages, malheureusement fragiles, qui, concurremment avec un climat méditerranéen doux et ensoleillé, expliquent le développement du tourisme dans cette île, une telle situation est flagrante. Ici, on ne trouve ni oued ni falaise qui pourraient alimenter les estrans en sédiments. Les seuls apports actuels correspondent à des fragments de coquilles de mollusques et à des débris d'algues calcaires déposés par les vagues. Quand on examine attentivement les sables à la loupe, on constate qu'ils contiennent aussi en grande proportion des oolithes. Il s'agit de grains sphériques de taille millimétrique, faits de minces enveloppes calcaires concentriques autour d'un nucléus, qui ont pu être datés. Ces oolithes ne sont pas actuelles. Elles se sont formées, il y a 6 ou 7 000 ans, dans les eaux littorales peu profondes et agitées du golfe de Gabès, qui étaient alors légèrement plus chaudes qu'elles ne le sont aujourd'hui.

On a dit dans le chapitre précédent qu'au cours de la dernière grande glaciation le niveau de la mer se situait entre −100 m et −120 m par rapport à sa position actuelle. A cette époque, les plates-formes continentales étaient largement émergées et sur elles s'accumulaient des sédiments apportés par les agents de dénudation du relief – la glace, l'eau courante, le vent – dont les actions érosives étaient exacerbées par la crise climatique qui affectait alors la Terre. Il y a environ 15 000 ans, avec la fonte des grands inlandsis, le niveau marin commence à s'élever. La mer submerge progressivement les plates-formes continentales et repousse devant elle, au fur et à mesure qu'elle s'avance, les matériaux détritiques, de nature glaciaire, fluviatile ou éolienne, qui s'y étaient déposés. Ces sédiments, aisément mobilisables, cessent d'être ainsi déplacés lorsque, il y a 5 ou 6 000 ans, le climat ayant achevé de se réchauffer, le niveau de la mer se stabilise au voisinage de sa position actuelle. Sables et galets s'entassent alors sur certaines côtes. De vastes plages se forment, de grands champs

Photo 3. — Destruction d'une maison par les vagues sur une plage du golfe de Tunis.

de dunes associés à elles se construisent, comme le littoral aquitain en donne un exemple. Cette période d'abondance dure jusqu'à ce que la réserve sous-marine en sédiments se tarisse et qu'un équilibre dynamique se réalise sur le rivage, ce qui peut demander un temps plus ou moins long suivant les côtes. Commence ensuite, et elle dure encore, une époque de pénurie en matériaux puisque les apports frais se limitent désormais aux seuls produits actuels de l'érosion continentale et marine. C'est là une situation précaire. En dehors de toute intervention humaine, il suffit que des changements naturels, capables de provoquer des déséquilibres dans le système, se manifestent pour que les plages puissent connaître une évolution régressive.

Une conjoncture difficile

On se rappelle qu'une grande majorité de chercheurs pense que le niveau de la mer s'est réellement élevé d'une quinzaine de centimètres depuis la fin du XIXe siècle et qu'il continue à monter, mais on se souvient aussi que le problème est obscurci par l'interférence de l'instabilité tectonique des continents avec les oscillations eustatiques du plan d'eau des océans. De fait, pour prendre le cas de la France, les marégraphes, dont les données étudiées par P.A. Pirazzoli sont suffisamment longues pour être significatives, montrent que dans 12 cas sur 13 le niveau relatif de la mer s'est élevé au cours des dernières décennies avec des valeurs moyennes comprises entre 0,3 et 2,6 mm par an. C'est cette hausse, quelle que soit son origine, qui est importante. En effet, il a été constaté que sur une plage en état d'équilibre sédimentaire, donc stable dans sa forme et son volume à l'échelle de l'année car son profil varie entre la saison des tempêtes et celle du temps calme, une élévation du niveau de la mer provoque un démaigrissement et un recul. Le profil transversal de la plage migre parallèlement à lui-même vers la terre par érosion de la partie haute de l'estran. Le matériel ainsi enlevé s'accumule sur l'avant-plage de telle sorte que l'épaisseur de la tranche d'eau sur les petits fonds littoraux ne varie pas (fig. 13). Dès le début des années cinquante, des chercheurs soviétiques travaillant sous la direction de V.P. Zenkovitch, avaient entrevu ce phénomène. Mais, celui-ci est connu sous l'appellation de règle de Bruun, nom du scientifique danois qui l'a clairement énoncé en 1962. Depuis, cette règle a été vérifiée non seulement sur des modèles physiques, mais aussi sur le terrain. Par exemple, sur des plages de la baie de Chesapeake, en Virginie, où le niveau de la mer s'élève à la vitesse de 2 mm par an, on a noté que le

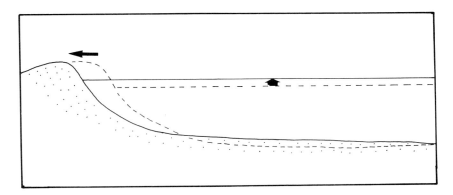

Fig. 13. — *Ilustration de la règle de Bruun.*
Une élévation du niveau de la mer sur une plage en état d'équilibre sédimentaire déclenche une érosion et un recul du trait de côte. Les sédiments qui sont enlevés sur la plage se déposent sur l'avant-plage avec une épaisseur qui compense l'élévation du niveau de la mer.

recul réel du rivage (0,94 m par an) est de peu inférieur au recul calculé (0,98 m par an) en se fondant sur la règle de Bruun. On a aussi trouvé que les îles-barrières du New Jersey se déplacent vers l'Est, en roulant en quelque sorte sur elles-mêmes, à une vitesse annuelle égale à 200 fois le taux annuel d'élévation du niveau de la mer, soit environ 4 m par an. En Nouvelle-Écosse, au Canada, on a établi une relation directe de cause à effet entre le rapide recul, estimé à 6 m par an, d'un cordon littoral de galets et une hausse du niveau de la mer de 19 cm entre 1929 et 1979. Sur les bords de la mer Caspienne dont le niveau avait baissé de 3 m entre 1930 et 1977, et qui s'est relevé depuis de 1,5 m, des érosions de plage ont été constatées, tout comme sur la côte pacifique des États-Unis en 1982-83, lorsque le niveau de l'océan est monté de plusieurs dizaines de centimètres pendant plusieurs mois, en relation avec le phénomène du Niño. Sans doute a-t-on trop eu tendance récemment à généraliser la règle de Bruun, en oubliant que son auteur en avait limité le champ d'application aux plages en état d'équilibre sédimentaire, sans transfert appréciable de matériaux par la dérive littorale. Ainsi, en rade de Brest, malgré un relèvement continu du niveau de la mer de 1,3 mm par an en moyenne depuis le début du XIXe siècle, relèvement attesté par les données du marégraphe le plus ancien de France, puisqu'il fonctionne, avec seulement quelques interruptions, depuis 1808, les cordons littoraux de galets ne bougent pas. Cependant, on peut dire raisonnablement que l'élévation contemporaine du niveau de la mer constitue un facteur qui, à tout le moins, contribue à fragiliser les plages.

Le rôle des tempêtes

Les plages reculent par à-coups. Plusieurs années peuvent s'écouler sans qu'apparemment elles ne se modifient. Que surviennent des jours de gros temps et elles subissent alors des dommages que la saison de mer calme ne réparera pas si leur budget sédimentaire n'est pas équilibré (fig. 14). Ce sont les événements de faible fréquence et de forte magnitude qui font véritablement évoluer une côte et non le déferlement habituel des vagues. Les aménageurs ont trop souvent tendance à ne pas prendre en compte cette donnée qui est essentielle pour la minoration des risques sur les espaces littoraux. On se souvient de la tempête, de récurrence probablement décennale, qui a provoqué des dégâts sur les rivages de la Manche et de la mer du Nord du 26 au 28 février 1990. Elle constitua un rappel opportun, après plusieurs années de tranquillité qui avaient laissé dans la mémoire collective, facilement oublieuse, l'illusion fallacieuse de la stabilité de ces rivages. Sur le littoral de la Camargue et du Languedoc la dernière tempête marquante remonte aux 7 et 8 novembre 1982. Ce fut un phénomène exceptionnel, comme il s'en produit une ou deux fois par siècle. Aux États-Unis, l'ouragan du mercredi des Cendres de 1962 qui a frappé la façade atlantique, de la Caroline du Nord au Maryland, est resté dans les mémoires sous l'appellation de *Ash wenesday storm*. Il a apporté des modifications durables à la morphologie des îles-barrières qui frangent la côte au point que le Service hydrographique national dut entreprendre d'urgence une correction des cartes de navigation. Le 21 septembre 1989, c'est la Caroline du Sud, juste au Nord de Charleston, qui a été touchée par l'hurricane Hugo, de classe IV, à l'origine d'une surélévation temporaire de 4 m du niveau de la mer et de reculs de plages de plus de 20 m.

Or, des chercheurs ont aussi invoqué un accroissement de la fréquence et de la force des tempêtes pour expliquer la tendance actuelle des plages à reculer. En mer du Nord, les observations sur les caractéristiques des vagues se sont multipliées depuis une cinquantaine d'années, d'abord pour des raisons militaires en raison des projets de débarquement de troupes sur les côtes de l'Europe occidentale pendant la Deuxième Guerre mondiale, puis plus tard à cause de l'intérêt de ces données pour l'implantation de plates-formes pétrolières. Le traitement des informations obtenues par l'Institut des sciences océanographiques (IOS) du Royaume-Uni a fait apparaître que la hauteur moyenne des vagues est passée de 2,25 m dans les années soixante à 2,75 m dans les années quatre-vingt. Quant à la hauteur maximale, elle aurait augmenté de 12 m à 18 m pendant la même période. Dans ces conditions, l'énergie de la houle se serait renforcée de plus de 30 %. On conçoit alors que son agressivité sur les rivages de la mer du Nord ait été accrue.

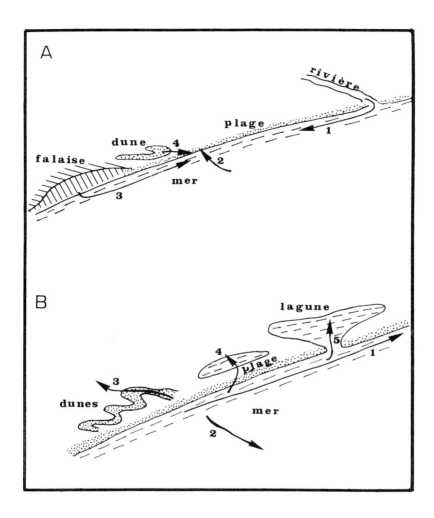

Fig. 14. — *Le budget sédimentaire d'une plage dans un système naturel,* d'après E.C.F. Bird (1985).

A. Apports en sédiments. 1. Sédiments livrés par un cours d'eau. 2. Sédiments remontés par les vagues. 3. Sédiments fournis par l'érosion des falaises. 4. Sables déposés par le vent de terre.

B. Pertes en sédiments. 1. Sédiments emportés par la dérive littorale. 2. Sédiments enlevés par les courants côtiers de retour (courants d'arrachement). 3. Sédiments déplacés par le vent de mer. 4. Sédiments déposés dans une lagune par des vagues de débordement. 5. Sédiments accumulés dans une lagune, à proximité d'une passe, par des courants de marée.

Quand le volume des apports excède celui des pertes, la plage démaigrit et recule tandis que dans le cas contraire elle engraisse et prograde.

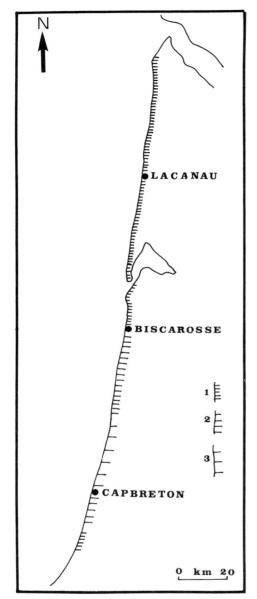

Fig. 15. — *Recul moyen du littoral aquitain depuis 1740*, d'après J. Lorin et C. Migniot (1984).
1. Recul supérieur à 1 m par an.
2. Recul entre 0,5 et 1 m par an.
3. Recul inférieur à 0,5 m par an.

Les wagons sédimentaires
de la côte d'Aquitaine

Le comportement depuis le milieu du XVIIIᵉ siècle du trait de côte du littoral sableux d'Aquitaine, long de 235 km de la pointe de Grave à l'embouchure de l'Adour, est bien connu grâce à l'analyse comparée de documents cartographiques. A partir de 1975, on a mis en place des repères, aujourd'hui au nombre de 150, qui font l'objet d'observations périodiques et permettent de suivre avec précision l'évolution du rivage. Celui-ci recule partout à une vitesse moyenne qui varie suivant les endroits entre 0,5 et 1,5 m par an (fig. 15). Mais, un secteur donné passe alternativement par des phases de forte érosion et des phases de stabilité, voire même de progradation, la résultante dans le long terme étant en faveur de l'ablation. La côte présente ainsi des pics d'érosion, séparés entre eux par une distance de l'ordre d'une cinquantaine de kilomètres, qui à partir de la pointe de la Négade se déplacent avec le temps vers le Sud, à une vitesse qui se situe entre 0,5 et 1 km par an. De la sorte, entre 1967 et 1982, un pic d'érosion a migré de Mimizan à Contis. Le phéno-mène s'explique par le passage le long du rivage de masses de sable bien individualisées, appelées wagons sédimentaires par J. Lorin qui les a étu-diées. Les pics d'érosion se situent dans les intervalles d'espace qui sépa-rent les masses de sable. Celles-ci, poussées par le courant littoral, vont vers le Sud et l'on peut penser qu'elles finissent par disparaître dans le Gouf de Capbreton, un canyon sous-marin dont la tête se situe à proxi-mité même du rivage. Mais c'est là une hypothèse qui n'est pas acceptée par tous. Aux Pays-Bas H.J. Verhagen et en Belgique G. De Moor ont aussi mis en évidence le rôle de grands bancs sableux en mouvement qu'ils appellent des vagues de sable (*sand waves*) dans les alternances tempo-relles et spatiales d'érosion et de sédimentation que montrent les côtes de ces pays. La connaissance de ce phénomène a des applications pratiques importantes. Elle permet d'avoir des vues prospectives sur l'évolution des plages où il se manifeste, donc de les aménager en tenant compte de leur comportement à venir.

Une plaie pour les plages : les barrages sur les fleuves

Les plages peuvent donc connaître des érosions naturelles. D'une façon générale, on est autorisé à dire que la conjoncture actuelle, qui résulte à la fois du stade de leur évolution géologique, du comportement du niveau planétaire des mers, du cadre hydrodynamique général, n'est pas favorable au maintien de leur équilibre. Il en résulte une grande fra-gilité et une sensibilité marquée aux interventions humaines d'aménage-ment.

Parmi les responsabilités de l'Homme dans la déstabilisation des plages, il convient de citer au premier chef la construction de barrages sur les fleuves. Le résultat a été une réduction drastique de l'alimentation des littoraux en sables et en galets à une époque déjà marquée naturellement par une pénurie en sédiments. On se rappelle que l'érosion dramatique de la côte du Togo a pour cause directe la construction du barrage d'Akossombo sur la Volta. Un autre exemple bien connu est celui du recul généralisé du delta du Nil depuis la mise en eau, en 1964, du haut barrage d'Assouan qui a pratiquement arrêté la totalité des quelque 120 millions de tonnes de charge solide que le fleuve transportait auparavant jusqu'à la Méditerranée. En 1975, pour le Danube, dans le seul barrage des Portes de Fer, la rétention a été de 25 millions de tonnes et, en dix ans, entre 1970 et 1980, la charge solide de ce fleuve a été réduite de $1/10^e$. Celle de l'Ebre représente actuellement seulement 5 % de ce qu'elle était il y a 50 ou 60 ans. On s'accorde à penser que le Grand Rhône livre aujourd'hui à la mer chaque année 2 ou 3 millions de tonnes d'alluvions contre 40 millions de tonnes au milieu du XIXe siècle. Une idée de l'importance de l'effet de piégeage des sédiments par les barrages en pays méditerranéen est donnée par la retenue de l'oued Mellègue, un modeste affluent de la Medjerda, fleuve de la Tunisie, qui en vingt ans de fonctionnement a arrêté 50 millions de m^3 de matériaux, perdant ainsi le cinquième de sa capacité d'accumulation d'eau. N'échappent aux barrages que les particules fines charriées en suspension au moment des déversements en période de crue ou des dévasements périodiques d'entretien, mais elles n'alimentent pas les plages qui ont besoin de sables et galets. Or, ces classes de sédiments sont tractées sur le fond du lit des cours d'eau et sont irrémédiablement stoppées dans leur déplacement. Bien sûr, les barrages ont leur raison d'être : extension de l'irrigation sur les terres agricoles, production d'électricité, régularisation des débits. Mais, il faut aussi savoir ce qu'ils coûtent aux plages pour lesquelles ils constituent, à n'en pas douter, la principale menace qui pèse sur leur existence.

Les extractions de matériaux

La tentation a été forte, à notre époque d'augmentation vertigineuse de la demande en granulats pour couvrir les besoins sans cesse croissants des grands travaux publics et de la construction, de recourir d'abord aux réserves en sables et en graviers des lits des cours d'eau. Ce faisant, on a bien entendu aggravé l'action néfaste des barrages dont on vient de parler. Actuellement réglementée, l'ouverture de gravières a été longtemps menée de façon sauvage. Ainsi, il a été avancé que dans le Golo, fleuve de la Corse orientale, on a pu extraire, avant les mesures de contrôle, des volumes de sédiments dont le poids a varié, suivant les années, entre 100 000 et 750 000 tonnes. Or, la charge fraîche annuelle du cours d'eau n'est que d'environ 30 000 tonnes! Les exploitants d'agrégats se sont aussi intéressés aux plages elles-mêmes. Un peu partout les dunes qui les bordent ont été éventrées par des sablières. On verra dans le chapitre de ce livre consacré aux constructions éoliennes littorales qu'elles sont étroitement solidaires des plages et indispensables à leur équilibre sédimentaire.

Les côtes de galets ont particulièrement attiré les convoitises car elles constituent des gisements prisés de granulats, bien lavés et déjà triés par les vagues. Le cas de la baie d'Audierne est exemplaire a cet égard. A. Guilcher a retracé l'histoire de la destruction par l'Homme de l'Ero Vili, un immense et magnifique cordon de galets qui depuis le XVIIIe siècle avait tendance à reculer, mais dont le volume restait intact. Pendant la Deuxième Guerre mondiale, à l'époque de l'occupation allemande, il a été exploité de façon industrielle par l'Organisation Todt de la Wehrmacht pour l'édification du fameux Mur de l'Atlantique, censé empêcher le débarquement des forces alliées et devenu un excellent marqueur du comportement des côtes depuis cinquante ans. Pendant trois ans, six trains chargés de galets sont partis chaque jour de la gare de Tréguennec vers les chantiers de construction des fortifications en bor-

Photo 4. — Plage de Capbreton, Aquitaine. Blockhaus du Mur de l'Atlantique déchaussé et basculé sur la plage par suite du recul du trait de côte.

dure de la mer. En 1945, le cordon était encore continu, mais moins haut qu'avant la guerre et sujet à des ruptures momentanées. Une fois les Allemands partis, les entrepreneurs locaux ont sans retenue continué à procéder à des extractions, sans mettre en œuvre d'aussi gros moyens matériels, mais en bénéficiant d'une durée beaucoup plus longue, supérieure à un quart de siècle. Un terme a heureusement été mis a cette exploitation destructrice vers 1978. Mais le mal était fait comme l'attestent un mince placage résiduel de galets qui laisse la mer envahir les palues situées en arrière, et la position des blockhaus, actuellement basculés sur l'avant-plage, mais initialement construits de place en place sur le cordon d'alors.

La Bretagne offre avec la baie de Goulven, sur la côte septentrionale du Finistère, un autre exemple qui illustre les effets nocifs pour les plages des extractions de sédiments. Il a été étudié par une équipe de l'université de Brest, composée de la regrettée A. Moign, de B. Hallégouët, de J.-C. Bodéré et de C. Yoni. Ici, les prélèvements sur l'estran sont anciens et relèvent d'un droit coutumier. Ils devinrent massifs à partir du milieu du XIXe siècle du fait de la valeur d'amendement des sables calcaires dans une région où les sols sont acides. L'amélioration des routes à la même époque permit à des cultivateurs de communes éloignées de la côte de venir y chercher du sable. Les extractions se sont encore intensifiées récemment, bien au-delà des quantités déclarées. Elles continuent toujours aujourd'hui, malgré une disposition de la loi sur le littoral de 1986 qui les interdit strictement. La conséquence est que le cordon littoral de Peleuz est réduit à d'étroits vestiges et que la flèche de Penn ar C'hleuz recule à une vitesse accélérée. Sur la côte ouest du Cotentin, P. Bernard a, dès les années cinquante, attiré l'attention sur la relation de cause à effet entre l'exploitation du sable et l'érosion marquée de la plage de Coutainville.

Les dragages de sédiments sur les avant-plages ne sont pas moins dangereux si des précautions ne sont pas prises. Les prohibitions d'extraction de granulats dans le domaine terrestre se généralisant, on a cherché des gisements de substitution sous la mer à proximité des côtes. Dans ce cas aussi, il faut prévenir les risques que présente une exploitation abusive et anarchique. Des prélèvements mal conduits peuvent rompre l'équilibre précaire des plages. Une fosse d'emprunt située trop près du trait de côte, dans la zone des mouvements des sables et des galets sous l'effet des vagues et des courants littoraux, modifie la déclivité de l'avant-plage et tend à se combler avec des matériaux provenant de la plage qui se met alors à démaigrir. Une souille peut également entraîner des modifications dans la propagation de la houle, par exemple une concentration de l'énergie libérée par les vagues sur le rivage, donc une érosion accrue. En Louisiane, dans le delta du Mississippi, les îles-barrières sableuses (Chandeleur, Timbalier, Isles Dernières) qui le frangent, reculent de plus de 6 m par an sur 80 % de leur longueur et ont perdu quelque 40 % de leur superficie depuis 1880 (fig. 16). Cette situation catastrophique s'explique à la fois par une subsidence régionale qui peut dépasser 1 cm par an, et une sous-alimentation en sédiments du fait des barrages que l'on a multipliés sur les affluents du Mississippi. Pour tenter de contrecarrer une évolution inquiétante, on avait élaboré un projet consistant à dra-

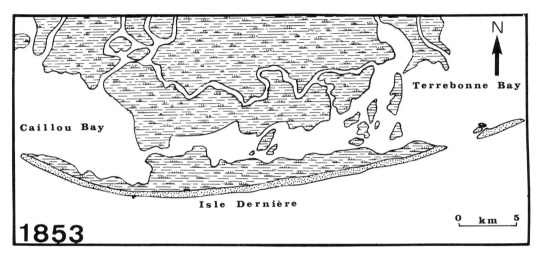

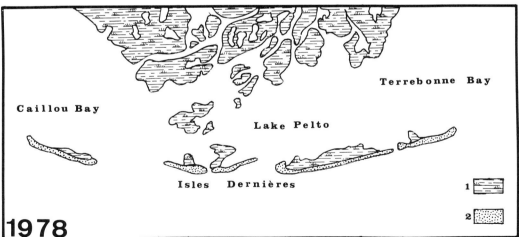

Fig. 16. — *Recul, amincissement et segmentation entre 1853 et 1978 des îles-barrières de la côte de Louisiane,* d'après S. Penland *et al.* (1989).
Le repli des Isles Dernières se fait à la vitesse très rapide de 20 m par an en moyenne. Les marais maritimes, vasières végétalisées, qui s'étaient développés à leur abri sont progressivement submergés.
1. Marais maritimes. 2. Plages sableuses.

guer du sable pour regarnir le rivage et enrayer sa retraite. Mais on s'est aperçu à temps que des effets adverses allaient en résulter, qui auraient eu pour conséquence d'accélérer encore l'érosion ! En effet, les bancs prélittoraux qui devaient faire l'objet de dragages servent à atténuer les vagues de tempête et leur destruction aurait hâté la disparition des îles-barrières ! Dans l'île allemande de Sylt, en Frise septentrionale, pour arrêter ou limiter le recul rapide du rivage, on a alimenté artificiellement la plage, à la fin de l'été 1989, en y refoulant du sable pompé dans les petits fonds littoraux, trop près du trait de côte. Cet apport a été balayé par les tempêtes du mois de février 1990 au cours desquelles le front dunaire s'est replié de 30 à 50 m en trois jours ! Pour être inoffensifs, les prélèvements sur un rivage doivent obéir à des contraintes de profondeur et de distance à la côte, ces limitations dépendant des caractéristiques des houles les plus fortes. A titre indicatif, on estime en général qu'à plus de 20 m de profondeur les sédiments du lit marin ne sont pratiquement pas déplacés par l'agitation de l'eau et qu'on peut donc les draguer sans danger, sinon pour la flore et la faune benthique, du moins pour l'équilibre des plages. Mais se pose alors un problème de coût de l'exploitation du gisement, surtout s'il est éloigné de la côte par suite d'une pente sous-marine faible.

Des situations inverses de celles qui viennent d'être présentées existent dans des cas où l'Homme accroît sans le vouloir la masse sédimentaire en circulation sur une côte. On a un exemple sur la côte occidentale du cap Corse d'une progradation du rivage liée au rejet en bord de mer des stériles d'une exploitation minière, celle de Canari qui, entre 1948 et 1965, a produit de l'amiante. La crique d'Albo se colmata en moins de dix ans et une plage continue, longue de plus de 5 km, s'est substituée, au Sud de l'ancienne mine et jusqu'aux environs de Nonza, à un rivage originellement rocheux. On parlera plus loin, à propos de l'alimentation artificielle des plages, d'un autre exemple spectaculaire, au Chili, d'engraissement involontaire d'une plage. Mais ce sont là de très rares exceptions à la réduction générale, d'origine humaine, du stock sédimentaire côtier dans le monde par la construction de barrages et l'extraction de granulats.

Les perturbations introduites
par les installations portuaires

Les installations portuaires qui s'avancent en mer ouverte perturbent gravement le transit des matériaux véhiculés par la dérive littorale. Elles

Photo 5. — Agadir, Maroc. Déstabilisation de la plage par l'aménagement d'un port dont les installations ont perturbé le transit sédimentaire littoral.

modifient le comportement des rivages adjacents, en particulier quand la charge solide déplacée le long d'une côte est importante et qu'il n'y a pas d'inversion périodique du sens du transfert. Des atterrissements se forment contre les jetées qui arrêtent le courant tandis que les secteurs situés au-delà de ces obstacles démaigrissent et reculent car ils sont privés d'apports sédimentaires. On en a vu un exemple caractéristique avec le port de Lomé au Togo. Toujours en Afrique de l'Ouest, celui d'Abidjan donne un autre cas de perturbation profonde de l'évolution d'un rivage. Avant les aménagements, la dérive littorale, orientée d'Ouest en Est, avait une capacité de transport de 800 000 m³ de matériaux solides par an à l'Ouest de la ville et de 400 000 m³ seulement à l'Est. A l'Ouest le rivage reculait car la dérive était sous-alimentée tandis qu'à l'Est il était stable, voire même en légère progradation. Une partie des sédiments en transit était abandonnée à la tête du Trou-sans-Fond, un canyon sous-marin tout proche, vers lesquels ils pouvaient glisser. Pour éviter l'ensablement de l'entrée du canal de Vridi qui donne accès au port, aménagé au début des années cinquante dans une lagune en arrière du rivage, deux jetées de protection furent successivement mises en place, la première ayant été contournée au bout de quelques années. La seconde, située plus à l'Ouest et terminée en 1975, longue de 350 m, a bloqué la totalité du transfert sédimentaire littoral, provoquant une avancée de plus de 600 m de la plage ouest, d'où un nouveau contournement de l'obstacle qui repose le problème du colmatage de l'entrée du canal. Corrélativement, la plage de Port-Bouet, située à l'Est, a connu dans l'ensemble une sévère érosion, de l'ordre de 1,5 à 2 m par an. Lors d'une tempête en juillet 1984, des reculs de 10 à 20 m ont été localement constatés. En France, à Hossegor, sur la côte d'Aquitaine, la forte ablation qui s'était traduite en 1953 par des destructions de villas en bordure de mer a non seulement été arrêtée mais à même cédé la place à une importante progradation depuis la construction de la jetée nord qui protège la sortie de la passe de Boucarot. Mais la plage de Capbreton, située immédiatement au Sud en subit directement le contre-coup. Privée de l'arrivée de sédiments, elle est fortement érodée. En 1978-79, elle a reculé de 10 m en douze mois.

On comprend la nécessité pour des pays de créer ou d'agrandir des ports à vocation commerciale, halieutique ou industrielle lorsqu'ils contribuent à leur développement économique, même lorsque, les conditions naturelles n'étant pas favorables, la mise en place de structures artificielles a pour conséquence de déstabiliser le milieu littoral. Sans doute la volonté du Togo d'avoir un port à Lomé pouvait-elle se justifier encore que l'on doive tout de même s'étonner que les concepteurs de l'ouvrage aient tant sous-estimé ses conséquences désastreuses sur l'environnement, comme ce fut aussi le cas pour d'autres ports aménagés dans les pays voisins. La malchance est venue, sur la côte du Centre-Ouest africain, de la multiplicité des colonies européennes, constituées au XIXe siècle en étroites bandes perpendiculaires au littoral, d'où sont issus autant de petits États, chacun ayant désiré à son indépendance disposer d'un port à lui et de centrales électriques propres. Toute la côte du golfe du Bénin, du Ghana au Nigéria, a été ainsi déstabilisée.

En revanche, la multiplication des ports de plaisance sur des côtes meubles dans beaucoup de pays développés a de quoi inquiéter. Dans les années soixante, sous l'impulsion de la Mission interministérielle pour l'aménagement touristique du Languedoc-Roussillon, une quinzaine de marinas ont été aménagées dans cette région. Actuellement, sur un rivage long de 120 km, le département des Alpes-Maritimes compte une trentaine de ports de plaisance dont on dit que les bateaux sortent en moyenne de huit à dix jours par an. Après une accalmie, la mode des ports de plaisance a repris, les projets foisonnent et aujourd'hui chaque commune du littoral ou presque semble vouloir son port comme naguère chaque village de montagne a désiré avoir sa station de sports d'hiver! Pourtant les déboires du village balnéaire de Moriani en Corse, à 45 km au Sud de Bastia, devraient servir de leçon. Ils ont été exposés de façon pathétique par la présidente de l'Association pour la promotion et sauvegarde des plages morianaises à l'occasion du symposium organisé par l'association Eurocoast à Marseille en juillet 1990. Moriani avait une belle plage de sable fin, longue d'une dizaine de kilomètres, large de plus de

100 m, qui a commencé à s'éroder sérieusement après l'achèvement, à 5 km au Sud de la station balnéaire, du port de Campoloro dont les structures, saillantes de 250 m par rapport au tracé du rivage, ont bloqué la dérive littorale. Les habitants de Moriani ont d'abord réagi en ordre dispersé en essayant de freiner le recul par des enrochements, des murs ou des gabions, mais la mer a continué son œuvre inexorablement. En 1988, ils se sont groupés en association pour déposer une requête en détermination de responsabilité auprès du tribunal administratif.

Il est vrai que dans ce domaine l'opinion publique bouge et se mobilise. Plusieurs projets de ports de plaisance artificiels, assortis d'opérations immobilières destinées à financer les travaux, sont aujourd'hui en panne du fait de l'opposition d'associations de défense de la nature, assistées dans leurs démarches par des personnalités scientifiques. Ainsi, l'aménagement d'un nouveau port de plaisance à Trébeurden, en Bretagne, connaît des péripéties judiciaires qui ont conduit à plusieurs reprises à un arrêt et à une relance des travaux au gré des décisions du tribunal administratif. Le chantier avait été ouvert, après autorisation préfectorale, malgré des avis défavorables d'experts qui prévoyaient des effets adverses pour la plage de Pors Termen. De fait, la sagesse voudrait que l'on ne construisît plus de ports artificiels sur les littoraux meubles. En tout état de cause, si des exceptions devaient être faites à cette règle, il faudrait imposer aux promoteurs de strictes mesures compensatoires, en particulier le rétablissement artificiel du transit sédimentaire littoral, interrompu par les jetées, en mettant en place un système de bipasse (*by-pass*). Celui-ci consiste à aspirer le matériel à l'endroit où il est contraint de se déposer et à le refouler dans une conduite jusqu'au rivage au-delà du port où il se remet à circuler librement. Ce procédé est très largement utilisé aux États-Unis où plusieurs États l'ont rendu obligatoire toutes les fois où un aménagement perturbe le transfert sédimentaire littoral. En Floride, où comme ailleurs les petites vedettes à moteur sont aujourd'hui plus nombreuses que les voiliers, on encourage aussi des formules légères d'aménagement, tel le stockage des bateaux à terre dans d'immenses hangars.

Le dépérissement des herbiers sous-marins

Même s'il ne représente pas la seule intervention humaine à les menacer dans leur existence, l'aménagement de ports contribue à une dramatique régression des herbiers sous-marins, soit directement en réduisant leur étendue par emprise spatiale, soit indirectement en engendrant une pollution de l'eau que des végétaux fragiles ne peuvent supporter.

On s'attardera ici sur le cas des prairies de posidonies qui constituent, comme l'a dit Ch.-F. Boudouresque, un écosystème pivot de l'espace infralittoral en Méditerranée où il est bien développé. L'importance de cet écosystème tient surtout à une biomasse végétale élevée (elle est estimée à 35 tonnes en poids sec à l'hectare), à une production primaire considérable, à la richesse de sa faune car il sert d'abri et de frayère pour les poissons, à son rôle dans l'oxygénation de l'eau, au contrôle qu'il exerce sur le mouvement des sédiments et, par là même, sur l'équilibre des plages. De notre point de vue, c'est ce dernier aspect qui doit retenir l'attention car les herbiers à posidonies sont fragiles et vulnérables.

Posidonia oceanica est une espèce endémique de la Méditerranée que l'on trouve un peu partout en bordure de ses côtes, à l'exception des parages de Gibraltar et de ceux d'Israël. En France, elle est largement répandue de Marseille à la frontière avec l'Italie, mais elle est plus rare à l'Ouest du Rhône. Le grand public est dans l'erreur quand il la considère comme une algue. C'est en réalité un végétal phanérogame qui donne donc des fleurs et des fruits. Ces derniers sont les « olives de mer » que les vagues rejettent sur les estrans en même temps que de curieuses pelotes, les aegagropiles, faites de fibres agglomérées de cette plante. Sous l'eau, celle-ci apparaît constituée par des rhizomes, tiges rampantes ou dressées enfouies dans du sable, sur lesquels se développent des faisceaux de feuilles rubanées, longues de plusieurs dizaines de centimètres. Elle vit en peuplements, sur substrat rocheux ou meuble, entre 1 ou 2 m et environ 30 m de profondeur, et même au-delà si la transparence de l'eau le permet car elle a besoin de lumière pour la photosynthèse. Une fois détruit, l'herbier à posidonies se reconstitue difficilement. La recolonisation naturelle, par germination et surtout par bouturage, est lente et la réimplantation assistée délicate. Une telle fragilité, en particulier en Méditerranée nord-occidentale, semble exprimer un état de survie, sans doute par suite d'une péjoration des conditions thermiques depuis la fin de l'Optimum climatique, il y a environ 5 000 ans.

Les lacis à mailles serrées que forment les feuilles, les rhizomes et les racines des peuplements de posidonies freinent les courants littoraux, arrêtent les sédiments en déplacement et les fixent. Les plantes se développent verticalement au fur et à mesure des progrès de l'ensablement à une vitesse qui a pu être estimée à environ 1 m par siècle. Ainsi, lorsqu'il y a équilibre entre croissance de la végétation et sédimentation, s'édifient des « mattes » qui surélèvent les fonds. De la sorte peuvent se constituer de véritables récifs-barrières, tel celui de Port-Cros, une des îles d'Hyères, qui jouent le rôle de brise-lames naturels. L'énergie de la houle libérée sur un rivage peut alors être diminuée de 40 %. Un autre bénéfice pour les plages tient aux feuilles mortes de posidonies qui ont tendance à s'accumuler sur elles en formant des banquettes, parfois épaisses de plusieurs mètres, sortes de matelas protecteurs sur lesquels s'amortissent les vagues. Celles-ci sont d'ailleurs atténuées, avant même de déferler, par l'augmentation de la viscosité de l'eau due à la matière végétale flottante. Malheureusement, ces banquettes, peu appréciées des vacanciers car elles gênent l'accès à la mer et dégagent des odeurs peu agréables dues à la décomposition des feuilles, sont systématiquement détruites par les plagistes au début de la saison estivale. Les estrans sableux perdent ainsi une protection naturelle non négligeable.

Mais le plus grave est évidemment la destruction des herbiers à posidonies eux-mêmes. Ils ont été les victimes directes des aménagements en mer, en particulier là où on a construit des ports de toute nature (fig. 17). Pour la région Provence-Alpes-Côte d'Azur, entre Martigues et Menton, où le littoral rocheux abrite aussi de nombreuses plages de fond de baie, on dispose, grâce à une enquête menée par A. Meinesz, de données quantitatives précises. Sur 757 km de linéaire côtier, 122 km, soit 16,12 %, ont à ce jour été artificialisés par des terre-pleins, des digues, des quais ou des plages construites. Ces structures occupent, en incluant les plans d'eau qu'ils isolent et dont les fonds ont été altérés, une surface totale de 3 432 ha, soit 10 % de l'espace infra-littoral entre 0 et −20 m. Ces chiffres permettent d'imaginer l'ampleur de l'anéantissement des prairies sous-marines sur la côte provençale. Près des deux tiers de cette destruction,

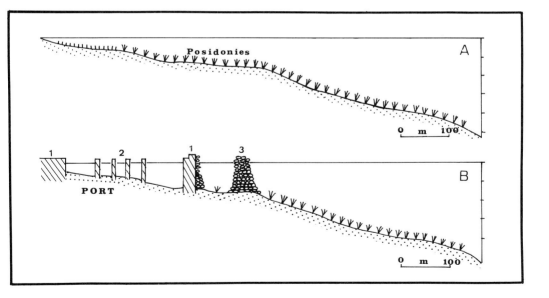

Fig. 17. — *Exemple de destruction d'un herbier sous-marin de posidonies comme conséquence d'un aménagement portuaire : l'exemple de Beaulieu-sur-Mer, Alpes-Maritimes,* d'après A. Meinesz et J.-R. Lefèvre (1978).
A. Avant les travaux. B. Après les travaux. 1. Quais. 2. Pontons. 3. Brise-lames.

irréversible là où elle est due à des recouvrements ou des endiguements, soit 2 019 ha, incombe à trois grandes constructions portuaires ou aéroportuaires : aéroport de Nice (235,42 ha de terre-pleins et 3,75 ha de plans d'eau) ; complexe portuaire de Toulon-La Seyne (221,47 ha de terre-pleins et 731,87 ha de plans d'eau) ; port de Marseille (4 411,46 ha de terre-pleins et 141,95 ha de plans d'eau). A cette emprise directe des aménagements sur les herbiers à posidonies s'ajoutent bien sûr des dégradations secondaires à l'origine de dégâts plus ou moins définitifs. Les travaux entraînent une augmentation de la turbidité des eaux littorales par la mise en suspension de particules fines dont l'abondance peut asphyxier les végétaux par envasement rapide. La mise en place de structures artificielles risque aussi d'engendrer des érosions de mattes par des modifications dans les caractéristiques des courants côtiers. Le rejet à proximité du rivage des effluents urbains et industriels non traités est à l'origine d'une contamination chimique qui dépasse la capacité d'auto-épuration de la mer et provoque la mort de plantes fragiles. Il en va de même avec les eaux portuaires, toujours fortement chargées en polluants divers, qui causent des nuisances sur les petits fonds situés devant les passes. Il faut enfin mentionner des actions mécaniques destructives pour les mattes de posidonies : labourage par les ancres et les chaînes des embarcations de plaisance, arrachage par les chaluts des bateaux de pêche. En Corse, le mal est heureusement beaucoup plus limité puisque moins de 1 % des petits fonds entre 0 et –10 m a été occupé. Il existe aujourd'hui un arsenal juridique pour l'empêcher de s'étendre : la loi sur le littoral de 1986 avec ses décrets et circulaires d'application, la possibilité de classer des espaces littoraux dans les Zones naturelles d'intérêt écologique, faunistique ou floristique (ZNIEFF). Quant aux posidonies proprement dites, elles sont protégées par un décret de 1982 et un arrêté ministériel de 1988, deux textes qui ont permis de mettre un frein ces derniers temps aux projets de construction de nouveaux ports de plaisance sur la côte provençale.

Une autre menace pour les prairies sous-marines de la Provence est apparue récemment. Elle tient à l'introduction accidentelle, semble-t-il à Monaco en 1984, de *Caulerpa taxifolia*. Cette algue tropicale est en train de proliférer et on craint qu'elle n'ait tendance à étouffer les autres végétaux, en particulier les fragiles posidonies qui ont besoin de beaucoup de lumière pour leur croissance. Elle se propage rapidement puisque on la trouve déjà dans les parages de Toulon.

La dégradation et la disparition des herbiers à posidonies déstabilisent les plages devant lesquelles ces prairies se situent. Les profondeurs littorales sont accrues par suite de la dispersion des sédiments privés de leur fixation. Les vagues ne sont plus freinées dans leur propagation et elles déferlent plus près du rivage qui, lorsqu'il est meuble, voit alors ses sédiments glisser vers l'avant-plage. Ce démaigrissement induit un recul du trait de côte. A. Jeudy de Grissac a montré qu'après la disparition d'un herbier à Posidonies, le démantèlement d'une matte sur une épaisseur d'1 m et sur une largeur de 100 m se traduisait par un approfondissement de 0,90 m de l'avant-plage et un recul de 20 m de la plage. C'est ainsi qu'il existe une corrélation indiscutable entre l'érosion des plages du golfe de Giens dans le Var, en particulier de la flèche occidentale de la presqu'île du même nom, et la nette régression dûment constatée des herbiers à posidonies.

La nocivité des digues-promenades et des lotissements « pieds dans l'eau »

Dès le début du développement du tourisme balnéaire, dans la deuxième moitié du XIXe siècle, beaucoup de stations à la mode, sur les côtes de la Manche et de l'Atlantique, ont été dotées de boulevards en front de mer, aménagés sur des digues qui ont largement empiété, non seulement sur les dunes bordières des plages, mais même sur la partie haute de celles-ci. Or, un estran sableux amputé de sa dune ou de son étage supérieur voit l'équilibre de son profil rompu, d'un côté parce qu'il ne dispose plus d'un stock sédimentaire mobilisable suffisant, de l'autre parce que la surface de dissipation de l'énergie des vagues a été amoindrie. De plus, la présence d'un mur vertical sur lequel les lames viennent déferler pendant les tempêtes renforce par réflexion leur pouvoir destructeur. Au cours de la deuxième moitié du XXe siècle, dans le cadre de grandes opérations immobilières, ce sont des édifices et des villas qui ont été construits au bord même des plages, occupant souvent indûment le domaine public maritime dont on sait qu'il est inaliénable et réservé à l'usage de la collectivité. Ils ont provoqué les mêmes effets pervers que ceux qui viennent d'être signalés. Alors, dans le but de mettre à l'abri de l'inondation et de l'érosion ces lotissements « pieds dans l'eau », pour reprendre la formule publicitaire de leur lancement, il a vite fallu faire appel à des travaux de défense dont on verra dans le chapitre suivant les effets nocifs qu'ils peuvent avoir sur l'environnement. On est alors pris dans un engrenage qui risque d'aboutir à la disparition de plages dont l'existence était initialement la raison d'être des aménagements. Étrange paradoxe dû à l'ignorance de la vulnérabilité d'un milieu naturel par ceux qui ont eu la charge de l'équiper.

Les plages constituent des espaces de récréation privilégiés, mais d'existence précaire parce que les conditions naturelles actuelles créent une conjoncture difficile pour leur maintien. Cependant, leur déstabilisation sur beaucoup de rivages du monde s'explique avant tout par des aménagements qui ont introduit des facteurs de déséquilibre, responsables d'une érosion susceptible de conduire à leur anéantissement. Il convient donc de s'interroger sur la pertinence des mesures prises ou à prendre pour essayer de les sauvegarder.

ORIENTATION BIBLIOGRAPHIQUE

BIRD (E.C.F.), *Coastline Changes, A Global Review,* John Wiley, Chichester, 1985, 219 p.

BOUDOURESQUE (Ch.-F.) et MEINESZ (A.), *Découverte de l'herbier à Posidonies,* Parc national de Port-Cros, 1982, cahier 4, 80 p.

DOLAN (R.) et LINS (H.), Plages et îles-barrières, *Pour la Science,* 1987, *119,* 70-79.

KAUFMAN (W.) et PILKEY (O.H.), *The Beaches Are Moving,* Duke University Press, Durham, USA, 1983, 336 p.

KLINGEBIEL (A.), Les plages : un patrimoine à gérer, *Mer et littoral, couple à risque,* La Documentation Française, 1988, 51-62.

LORIN (J.) et VIGUIER (J.), Régime hydro-sédimentaire et évolution actuelle du littoral aquitain, *Bulletin de l'Institut de Géologie du Bassin d'Aquitaine,* 1987, 41, 95-108.

PASKOFF (R.), *L'érosion des côtes,* Presses Universitaires de France, Paris, 1981, 127 p.

PASKOFF (R.), L'érosion des plages, *La Recherche,* 1983, 140, 20-28.

ROSSI (G.), L'érosion du littoral dans le golfe du Bénin : un exemple de perturbation d'un équilibre morphodynamique, *Zeitschrift für Geomorphologie,* N.F., 1989, n° spéc. 73, 139-165.

TASTET (J.-P.), Effets de l'ouverture d'un canal d'accès portuaire sur l'évolution naturelle du littoral d'Abijan (Afrique de l'Ouest), *Bulletin de l'Institut de Géologie du Bassin d'Aquitaine,* 1987, 41, 177-190.

Chapitre 3

LA DÉFENSE CONTRE LA MER : LE SYNDROME DE KNUD LE GRAND*

Il est de tradition de confier à des ingénieurs la protection des littoraux contre l'attaque de la mer. Cette agression est vue par eux comme un défi de la nature qu'il convient de relever en fortifiant les rivages. Aux États-Unis, c'est un corps d'ingénieurs de l'armée qui est chargé de la défense des côtes et, dans un texte publié en 1964 par cet organisme, il est significatif de lire que « la campagne contre la mer doit être menée avec autant de détermination que celle qui pourrait être conduite contre tout autre ennemi menaçant une frontière ». Les ingénieurs dimensionnent et positionnent des ouvrages qui réussissent souvent à mettre à l'abri des aménagements menacés par les vagues, mais en général ils se préoccupent peu des effets induits qui risquent de perturber irrémédiablement les équilibres dynamiques précaires des milieux côtiers et donc de dégrader l'environnement de façon irréversible. Une formation fondamentalement mathématique, sans véritable ouverture sur les réalités complexes de la nature, explique un tel comportement. Lorsque des naturalistes, le plus souvent des universitaires, évoquent les effets néfastes des ouvrages de défense contre la mer, qui à la vérité protègent plus les constructions que les rivages, les ingénieurs sont enclins à les considérer comme des gêneurs qui entravent une action institutionnalisée par le temps. Il reste que l'on peut aujourd'hui établir un bilan des mécomptes et des déboires à mettre au passif de l'ingénierie traditionnelle de lutte contre la mer et proposer de nouvelles méthodes d'intervention mieux adaptées à un environnement fragile.

---

* Knud le Grand (995-1035) fut un puissant souverain qui régna sur l'Angleterre, le Danemark et la Norvège. La légende rapporte qu'il prétendit arrêter la marée montante et qu'il périt noyé.

Murs de protection et cordons d'enrochement

Pour mettre à l'abri des aménagements menacés de destruction par le recul des côtes, on a fréquemment recours à des murs de protection et à des cordons d'enrochement dont la longueur totale sur les rivages de la France métropolitaine est estimée à quelque 375 km. Dans l'archipel japonais, leur longueur est d'environ 8 000 km pour un linéaire côtier de 31 500 km. C'est dire l'importance de ce type d'ouvrage dans la défense contre la mer. Construits parfois au pied des falaises, plus souvent sur le haut des plages, murs de protection et cordons d'enrochement visent à contenir l'attaque frontale de la houle et à arrêter l'avancée de la mer. Éventuellement, ils assurent aussi un rôle de soutènement. Ils sont très souvent utilisés parce qu'ils sont moins coûteux et plus faciles à mettre en place que d'autres ouvrages lourds comme les épis ou les brise-lames.

Les perrés sont des murs de protection, en maçonnerie ou en béton, dont le profil transversal peut être vertical, incliné, convexe, parfois aussi en marches d'escalier. Souvent, dans les stations balnéaires anciennes, des murs verticaux portent des promenades de front de mer, comme la digue de Paramé qui protège de l'inondation une partie de la ville de Saint-Malo et qui a été souvent endommagée par les tempêtes depuis son édification en 1858. Aujourd'hui, pour diminuer la réflexion de la houle sur l'obstacle,

Photo 6. — Togo. Coupure par érosion de la route côtière à l'Est de Lomé.

Photo 7. — Viña del Mar, Chili. Artificialisation d'un littoral par un enrochement destiné à protéger de l'érosion un boulevard de front de mer.

on construit des murs inclinés avec au moins une pente de 3 de base pour 1 de hauteur. Mais on a davantage recours aux cordons d'enrochement, de préférence faits de gros blocs de pierre dense plutôt que de pièces de béton du type tétrapode, pour une meilleure intégration dans le paysage. En effet, les cordons d'enrochement sont plus perméables, plus absorbants, plus résistants, plus faciles à édifier et, le cas échéant, à réparer grâce aux engins modernes de terrassement, que les murs de protection.

Les arguments ne manquent pas pour dresser un réquisitoire sévère contre les murs de protection et les cordons d'enrochement. Ils enlaidissent l'environnement en artificialisant la côte, ils gênent l'accès aux plages dont ils réduisent la surface par leur présence même, ils n'arrêtent pas le démaigrissement et le recul des estrans car ils n'apportent pas de remèdes à la cause de ces phénomènes.

Il y a plus grave encore. Souvent les murs de protection et les cordons d'enrochement accélèrent l'érosion des plages sur lesquelles ils ont été construits (fig. 18). D'abord, en s'interposant entre l'estran et la dune qui lui est associée, ils empêchent les échanges sédimentaires réciproques entre les deux éléments solidaires d'un même couple, échanges indispensables au bon équilibre d'un rivage sableux. Ensuite et surtout, ils modifient les processus hydrodynamiques littoraux en renforçant l'agitation de la mer qui brise sur eux et la vitesse des courants résultant

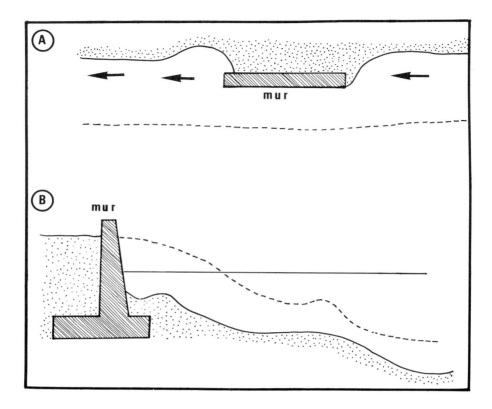

Fig. 18. — *Effets nocifs d'un mur de protection sur une plage.*
A. Le trait interrompu marque la position du trait de côte à l'origine. Les flèches indiquent le sens de la dérive littorale dominante. On constate que le mur n'a pas arrêté le recul de la plage. En aggravant l'érosion au-delà de lui, dans le sens de l'écoulement de la dérive, il appelle la construction d'un autre mur.
B. Le trait interrompu matérialise le profil transversal de la plage avant la construction du mur. Celui-ci n'a pas jugulé le démaigrissement de la plage. Il a même contribué à l'accélérer.

du déferlement, d'où un enlèvement accru du sable et des galets. Sur une plage restée à l'état naturel, sa surface inclinée et perméable dissipe l'énergie des vagues. Au contraire, la présence d'un ouvrage maçonné ou rocheux engendre la réflexion de la houle incidente qui accroît la turbulence de l'eau sur le rivage. Le résultat est une dispersion des sédiments qui vont se déposer sur l'avant-plage. D'un été à l'autre les dégâts de l'hiver sont incomplètement réparés. Les modifications irréversibles se manifestent à l'occasion des grandes tempêtes. Avec le temps la plage devient moins haute, plus pentue, ce qui, par rétroaction positive, accentue encore la réflexion de la houle. Bientôt le

Photo 8. — La Goulette, environs de Tunis. Défense contre la mer par un enrochement et disparition totale de la plage.

mur est affouillé à sa base et il doit être renforcé. A terme la plage est condamnée à disparaître.

L'effet nocif d'un mur de protection ou d'un cordon d'enrochement ne s'arrête pas là. A partir du moment où il est constamment atteint par la mer, il interfère avec la dérive littorale. Ce courant est alors freiné par l'obstacle que représente le mur ou le cordon à l'amont duquel il dépose une partie des sédiments qu'il transporte. Mais ces sédiments vont manquer à l'aval, situation qui déclenchera ou accroîtra l'érosion, d'où une extension du mur ou du cordon dans cette direction. Le doigt est mis dans l'engrenage. Ainsi, un mur de protection ou un cordon d'enrochement peut non seulement aggraver le démaigrissement ou le recul de la plage sur laquelle il a été construit, mais encore déstabiliser une plage adjacente qui appellera à son tour un ouvrage de défense.

L'histoire du mur édifié au début du siècle devant l'hôtel Miramar à Westerland, dans l'île de Sylt, sur la côte allemande de la mer du Nord, illustre éloquemment la nocivité de ce type d'ouvrage pour l'environnement (fig. 19). Sans doute l'hôtel existe-t-il toujours, mais le mur a dû être périodiquement renforcé et rehaussé, et la plage, raison d'être de l'hôtel, a fini par disparaître. De part et d'autre du mur, la côte a continué son recul, mais une plage s'est constamment maintenue (fig. 20).

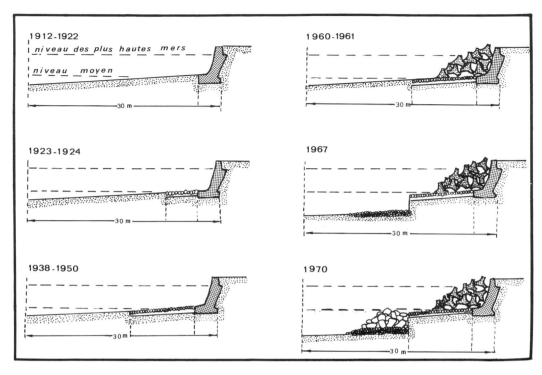

Fig. 19. — *L'histoire du mur de protection du rivage de Westerland, île de Sylt, Allemagne, de 1912 à 1970,* d'après A. Führböter (1976).

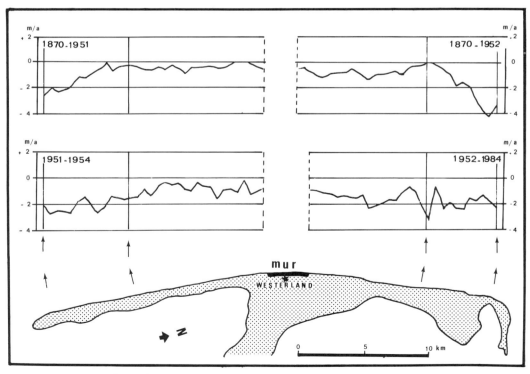

Fig. 20. — *Évolution de la côte occidentale de l'île de Sylt entre 1870 et 1984,* d'après H.W. Besch (1987).

Les épis

Les épis sont des ouvrages de défense transversaux par rapport au trait de côte. Ils constituent des obstacles, généralement perpendiculaires au rivage, parfois obliques lorsque l'incidence des houles dominantes est forte, qui ont pour but de retenir une partie de la charge sédimentaire véhiculée par la dérive littorale en freinant ce courant. Ils permettent d'élargir une plage ou de la stabiliser si elle est en état de recul.

Les épis, auxquels on a recours depuis longtemps — dans l'antiquité, des ingénieurs romains en ont construits —, peuvent être faits de matériaux divers : pieux ou planches de bois, palplanches de métal, moellons maçonnés, blocs de béton, gabions, sacs de nylon remplis de sable, enrochements, ces derniers étant le plus fréquemment utilisés aujourd'hui. A côté des épis simples, on trouve aussi des épis en forme de L ou de T qui, en ajoutant les effets propres aux brise-lames, créent des plages alvéolaires.

Les dimensions de ce type d'ouvrage varient avec les conditions hydrodynamiques et sédimentologiques locales. Leur construction est plus un art qu'une science car elle relève avant tout de règles empiriques, d'où des échecs dans les résultats obtenus. Sur les plages de sable à pente douce, les épis sont plus longs que sur les grèves où les galets se déplacent pour l'essentiel dans la zone du jet de rive, là où les vagues vont et viennent sur l'estran. Ils sont plus courts, toutes choses étant égales par ailleurs, sur les

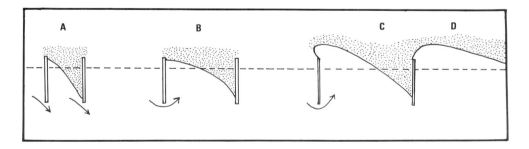

Fig. 21. — *Espacement et efficacité des épis*, d'après R.W.G. Carter (1988).
L'espacement des épis, qui doit être calculé en fonction des caractéristiques des houles dominantes, conditionne étroitement leur fonctionnement. Quand les épis sont trop rapprochés (A), ils induisent une dispersion vers le large des sédiments qui sont alors perdus pour le domaine côtier. Quand leur espacement est correct (B), les épis remplissent convenablement leur rôle de pièges à sédiments, à la condition qu'il existe un transport sédimentaire littoral. Quand les épis sont trop espacés (C), ils peuvent être déchaussés à leur racine. Quel que soit leur espacement, il se produit une érosion du rivage (D) à l'aval, dans le sens de la dérive littorale, du dernier épi.

côtes où les marées sont faibles que sur les rivages où le marnage est marqué. Leur hauteur est plus grande sur les plages de galets que sur celles de sable. L'espacement entre les épis représente un paramètre important (fig. 21). S'ils sont trop rapprochés, le matériel transporté par la dérive littorale risque d'être dévié vers le large et donc être perdu pour le prisme sédimentaire côtier. S'ils sont trop écartés, ils peuvent être déchaussés. D'une façon générale, l'espacement doit être d'autant plus réduit que les houles sont plus frontales et plus puissantes. Dans la pratique, l'écartement adopté correspond souvent à une distance égale à une fois et demie la longueur des épis. En tout état de cause, les épis doivent être implantés au moins à partir de la ligne atteinte par les plus hautes mers et être capables de résister aux plus fortes houles.

Il faut reconnaître que, lorsque le transit sédimentaire littoral n'est pas négligeable, les épis peuvent être efficaces et permettre d'atteindre le but recherché qui est une plage agrandie ou stabilisée. Quand la dérive côtière se fait dans une direction dominante, une plage équipée d'épis prend un aspect segmenté en compartiments au tracé arqué. Une accumulation se fait à la base de l'obstacle du côté amont dans le sens de la dérive, une érosion se manifestant du côté aval. Le rivage tend ainsi à se disposer parallèlement aux crêtes des houles dominantes, ce qui a pour effet de diminuer le transit littoral. Lorsque les épis sont perméables ou submergés à marée haute, ou lorsqu'il n'y a pas une dérive dans un sens préférentiel, l'opposi-

Photo 9. — Épis et brise-lames sur la plage de Rimini, en Emilie-Romagne, Italie.

tion entre le côté amont et le côté aval de l'obstacle tend à s'estomper et le trait de côte est enclin à prendre un tracé en arc de cercle symétrique.

Mais il ne faut pas cacher que la mise en place d'épis présente aussi des inconvénients. Dans un même compartiment sédimentaire, où tous les points du rivage sont solidaires entre eux, la construction d'un épi appelle inexorablement la construction d'un autre épi. Sur les longues plages, une fois le recours à ce type d'ouvrage décidé, leur multiplication s'impose vite, comme on peut le constater dans l'État du New Jersey où la côte est jalonnée d'épis sur une bonne partie de sa longueur. Aux États-Unis, le terme de *New Jerseyization* est utilisé pour désigner l'artificialisation d'un rivage bardé d'épis et de murs.

L'inconvénient majeur des épis est de provoquer à l'aval du dernier ouvrage un déficit sédimentaire, d'où un déclenchement ou une aggravation de l'érosion dans ce secteur. En fait, pour habiller Paul on a déshabillé Pierre. De plus, il faut savoir que les épis peuvent engendrer, lorsque la houle est forte, des courants d'arrachement dangereux pour les baigneurs. Aux États-Unis, des procès ont été intentés à des collectivités locales par des particuliers à la suite d'accidents de baignade intervenus à proximité d'enrochements.

On a construit beaucoup d'épis en France. D'après B. Bellesort, leur longueur cumulée serait de 125 km. Mais leur répartition est très inégale. Ils sont rares en Bretagne : 0,5 km, selon B. Hallégouët, pour les quatre départements de cette province. Au contraire, dans le Languedoc, pour le seul secteur compris entre Carnon et Frontignan dans le département de l'Hérault, on ne compte pas moins de 92 épis sur une distance de 25 km.

Les brise-lames

Les brise-lames sont des ouvrages mis en place sur les petits fonds, donc en avant de la côte, et disposés plus ou moins parallèlement à son tracé. Ils ont pour but d'atténuer ou de supprimer l'impact des vagues sur un rivage en réfléchissant ou en absorbant leur énergie avant qu'elles ne l'atteignent. En provoquant, par voie de conséquence, une décélération de la dérive littorale, en diffractant aussi la houle lorsqu'elle heurte leurs extrémités, les brise-lames induisent une sédimentation à leur abri. Des langues de sable ou de galets, d'allure triangulaire, se développent à partir du rivage. Elles peuvent arriver à rattacher les brise-lames à la terre ferme ; on les appelle alors des tombolos. Il se forme ainsi des plages alvéolaires. Les brise-lames sont donc capables, non seulement d'arrêter l'érosion d'une côte, mais également d'accroître l'espace disponible pour l'accueil du public.

Les brise-lames doivent pouvoir résister à la force des vagues de tempête qui les frappent de plein fouet. Ils ont en général un profil transversal trapézoïdal et ils sont constitués par des accumulations de matériaux de grande taille, des gros blocs rocheux ou des pièces de béton. Leur hauteur, leur longueur, leur largeur, leur positionnement par rapport au rivage dépendent des caractéristiques des houles de mauvais temps, des profondeurs de l'avant-côte et, bien sûr, du plus ou moins grand secteur de rivage à protéger. Beaucoup de brise-lames sont émergés, d'autres sont immergés, parfois seulement à marée haute, mais il est évident que leur efficacité dépend surtout de leur hauteur. On estime généralement qu'un ouvrage arasé à la cote du niveau de l'eau au repos amortit de moitié l'énergie d'une houle. Une bonne protection d'un rivage est obtenue avec un arasement correspondant au niveau des pleines mers de vives-eaux, augmenté de la hauteur significative des houles de tempête.

Mais la construction de brise-lames sur une côte pose aussi des problèmes. Sans parler de leur coût car, étant édifiés en mer, ils reviennent plus cher que les autres ouvrages de défense, les inconvénients qu'ils présentent ne sont pas négligeables. En accroissant la sédimentation dans la zone d'ombre qu'ils créent, ils provoquent dans le secteur immédiatement adjacent à l'aval, dans le sens de la dérive littorale dominante, un déficit en matériaux qui induit ou accentue des phénomènes d'érosion contre lesquels il faudra bientôt lutter si des aménagements sont menacés. On retrouve le même engrenage néfaste que dans le cas des épis.

Photo 10. — Skagen, Danemark. Batterie de brise-lames réunis à la plage par des atterrissements de sable.

Les plages alvéolaires qui se forment en arrière des brise-lames ont tendance à constituer des milieux confinés dans lesquels l'eau se renouvelle avec difficulté. Sa qualité pour la baignade en souffre surtout si une source de pollution existe à proximité. On peut atténuer ce défaut, sans le supprimer totalement, en diminuant la hauteur des ouvrages, en les tronçonnant en des modules séparés par des passes, en les disposant en échelons, autant de mesures qui permettent aux courants littoraux de continuer à se manifester.

Au moment de la construction des brise-lames, le déversement de matériaux sur les fonds fait subir des traumatismes au milieu sous-marin, en particulier là où existent des prairies infralittorales de posidonies ou de zostères qui jouent un rôle important non seulement dans les équilibres écologiques mais aussi dans la dynamique sédimentaire de l'avant-côte. Cependant, il faut reconnaître qu'une fois édifiés ces ouvrages constituent de nouveau biotopes rocheux qui sont rapidement colonisés par des espèces végétales et animales. Les amateurs de pêche y trouvent souvent leur compte !

D'un point de vue esthétique, l'insertion des brise-lames dans le paysage est discutable. Lorsqu'ils sont hauts, ils bouchent la vue sur la mer. C'est le cas sur les côtes où l'amplitude de la marée est grande. Des ouvrages trop bas n'auraient qu'une efficacité limitée lors des pleines mers au moment des tempêtes. Aussi les brise-lames ne sont-ils pas nombreux sur les rivages où les marnages sont forts. En France, on les rencontre sur le littoral méditerranéen. Par exemple, dans le département de l'Hérault, la plage située immédiatement à l'Est du port de plaisance de Carnon a été stabilisée par la construction de cinq brise-lames de longueur inégale (105, 150, 75, 150 et 50 m) qui ont été mis en place à partir de 1970, en deux étapes, à des distances plus ou moins rapprochées du trait de côte (fig. 22). Quatre d'entre

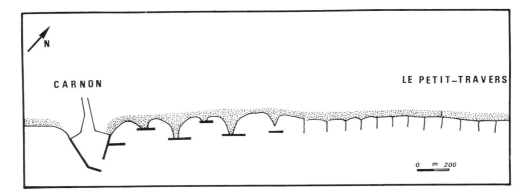

Fig. 22.·——·*Protection de la plage entre Carnon et le Petit-Travers (Hérault), par des brise-lames et des épis,* d'après F. Rueda (1985).

eux sont aujourd'hui rattachés à lui par des tombolos. En dehors de la Méditerranée, il convient de citer les trois grands ouvrages submersibles, mais bien visibles lors des marées basses de vives-eaux, qui ont réussi à arrêter l'érosion de la plage de Malo-les-Bains, déstabilisée par les môles du port de Dunkerque qui s'avancent en mer.

En Italie, la côte adriatique au Nord-Ouest de Rimini, un des rivages touristiques les plus fréquentés de tout le pays, donne un bon exemple d'un littoral protégé par des brise-lames. Des ouvrages de ce type, parfois disposés en échelons, se suivent sur une distance de plus de 20 km. Au Maroc, le recul de la plage d'Agadir, déclenché par la construction d'un port, a été stoppé par la mise en place d'un brise-lames en enrochement long de 250 m, situé à 400 m du rivage et reposant sur un fond de 4,50 m.

Ouvrages de défense contre la mer et environnement

Murs de protection, cordons d'enrochement, épis, brise-lames relèvent de la défense statique lourde préconisée par les ingénieurs et fréquemment appelée de leurs vœux par les collectivités locales car on considère généralement que ces ouvrages sont efficaces pour arrêter l'avancée de la mer. Malheureusement, on sous-évalue gravement les dommages qu'ils apportent à l'environnement.

Le plus souvent, le recours aux ouvrages de défense se fait à la hâte, au coup par coup, dans le désarroi engendré par les dégâts dus à de fortes tempêtes. Pour mettre désormais à l'abri de l'action érosive des vagues des constructions qui, dans la plupart des cas, avaient été imprudemment placées trop près du trait de côte, on choisit la plus simple et la moins coûteuse, la plus rapide aussi des solutions : l'édification d'un mur de défense ou d'un cordon d'enrochement pour fortifier le rivage. La protection s'avère souvent réelle, ce qui encourage à bâtir davantage à proximité de la mer. Mais, bientôt, la plage souffre de l'obstacle et commence à perdre de sa substance. On ajoute alors des épis pour arrêter le démaigrissement. Le transit latéral de sables et de galets étant ainsi freiné, l'avantage est pris par les mouvements de sédiments perpendiculaires à l'estran. Pour réduire les pertes vers le large et atténuer l'impact des vagues sur le rivage, il reste encore la possibilité de construire des brise-lames. Ce scénario n'est pas théorique comme on peut s'en rendre compte en visitant, par exemple, la côte d'Émilie-Romagne en Italie. Le résultat est une plage cloisonnée en une succes-

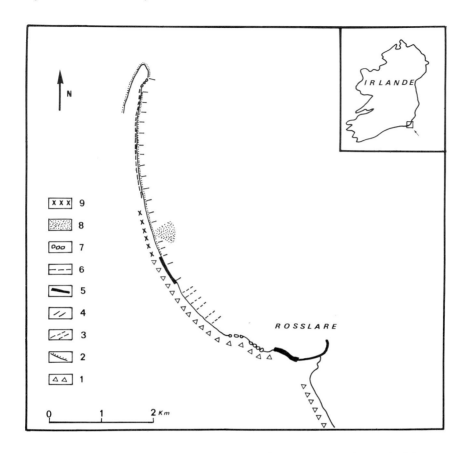

Fig. 23. — L'artificialisation du rivage de la baie de Rosslare, dans le Sud-Est de l'Irlande, d'après J. Orford (1988).
1. Falaise. 2. Plage. 3. Épis délabrés. 4. Épis fonctionnels. 5. Mur de protection. 6. Palissade. 7. Enrochement. 8. Rechargement. 9. Restauration de dunes.

sion de grands casiers à sable dont le maintien doit quelquefois être assuré par des rechargements renouvelés chaque année. Ainsi l'ouvrage appelle l'ouvrage parce que les processus naturels sont de plus en plus perturbés. L'artificialisation du rivage progresse (fig. 23). Les coûts augmentent. En 1990, le prix moyen du mètre linéaire est de 7 000 francs pour un cordon d'enrochement, de 50 000 francs pour un brise-lames.

De fait, il convient de réévaluer la stratégie traditionnelle de défense contre la mer en rappelant son inadéquation fréquente au milieu et à la conjoncture, inadéquation trop souvent méconnue par ceux qui la recommandent et la mettent en pratique. Il est vrai que les ingénieurs des corps de l'État ou des bureaux d'études, qui sont presque toujours les seuls à être consultés, n'ont reçu pour la plupart qu'une formation sommaire dans le domaine des sciences de l'environnement. Comme l'a bien dit B. Bousquet, les ouvrages qu'ils bâtissent relèvent d'une conception mécaniste de la nature, sans qu'il y ait une prise en compte des effets stochastiques des actions marine et éolienne.

Un défaut congénital des ouvrages de défense est d'introduire des éléments statiques dans un espace hautement dynamique où l'évolution présente des caractères aléatoires et chaotiques. Fixes par essence, ils sont mal adaptés à un milieu labile dont les formes sont en perpétuel remodelage. Cette instabilité caractérise aussi bien le court terme météorologique que le long terme mésologique. La stabilisation d'un rivage sur une position que l'on veut immuable satisfait sans doute l'aménageur, mais constitue un non-sens pour le naturaliste. En perturbant les échanges sédimentaires, complexes et irréguliers, qui sont nécessaires à l'équilibre dynamique des côtes, et tout particulièrement des plages, les ouvrages de défense représentent des facteurs de déstabilisation ou d'aggravation de la déstabilisation.

Il convient aussi de souligner que les travaux d'ingénierie n'apportent pas de remède aux deux maux qui expliquent la généralité à travers le monde de l'érosion des plages aujourd'hui : la diminution de la quantité de sédiments disponibles sur les côtes d'une part, l'élévation du niveau marin d'autre part. En figeant une ligne de rivage, on entrave un recul naturel et, en contrariant cette évolution sans s'attaquer à ses causes, on court le risque d'accroître le déséquilibre. Or, on ne répétera jamais assez que des plages peuvent très bien reculer sans pour autant cesser d'exister. La côte des Landes cède du terrain depuis au moins l'époque gallo-romaine, les cordons littoraux qui ferment les étangs du Languedoc roulent sur eux-mêmes en direction de la terre, mais, dans les deux cas, s'il n'y a pas intervention de l'homme pour contrecarrer ce repli, les plages se maintiennent. Elles ne disparaissent que lorsque l'on s'emploie à arrêter le recul en fortifiant le rivage. C'est la raison pour laquelle, aux États-Unis, le Maine et la Caroline du Nord ont adopté des législations qui interdisent désormais la construction d'ouvrages lourds de défense sur leurs côtes. Dans ces États, le législateur a compris qu'il était plus important de conserver les plages que les aménagements qui les bordent. C'est là une attitude responsable et courageuse qui oriente l'opinion publique dans la bonne voie au lieu de la suivre dans ses errements.

On a aussi posé le problème de l'insertion visuelle des ouvrages de défense contre la mer dans l'environnement car on se préoccupe aujourd'hui, à juste titre, de l'aspect esthétique des équipements. Dans ce domaine, les appréciations sont évidemment plus subjectives. Il semble que les épis et les brise-lames, en particulier lorsqu'ils sont faits de matériaux naturels qui s'harmonisent bien avec les couleurs du paysage, soient mieux admis que les cordons en blocs de béton ou les perrés inclinés en maçonnerie. Une enquête, menée en juillet 1987 par F. Rueda sur les plages de Sète et de Frontignan, a fait apparaître que les trois quarts des usagers ne trouvent pas choquants les enrochements qui équipent ces plages. De même, la présence d'ouvrages a peu d'influence sur le choix que le public fait d'une plage. Quant aux digues-promenades en front de mer, très nocives pour les plages situées à leur pied à cause de leur verticalité, il ne fait pas de doute qu'elles ont malheureusement la faveur des habitués des stations de villégiature.

La défense souple

En raison des critiques de plus en plus argumentées dont font l'objet les ouvrages de protection, on cherche à inventer des méthodes de défense contre la mer moins traumatisantes pour les plages. Ce n'est pas être pessimiste que de dire qu'à l'exception de l'alimentation artificielle des estrans, dont on parlera longuement ici, il ne faut pas attendre de solutions miraculeuses, aux applications généralisées, de techniques originales dont la mise au point se poursuit.

Il en va ainsi pour les atténuateurs de houle qui ont pour but d'utiliser l'énergie cinétique d'une masse d'eau importante en mouvement oscillatoire pour créer une houle en opposition de phase avec la houle incidente, le résultat étant d'annuler les deux houles. L'effet est obtenu par l'action de plaques horizontales, immergées sous quelques mètres d'eau et posées sur des pieux. Une expérimentation est en cours dans ce domaine sur le littoral de Barcelone.

On peut aussi essayer de faire baisser le toit de la nappe phréatique d'une plage par drainage et pompage. L'eau des vagues qui ont déferlé s'infiltre davantage sur l'estran, d'où une diminution de l'énergie de la nappe de retrait qui entraîne alors moins de sédiments vers l'avant-plage. Des essais concernant ce procédé ont été conduits en Floride pour engraisser des estrans.

On a également tenté aux Pays-Bas de mettre en place des algues artificielles sur les petits fonds, là où il n'y a pas ou il n'y a plus d'herbiers sous-marins, pour freiner les courants et aider à la sédimentation. On utilise de longs rubans de plastique qui par leur aspect rappellent les laminaires. Les expériences ne sont pas encore vraiment concluantes. Les problèmes à résoudre tiennent à l'ancrage et à la durabilité de ces algues artificielles.

L'alimentation artificielle des plages

On peut contrecarrer le démaigrissement et le recul d'une plage par une alimentation artificielle en sables, en graviers ou en galets. Il s'agit d'une méthode douce qui, en corrigeant un déficit sédimentaire, s'attaque à l'origine du mal principal qui ronge le rivage, sans perturber, comme le font les ouvrages de défense contre la mer, le jeu naturel des processus dynamiques littoraux.

Un préalable important existe : trouver une source, proche et aisément accessible, de sédiments en quantité suffisante et de qualité adéquate. Il est recommandé de recourir à un matériel d'une taille un peu plus grossière que celle du matériel originel car, si elle est plus fine, il y a un risque de dispersion par les vagues. Mais, si la taille est trop grossière, la pente de la nouvelle plage sera plus forte, donc plus réfléchissante, d'où un enlèvement plus rapide des sédiments sur l'estran. Les sédiments utilisés pour l'alimentation d'une plage peuvent être extraits dans des carrières, transportés par des camions et déversés sur le haut des plages. Ils sont ensuite répartis par les vagues qui modèlent progressivement l'espace littoral en lui donnant un nouveau profil. Mais, plus souvent, on préfère utiliser les réserves de l'avant-côte. Sables et galets sont aspirés par une drague flottante et refoulés dans une conduite, généralement immergée, vers l'estran où un engin procède à un premier étalement. Dans ce cas, il est impératif que les prélèvements ne se fassent pas à proximité du rivage car on a vu que les fosses d'extraction ont tendance à se combler avec du matériel venu de la plage si la distance qui la sépare d'elle est trop courte. On agirait alors à l'encontre du but recherché. On estime qu'il n'y a pas de danger lorsque les dragages se font à plus de 20 m de profondeur et à plus de 2 000 m du trait de côte. Les marges exactes de sécurité dépendent évidemment des caractéristiques des houles qui conditionnent l'action des vagues sur les fonds et la vitesse des courants littoraux. Il arrive aussi que l'on déverse les produits de dragage des entrées portuaires dans les petits fonds en avant des plages, d'où les vagues peuvent les remonter vers les estrans. Ainsi, la plage d'Anglet, dans les Pyrénées-Atlantiques, a été alimentée par des sables enlevés dans le chenal d'accès à l'embouchure de l'Adour et rejetés à des profondeurs de quelques mètres seulement. La plage d'Agadir, au Maroc, a été aussi nourrie par les produits de dragage du port.

Ce sont les États-Unis qui ont la plus longue expérience dans le domaine de l'alimentation artificielle des plages. Les essais s'y sont multipliés depuis les années cinquante et, au total, quelques 155 plages ont fait l'objet de rechargements importants : 90 sur la côte atlantique représentant une longueur de rivage de 500 km, 35 sur celle du golfe du Mexique (185 km), 30 sur celle de l'océan Pacifique (55 km).

Il est important de s'interroger sur la longévité des plages qui sont ainsi nourries car, si on les assiste, c'est parce qu'elles sont rongées par l'érosion. On peut admettre avec O.H. Pilkey que la vie d'une plage, alimentée artificiellement, est égale au temps nécessaire pour que la moitié du volume de sédiments qui lui a été fourni disparaisse. Partant de cette base, sur la côte orientale des États-Unis, 26 % des plages rechargées ont vécu moins d'un an, 62 % entre un et cinq ans, 12 % plus de cinq ans (fig. 24). Divers paramètres interviennent dans la durabilité de ces plages. On a déjà parlé de la taille des sédiments utilisés. La densité de l'alimentation, c'est-à-dire le volume de sédiments déposés par mètre linéaire d'estran, joue aussi un rôle. L'alimentation hydraulique donne une meilleure tenue qu'un déversement par des bennes. On a également remarqué que plus le rivage nourri était long, plus la durée de vie du rechargement était grande. Mais les plages de fond de baie, bien délimitées par des promontoires rocheux à chacune de leurs extrémités, surtout quand il n'y a pas de transport littoral important, résistent mieux à la dispersion de leurs sédiments apportés que les longues plages rectilignes ou courbes, caractérisées par un déplacement sédimentaire monodirectionnel le long du rivage. Les côtes à haute énergie marine et éolienne, comme celle des Landes, sont évidemment moins favorables au maintien des rechargements que les littoraux plus calmes, tels en général ceux de la Méditerranée. La présence d'épis contribue logiquement à allonger la durée de vie des plages alimentées artificiellement.

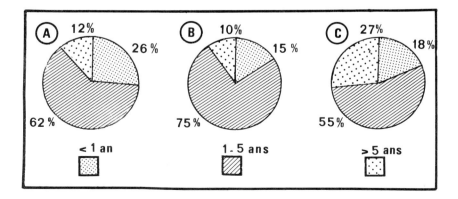

Fig. 24. — *Longévité des plages artificiellement alimentées en sédiments sur la côte de l'océan Atlantique, sur celle du golfe du Mexique et sur celle de l'océan Pacifique aux États-Unis,* d'après L.A. Léonard *et al.* (1990).

Il est essentiel de savoir qu'une plage rechargée est plus instable qu'une plage naturelle. L'expérience montre que son recul peut être plus rapide et que sa restauration après une tempête est souvent moins complète. C'est après le premier rechargement que les pertes sont les plus fortes, surtout si une période de mauvais temps arrive vite, car un nouveau profil de l'avant-plage doit s'établir. Par la suite, la fuite des sédiments ira diminuant et l'apport suivant durera plus longtemps. On a remarqué qu'un rechargement de printemps résiste mieux qu'un rechargement d'automne qui subit sans retard les assauts des tempêtes de l'hiver.

L'alimentation artificielle des plages constitue actuellement la meilleure solution à l'érosion des plages à partir du moment où l'on décide d'y résister. On a dit qu'elle pouvait avoir des inconvénients d'ordre écologique. Il est vrai que les dragages de sédiments sur l'avant-côte sont néfastes pour les organismes benthiques et que leur accumulation sur l'estran l'est aussi pour les êtres qui y vivent. Mais les observations montrent que ces biotopes sont vite réoccupés. Le coût de l'alimentation artificielle d'une plage peut être évalué en moyenne autour de 15 000 francs par mètre linéaire, mais le plus souvent le rechargement n'est pas définitif. La première opération présente toujours un caractère expérimental et il faut être prêt à procéder périodiquement à des apports compensatoires de sédiments.

Exemples d'alimentation artificielle de plages

Le plus ancien exemple d'alimentation artificielle d'une plage se trouve peut-être dans la petite île de Sedir, dans la baie de Gökova, au Sud-Ouest de Muğla, en Turquie. L'île est aujourd'hui inhabitée, mais elle conserve des ruines importantes d'époque romaine, en particulier celles d'un grand amphithéâtre. Dans une échancrure bien marquée de la côte existe une accumulation peu étendue, 40 m de longueur sur 15 m de largeur au maximum, d'un sable d'une blancheur inhabituelle dans la région. Cette plage est faite d'oolithes, grains minuscules dont on a déjà eu l'occasion de parler. C'est la seule du genre en Turquie dont les eaux littorales, insuffisamment chaudes, ne sont pas favorables à la formation d'oolithes. Selon la légende, la plage de sable blanc de l'île de Sedir aurait été un cadeau fait à Cléopâtre par Marc Antoine, après avoir été artificiellement alimentée en sables oolithiques importés d'Égypte. Aucune source littéraire n'appuie cette tradition, mais les recherches d'E. Ozhan ne la démentent pas. Le volume total des oolithes est faible, environ 10 000 m^3, et il a très bien pu se conserver pendant 2 000 ans dans le fond d'une petite baie très abritée. Aujourd'hui, la plage de Cléopâtre perd du sable car les milliers de touristes qui y vont chaque année emportent comme souvenir de leur visite des échantillons d'oolithes!

Miami Beach, en Floride, donne le cas de la plus grande entreprise d'alimentation artificielle d'une plage aux États-Unis, qui a été aussi un grand succès par sa longévité. A l'origine, la plage était étroite, 10 à 20 m seulement, mais l'érosion ne la menaçait pas. Il faut aussi dire que l'énergie des vagues n'y est pas forte. Le but de l'opération était d'élargir la plage. Entre 1976 et 1982, 17,7 millions de m^3 furent pompés à une distance de 2,5 km du rivage et refoulés sur l'estran. On obtint ainsi une plage stable, large de 200 m sur une longueur de 18 km. Elle fut ouverte sans restriction au public, ce qui n'est pas toujours le cas aux États-Unis, pour désarmer d'éventuelles critiques sur le prix de revient de l'opération, financée par le contribuable. En effet, il en coûta la somme de 67 millions de dollars, dépense élevée, justifiée cependant par la valeur des aménagements en bordure du rivage.

A l'opposé, Ocean City, dans l'État du New Jersey, illustre l'échec que peut essuyer un essai d'alimentation artificielle d'une plage. Entre 1952 et 1982 eurent lieu plus de trente rechargements avec du sable extrait d'une

Photo 11. — Seaford, Sussex, Angleterre. Panneau donnant des informations sur les modalités et les étapes d'une entreprise d'alimentation artificielle en sédiments de la plage.

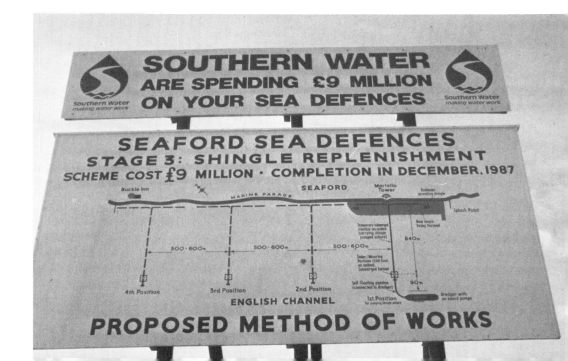

lagune, située en arrière du cordon littoral sur lequel est installée la ville. En 1982, 1,2 millions de m^3 de matériaux, cette fois-ci d'origine marine, furent accumulés sur l'estran pour le prix de 5,2 millions de dollars. Tout ce volume fut dispersé par les vagues en moins de trois mois, il est vrai à la suite d'une succession inhabituelle de fortes tempêtes. Les sédiments apportaient sans doute trop de particules fines et de fragments coquilliers légers. L'échec fut retentissant.

Près de Rio de Janeiro, Copacabana est une plage au tracé régulier, ancrée à chacune de ses extrémités à des promontoires granitiques, longue de 4 km et large, à l'état naturel, d'environ 50 m. Son sable est fin à moyen. Le transport sédimentaire parallèle au rivage est peu important. Le mouvement du sable se fait essentiellement entre la plage et l'avant-plage. L'estran démaigrit beaucoup quand les vagues sont fortes, mais il se restaure spontanément en quelques semaines par temps calme, ce qui indique un état d'équilibre. S'il y a eu alimentation artificielle de la plage de Copacabana, ce fut pour l'agrandir d'une centaine de mètres afin d'élargir l'espace d'accueil du public. Après des simulations en modèle réduit dans un laboratoire national d'ingénierie civile de Lisbonne, l'entreprise eut lieu entre octobre 1969 et mai 1970. 2 000 000 m^3 de sable, un peu plus grossier que celui de la plage, furent déposés par une drague dans les petits fonds et 1 500 000 m^3 furent refoulés par une conduite sur l'estran. Il en résulta un élargissement de 90 m de la plage. Il ne fut pas nécessaire de procéder à des rechargements par la suite.

La côte géorgienne de la mer Noire présente une succession de plages alimentées en galets par de nombreuses rivières torrentueuses descendues du Caucase. Les sédiments de ces plages ont été largement exploités pour couvrir les besoins de la construction de bâtiments et de routes sur un littoral où, le climat étant favorable aux activités balnéaires, les stations de tourisme se sont beaucoup développées. On estime qu'entre 1945 et 1965 plus de 30 millions de m^3 de matériaux ont été extraits sur une longueur de côte d'environ 300 km. En même temps, la charge solide livrée à la mer par les cours d'eau diminuait car on les équipait de barrages pour accroître les superficies irrigables et la production d'électricité. Le résultat de ces actions anthropiques a été de rompre l'équilibre sédimentaire des plages et de déclencher une érosion qui a atteint localement des vitesses de 3 à 5 m par an. Dans les années soixante et soixante-dix, des ouvrages de défense ont été mis en place. Le littoral a été défiguré par des murs de protection, des enrochements, des épis et des brise-lames qui ont pu arrêter le recul localement, mais qui ne l'ont pas jugulé, bien au contraire : la vague d'érosion affectait 155 km de rivage en 1961, 183 km en 1972, 220 km en 1981.

A cette date, la stratégie de défense des plages de la Géorgie a fait l'objet d'une *perestroïka*. Le gouvernement de la République créa un organisme central, le *Gruzmorberegozashchita*, pour mener à bien sur de nouvelles bases, en prenant en compte des données économiques et aussi environnementales, une politique plus rationnelle de restauration du littoral, sous l'active direction de A.G. Kiknadze. A la défense statique lourde qui s'était avérée à la fois coûteuse, inefficace et enlaidissante, on substitua la pratique de l'alimentation artificielle à grande échelle. L'entreprise fut facilitée par la masse de données sur la dynamique côtière que le grand géomorphologue russe V.P. Zenkovitch et son équipe avaient accumulée pendant près de quarante ans de recherches sur cette côte.

On peut juger des bons résultats obtenus par la nouvelle approche du problème en prenant comme exemple les environs de la station balnéaire de Gagra, au Sud-Est de Sotchi. En 1975, en dépit de la mise en place dans les années précédentes d'une batterie d'épis, la plage avait pratiquement disparu. Pour trouver des galets, on ouvrit des carrières dans des dépôts de terrasse sur la rivière Zhovekvara. Transportés par camions, déversés en mer au pied d'une falaise, pris en charge par la dérive littorale qu'ils saturèrent, ils engraissèrent l'estran qui s'agrandit d'une cinquantaine de mètres. En trois ans, à partir de 1983, 500 000 m^3 de sédiments furent ainsi mobilisés et depuis, chaque année, 70 000 m^3 sont ajoutés pour compenser les pertes et maintenir la plage en l'état.

En France, on a été plutôt timide jusqu'ici dans le domaine de l'alimentation artificielle des plages. Pourtant l'ensablement de la plage de la Croisette, à Cannes, a été un des premiers du genre en Europe, comme l'a rappelé L. Tourmen qui a été un des responsables de cette entreprise. A la fin des années cinquante, cette plage était très étroite. Elle ne recevait pratiquement plus d'apports sédimentaires frais depuis que la jetée de protection du port de Cannes interdisait le passage de la dérive littorale venant de l'Ouest et que les vallons débouchant dans la baie avaient fait l'objet d'aménagements pour régulariser leur écoulement. Dans le but d'élargir la plage, on décida de procéder à un rechargement qui eut lieu entre 1962 et 1964. On obtint un gain en largeur de 20 à 30 m en déversant sur la partie haute de l'estran, sur une longueur d'un peu plus de 1 000 m, quelque 125 000 m^3 de sable. Ce sable, un peu plus grossier que le sable naturel, provenait d'une carrière située à 40 km de distance, dans les environs de Fréjus. L'opération a été une réussite car, par la suite, il n'a pas été nécessaire de recourir à de nouveaux apports de matériaux. Il est vrai que les conditions pour l'ensablement étaient ici favorables. La plage de la Croisette constitue un petit compartiment sédimentaire indépendant, isolé des secteurs littoraux adjacents par la pointe du même nom à l'Est, par le port de Cannes à l'Ouest. Aussi, les sables apportés ne risquaient-ils pas de s'échapper d'autant plus que la dérive littorale est peu active le long de ce rivage.

Ce qui a été réalisé au Prado, à Marseille, va au-delà d'une simple opération de rechargement car le milieu littoral a été radicalement transformé par l'Homme qui a créé de toutes pièces des plages nouvelles. L'étroit estran qui existait de part et d'autre de l'embouchure de l'Huveaune, fortement exposé aux houles du Nord-Ouest, avait une capacité d'accueil insuffisante pour un grand centre urbain. Des travaux commencés en 1975 ont permis de gagner par remblayage quelques dizaines d'hectares sur la mer, là où s'étendaient des fonds allant jusqu'à – 4 m. En avant de ces terre-pleins, aménagés en espaces de verdure et de jeux, des plages de forme alvéolaire, faites de matériaux calcaires concassés à la taille de grains de riz ou, pour les plus récentes, de graviers extraits de ballastières, ont été créées. A cause de cette granulométrie grossière, elles ont une forte pente à leur contact avec la mer. Des brise-lames, séparés par des passes étroites, les protègent de l'action des vagues, mais ils ont l'inconvénient de ralentir le renouvellement de l'eau. Les plages du Prado sont entièrement artificielles aussi bien par leur localisation que par les sédiments qui les constituent.

Un bon exemple récent d'alimentation artificielle d'un littoral meuble est celui de la plage de Chatelaillon, située au Sud de La Rochelle. Comme l'a montré C. Gabet, l'érosion de la côte est ici bien antérieure à la création de la station balnéaire, mais elle est restée inaperçue tant que le rivage n'a pas été occupé par l'homme. Elle se révéla menaçante lorsque le front de mer fut aménagé au début du siècle. La mise en place en 1925 d'une digue de protection accéléra le déménagement du sable. Le recours à des épis à partir de 1947 se révéla peu efficace et en 1962 on protégea par un enrochement la digue dont les fondations étaient affouillées par la mer. A marée haute, il n'y avait plus de plage à Chatelaillon. En somme, une illustration exemplaire de l'échec de la défense lourde statique.

En 1987, un projet de réensablement de la plage de Chatelaillon est proposé par J.-M. Sornin. Il prévoit l'utilisation de 400 000 m^3 de sédiments, un peu plus grossiers que ceux de l'estran naturel, aspirés par une drague à 1 800 m du rivage par 18 m de profondeur et refoulés hydrauliquement sur le rivage par une canalisation immergée. Le but est d'obtenir une plage large de 200 m à marée basse sur une longueur de 1 000 m. L'opération a commencé en 1989, non sans avoir rencontré des difficultés d'approbation au moment de l'enquête publique, et elle devait se terminer en 1991. Le coût global de l'opération a été estimé à 15 millions de francs. Un entretien annuel, évalué à 200 000 francs, est prévu pour repousser 7 000 m^3 de sédiments du Sud vers le Nord et en ajouter 3 000 m^3 afin de compenser les pertes.

Il arrive que l'homme soit involontairement responsable de l'alimentation artificielle d'une plage. Le cas peut se présenter lorsque les produits non utilisés de l'exploitation d'une carrière ou d'une mine sont déposés à proximité d'un rivage. On prendra ici l'exemple de la baie de Chañaral, dans le désert d'Atacama, dans le Nord du Chili. En cet endroit, entre

1938 et 1975, ont été rejetés les stériles de la concentration du minerai de cuivre extrait dans les mines de Potrerillos d'abord, d'El Salvador ensuite, situées dans la haute cordillère des Andes. Ils parcouraient une distance de 120 km, en suivant le lit d'un cours d'eau au débit très intermittent, le Rio Salado, avant d'atteindre la mer. On estime à 4 400 000 m^3 la quantité de stériles qui a été livrée à la côte chaque année pendant cette période. 60 % des matériaux apportés sont restés dans la baie, en particulier la quasi-totalité des sables qui constituaient la moitié des sédiments ainsi arrivés. Le résultat a été une avancée du rivage de 900 m à une vitesse moyenne de 25 m par an. Les sables dérivés des stériles ont la même granulométrie que les sables naturels qui sont de taille moyenne. Mais leur teneur en calcaire est très différente : 1 % pour les premiers, 30 % pour les seconds. La teneur en calcaire étant liée ici à la quantité de fragments de coquilles de mollusques, ce contraste traduit le désastre que fut pour la faune benthique de la baie de Chañaral le déversement des stériles miniers pendant quarante ans. Quant à la teneur en cuivre des nouveaux sables (0,10 %), elle est suffisante pour pousser de pauvres gens, lorsque les cours de ce métal sur le marché sont élevés, à exploiter ce gisement d'un type particulier avec des techniques très artisanales.

Les protestations des pêcheurs vivant à Chañaral obligèrent la compagnie minière à dévier, à partir de 1975, l'acheminement des stériles vers le Nord, jusqu'au-delà de la baie. La côte était rocheuse en cet endroit, mais une plage n'a pas tardé à se former d'autant plus que les rejets annuels étaient passés à 10 400 000 m^3 par an. En 1988, cette plage avait une longueur de 6 km et sa largeur maximale atteignait 300 m. Une surface sableuse de plus d'1 km^2 avait été gagnée en treize ans au profit de la terre. Depuis 1990 l'avancée est arrêtée car les stériles n'arrivent plus à la mer. Ils s'accumulent désormais en arrière d'une retenue construite à une cinquantaine de kilomètres de la mine d'El Salvador, dans le désert. Il est probable que la mer regagnera dans les années à venir au moins une partie du terrain qu'elle avait perdu.

Toutes les fois où le coût en est supportable, l'ensablement artificiel des plages doit être préféré aux ouvrages de défense contre la mer, dès lors que l'on décide de s'opposer au démaigrissement et au recul de la côte. En France, le passage de la protection statique lourde à la stratégie plus souple de l'alimentation assistée des rivages a été plus tardif et plus lent que dans d'autres pays développés. Encore en 1983, lors de journées d'information tenues à Paris sur l'érosion et la défense des côtes, un haut fonctionnaire de la Direction des ports et de la navigation maritime avait cru bon d'ironiser à propos des méthodes douces dont avait parlé un universitaire. Même en 1988, dans un rapport, destiné au secrétaire d'État chargé de l'environnement, concernant les travaux de lutte contre l'érosion marine, des ingénieurs généraux appartenant à de grands corps de l'État faisaient encore la part trop belle aux enrochements de toute nature et ne consacraient que quelques développements cursifs à l'alimentation artificielle des plages. Mais, en juillet 1990, à l'occasion du symposium organisé à Marseille par l'association Eurocoast, les ingénieurs d'un important bureau d'études, qui est souvent intervenu sur les côtes de France en recommandant la mise en place d'ouvrages de défense, reconnaissaient clairement dans la conclusion de leur exposé qu'il convenait désormais de s'orienter résolument vers des méthodes mettant à profit le jeu naturel des agents dynamiques et des apports sédimentaires, au besoin en les assistant. On doit se réjouir de cette avancée dans la bonne direction. Cependant, il faut regretter que dans beaucoup de pays en voie de développement on continue à appliquer sans discernement les vieilles recettes. C'est ainsi que l'on a encore récemment gâché, par un enrochement systématique sur presque toute leur longueur, de Carthage à Hammam-Lif, les rivages du golfe de Tunis où les plages ont pratiquement disparu aujourd'hui. La cause de l'érosion étant ici un grand déficit sédimentaire, l'alimentation assistée en sable s'imposait comme la seule solution pour préserver un environnement qui a été profondément et sans doute irréversiblement dégradé. On s'apprête à commettre la même erreur dans la baie de Tanger, au Maroc, où l'on vient de mettre le doigt dans l'engrenage en commençant à y construire des ouvrages lourds de défense.

ORIENTATION BIBLIOGRAPHIQUE

BELLESORT (B.) et VIGUIER (J.), Les aménagements du littoral français : bilan, philosophie, futur, *Littoral 1990*, Eurocoast, Marseille, 1990, 656-661.

CARTER (R.W.G.), *Coastal environments,* Academic Press, Londres, 1988, 612 p.

KRAUS (N.C.), The effects of seawalls on the beach: an extended literature review, *Journal of Coastal Research*, 1990, n° spécial 4, 1-28.

LEONARD (L.), CLAYTON (T.) et PILKEY (O.H.), An analysis of replenished beach design parameters on the U.S. east coast barrier islands, *Journal of Coastal Research*, 1990, 6, 1, 15-36.

LEONARD (L.), DIXON (K.L.) et PILKEY (O.H.), A comparison of beach replenishment on the U.S. Atlantic, Pacific, and Gulf coasts, *Journal of Coastal Research*, 1990, n° spécial 6, 127-140.

MONADIER (M.), Protection contre le risque côtier, *Mer et Littoral, couple à risque*, La Documentation Française, Paris, 1987, 362-397.

PILARCZYK (K.), *Coastal protection*, Balkema, Rotterdam, 1990, 500 p.

PILKEY (O.H.), A time to look back at beach replenishment, *Journal of Coastal Research*, 1990, 6, 1, III-VII.

PILKEY (O.H.) et WRIGHT III (H.L), Seawalls versus beaches, *Journal of Coastal Research*, 1990, n° spécial 4, 1-28.

TIPHINE (J.) et coll., *Travaux de lutte contre l'érosion marine*, Rapport présenté par le Conseil général des ponts et chaussées au secrétaire d'État auprès du Premier ministre, chargé de l'environnement, 1988.

TOURMEN (L.), L'ensablement artificiel de la plage de la Croisette à Cannes, *XYZ*, 1989, 38, 96-102.

Chapitre 4

DES DUNES QUI S'ENVOLENT

Les dunes qui témoignent du rôle que le vent peut jouer dans le modelé de la surface de la Terre, là où les conditions naturelles sont favorables à son action, ne caractérisent pas seulement les déserts. On en rencontre aussi sur les côtes où elles couvrent parfois de vastes espaces. La dune du Pilat, près d'Arcachon, dont la hauteur dépasse 100 m, est l'élément le plus connu d'un ensemble sableux éolien, aujourd'hui artificiellement boisé, de quelque 130 000 ha dans les Landes de Gascogne. L'Homme est confronté depuis longtemps aux dunes littorales qui, par leur mobilité, peuvent menacer d'ensevelissement des routes, des champs et des villages. Au XVIIᵉ siècle déjà, des intendants recommandaient la plantation d'oyats pour freiner l'avancée des sables sur les rivages marins du Nord de la France. Au XVIIIᵉ siècle, l'abbatiale bénédictine de Soulac-sur-Mer, dans le Médoc, fut entièrement recouverte par l'inexorable progression des sables poussés par le vent. En Europe, le XIXᵉ siècle vit la fixation par la plantation d'arbres, essentiellement des conifères, de vastes étendues de dunes mobiles, par exemple celles de la côte d'Aquitaine où, à la fin de l'Ancien Régime, l'ingénieur N. Brémontier entreprit une œuvre pionnière qui s'acheva seulement sous le Second Empire. Parallèlement, des travaux de grande ampleur étaient aussi réalisés sur le littoral de la Prusse orientale. Des techniques efficaces de stabilisation des sables furent ainsi mises au point et utilisées par la suite avec succès sur d'autres continents, en Afrique du Nord, aux USA, au Chili, en Australie.

Ce sont des problèmes nouveaux que posent actuellement les dunes littorales à ceux qui ont la charge de gérer et d'aménager les espaces côtiers. Ces dunes diffèrent de leurs congénères des régions désertiques par la présence d'une couverture végétale, de densité variable, qui fixe plus ou moins le sable. Considérées longtemps comme des milieux répulsifs, les hommes ne les ont utilisées pendant des siècles que de façon très extensive pour y ramasser du bois et y faire paître des animaux. Elles sont devenues très fréquentées depuis l'essor du tourisme balnéaire car elles constituent des espaces de récréation et de loisir complémentaires des plages auxquelles sont associées. En beaucoup d'endroits leur existence est en péril : déstabilisation par dégradation de leur végétation sensible au piétinement, amoindrissement par extraction de sable, voire disparition pure et simple par arasement pour la création de lotissements à proximité des rivages. En France, la loi sur le littoral de 1986 protège désormais les bourrelets sableux sur lesquels s'adossent les plages, d'où leur nom de dunes bordières. Mais les espaces dunaires qui parfois s'avancent assez loin vers l'intérieur des terres et que la végétation avait souvent colonisés, soit naturellement, soit artificiellement, restent menacés de déstabilisation à cause de la surfréquentation touristique.

Les dunes bordières

Pour qu'un bourrelet sableux s'édifie en arrière d'une plage, il faut du vent, du sable et de la végétation, trois éléments dont les interactions sont complexes. Le vent joue évidemment un rôle essentiel. Sa direction, sa fréquence, sa durée et surtout sa vitesse sont à prendre en compte. C'est seulement à partir d'une vitesse de 20 km/h (degré 4 dans l'échelle de Beaufort) que des grains de sable fins et secs peuvent être mis en mouvement et déplacés en roulant sur le sol ou par sauts successifs. La capacité de transport par le vent varie comme le cube de la différence entre la vitesse atteinte par le vent et celle correspondant au seuil de fonctionnement de la déflation, c'est-à-dire du balayage du sable par les filets d'air. L'humidité augmente évidemment la cohésion des grains, donc la vitesse critique de leur mise en mouvement.

En octobre 1986, à l'occasion d'un colloque tenu à Bordeaux, sur la gestion et la conservation des dunes du littoral aquitain, J.M. Froidefond a signalé que sur la côte des Landes, où la dynamique éolienne est forte, le vent emportait en moyenne chaque année 20 à 30 m^3 de sable par mètre linéaire de plage. Les plages amples et peu pentues, sur lesquelles se dissipe progressivement l'énergie des vagues, sont particulièrement sensibles à la déflation éolienne, surtout lorsqu'elles sont largement découvertes à marée basse et que la portion du littoral ainsi exondée s'assèche rapidement. La situation est optimale lorsque la résultante des vents venant de la mer se situe perpendiculairement au tracé du rivage.

Quant à la végétation qui pousse immédiatement en arrière des plages, elle joue un rôle capital dans la formation des dunes bordières car c'est elle qui freine le vent, piège et stabilise le sable en mouvement. Elle est constituée de plantes dites psammophiles qui sont adaptées à un milieu inhospitalier, caractérisé par un substrat mobile, une absence de sol au sens pédologique du terme, une humidification par des embruns salés, un mitraillage par des grains de sable. En Europe occidentale, *Agropyrum junceum* (chiendent des sables) est une espèce pionnière, particulièrement tolérante au sel. *Ammophila arenaria*, l'oyat, appelé gourbet en Aquitaine, dont les touffes croissent vers le haut au fur et à mesure que le sable s'accumule et qui a besoin d'apports frais pour se développer, est sans doute la plus connue des plantes psammophiles car elle a été introduite sur les rivages tempérés de tous les continents, là où on a voulu fixer des sables mobiles. De ce point de vue, elle est plus performante que sa congénère nord-américaine *Ammophila breviligulata*. L'oyat supporte des apports annuels de sable de l'ordre de 20 cm d'épaisseur, mais il présente l'inconvénient d'être fragile au piétinement. On rencontre encore parmi d'autres espèces moins fréquentes *Elymus arenarius* (élyme ou roseau des sables) et *Eryngium maritimum* (panicaut ou chardon bleu des sables), ce dernier ayant été choisi comme emblème par le Conservatoire de l'espace littoral et des rivages lacustres.

La formation et le rôle des dunes bordières

Le point de départ de la formation d'une dune bordière est la colonisation par des plantes adaptées à un substrat salé et riche en nitrates, d'où leur nom de plantes halonitrophiles, comme *Cakile maritima* (roquette de mer) ou *Salsola kali* (soude), d'une berme, c'est-à-dire d'une accumulation de sable par les vagues sur une plage au niveau des plus hautes mers (fig. 25). Leur pousse est favorisée par la matière organique des épaves

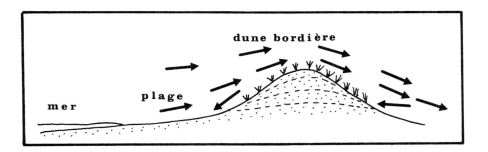

Fig. 25. — *Formation d'une dune bordière.*
Colonisation par des plantes psammophiles d'une berme de haut de plage et exhaussement progressif par des apports éoliens de sable à partir de l'estran. Les flèches indiquent les mouvements des filets d'air.

végétales qui jonchent les laisses de tempêtes sur les plages. La berme s'exhausse peu à peu par des apports éoliens de sable que retient une végétation progressivement diversifiée. Des monticules se développent qui, s'ils ne sont pas détruits pendant les périodes de mauvais temps, peuvent devenir coalescents. Ils prennent alors la forme d'un bourrelet continu, au profil transversal à peu près symétrique, haut en général de quelques mètres et large de quelques dizaines de mètres. De fait, l'aspect d'une dune bordière diffère d'un endroit à l'autre. Sa hauteur et sa largeur dépendent de son degré d'évolution et de l'aptitude de la végétation à retenir le sable. On a remarqué que dans les régions tropicales humides les plantes natives le fixent en général mal, d'où des dunes bordières peu élevées. La faiblesse des vents, en dehors des côtes affectées par les cyclones, est aussi responsable d'apports modestes de sable.

Une dune bordière a des fonctions multiples qui ont été rappelées récemment par K.F. Nordstrom et N.P. Psuty. Lors des fortes tempêtes, elle peut être entamée par les vagues qui y prélèvent du sable pour l'accumuler sur l'avant-plage sous la forme de barres immergées (fig. 26). Pendant la belle saison, les vagues moins fortes et moins cambrées sont constructives : elles remontent le sable sur la plage et les barres s'effacent. Le vent peut alors reconstituer la dune. Par la réserve en sable qu'elle représente, la dune bordière fait office de volant de sécurité sédimentaire et constitue un élément essentiel de l'équilibre dynamique des plages. Le transfert du sable sur l'avant-plage exprime une réaction d'autodéfense puisque, en obligeant les vagues à déferler plus tôt et plus loin, les barres sous-marines, tels des brise-lames naturels, font que la plage échappe à une érosion plus sévère. Ainsi, une solidarité étroite unit la dune bordière et la plage.

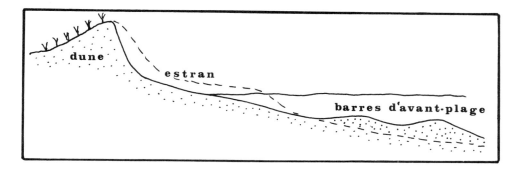

Fig. 26. — *Profil transversal en hiver d'une plage et de la dune bordière qui lui est associée.*
Profil d'été en trait interrompu. Prélèvement en hiver de sable sur la plage et dans la dune bordière par les vagues de tempête. Accumulation corrélative sur l'avant-plage sous la forme de barres immergées.

Photo 12. — Canet-Plage, Roussillon. Dégradation avancée de la dune bordière d'une plage par surfréquentation.

La dune bordière joue aussi un rôle important de protection. Elle met à l'abri de l'inondation par les eaux marines les terres basses qui souvent s'étendent en arrière d'elle. Pour cette raison, aux Pays-Bas, elle fait partie du système de défense des polders contre la mer et sa conservation est strictement réglementée. Elle empêche également les sables de s'avancer au-delà de l'espace strictement côtier et de menacer de recouvrement des aménagements. Elle coupe le vent et arrête les embruns, permettant éventuellement à la forêt de s'approcher du rivage, comme c'est le cas dans les Landes. Elle constitue un obstacle à la contamination des nappes phréatiques d'eau douce par de l'eau de mer salée. D'autre part, la dune bordière offre un intérêt écologique dû à sa flore et à sa faune spécifiques qui ont attiré depuis longtemps l'intérêt des spécialistes. Enfin, le développement du tourisme s'est appuyé sur sa valeur paysagère. Par sa hauteur elle donne une vue imprenable sur la mer. Elle constitue un espace de récréation, original par sa topographie, qui s'ajoute à celui de la plage.

La fragilité des dunes bordières

La dune bordière représente un édifice fragile. Sa destruction peut être due à des causes naturelles. Il arrive qu'elle soit déstabilisée lorsque la végétation qui la retient est détruite par une sécheresse prolongée, par un incendie lié à la foudre ou par une maladie provoquée par l'introduction d'un parasite. Lorsqu'une dune bordière est taillée en falaise abrupte par les vagues à l'occasion d'une très forte tempête, l'escarpement accélère considérablement la vitesse du vent. Cette vitesse peut être multipliée par 1,6 par rapport à celle observée sur la plage, comme l'ont montré les travaux de Y.F. Thomas. Le vent est alors capable d'ouvrir dans le bourrelet littoral des cavités semi-circulaires, appelées caoudeyres. A partir d'elles, le sable libéré s'éloigne du rivage sous la forme de dunes libres mobiles, d'allure parabolique, condamnant à l'ensevelissement les cultures, les infrastructures ou les bâtiments situés sur leur passage.

De fait, la destruction de la dune bordière est très souvent due à l'Homme. Elle a beaucoup souffert de l'essor touristique qu'ont connu les espaces côtiers au cours des trois dernières décennies. Sa disparition a été complète là où son sable a été exploité pour les besoins de la construction, là aussi où elle a été purement et simplement arasée pour l'implantation de lotissements au bord de la mer. En dehors des secteurs urbanisés, la surfréquentation des piétons comme celle des motocyclettes et des automobiles tout terrain a rapidement dégradé la végétation de plantes psammophiles, particulièrement sensible aux passages répétés des hommes et des véhicules, d'où la migration vers la terre du sable libéré des entraves qui le retenaient. Les multiples sentiers d'accès au rivage sont autant de brèches qui fragilisent la dune. Le vent s'y engouffre, les transformant en larges couloirs qui la tronçonnent et à partir desquels le sable s'éloigne. C'est ainsi que le cordon dunaire qui accompagne la côte basse à étangs du Languedoc a été profondément défiguré. Une enquête, menée en 1977, dans les dunes des Orpellières (communes de Sérignan et de Valras, dans le département de l'Hérault) avait fait apparaître une occupation qui pouvait aller jusqu'à 2 000 personnes réparties au même moment sur une longueur de côte de 1 600 m. Le nombre des véhicules, alors en stationnement de part et d'autre du bourrelet dunaire littoral, était de 650. A cette époque, l'accès au rivage ne faisait encore l'objet d'aucune réglementation. La circulation des voitures avait tracé trois pistes jusqu'à la plage à travers la dune bordière qui était aussi franchie par une soixantaine de chemins pédestres. C'étaient là autant de brèches ouvertes par l'Homme dans lesquelles la mer s'est engouffrée lors de la grande tempête de novembre 1982, endommageant encore plus la dune. Depuis, le domaine des Orpellières, acquis par le Conservatoire de l'espace littoral et des rivages lacustres en 1980, a fait l'objet de travaux de restauration. La disparition de la dune bordière a des conséquences néfastes pour l'environnement : transfert de sable au-delà du rivage, risques d'inondation, érosion de la plage privée de sa nécessaire réserve de sédiments.

La réhabilitation des dunes bordières

Dans les pays développés en général, en France en particulier, les divers responsables de l'équipement et de la gestion des espaces côtiers sont maintenant convaincus de l'importance des dunes bordières dans le maintien des équilibres naturels littoraux. Il est vrai que des géographes et des naturalistes spécialistes de l'évolution des côtes se sont efforcés depuis une dizaine d'années de diffuser les résultats de leurs recherches auprès des aménageurs et des décideurs en dépassant le cadre étroit des revues et des colloques scientifiques. Il faut aussi dire que leur voix a été efficacement relayée et amplifiée par des associations de défense de l'environnement. En France, l'Office national des forêts, le Conservatoire de l'espace littoral et des rivages lacustres, les collectivités locales et même des particuliers contribuent aujourd'hui au sauvetage des dunes bordières depuis les rivages de la mer du Nord jusqu'à ceux de la Méditerranée.

Il existe diverses méthodes pour reconstituer une dune bordière qui a été détruite. La meilleure consiste à planter artificiellement des espèces psammophiles, tout particulièrement *Ammophila arenaria*, excellente fixa-

Photo 13. — Carnon, Languedoc. Travaux de réhabilitation de la dune bordière de la plage par la mise en place d'obstacles (ganivelles, filets), destinés à piéger le sable en mouvement.

trice du sable déplacé par le vent. Les touffes d'oyats doivent être alignées perpendiculairement au vent marin dominant et leur densité être moins grande à l'avant, du côté de la mer, qu'à l'arrière pour mieux répartir le piégeage du sable sur l'ensemble de la dune que l'on veut réhabiliter. On utilise parfois des engrais, par exemple des boues résiduaires de stations d'épuration, pour rendre la pousse plus rapide. Des jonchées de branchages peuvent protéger les jeunes plants en freinant les filets d'air qui, lorsqu'ils sont rapides, sont capables de les déchausser. Des clôtures mettent les plantations à l'abri du piétinement. Les passages des gens sont canalisés le long d'itinéraires obligés qui sont aménagés par la mise en place de caillebotis ou de passerelles légères fixées sur des pilotis. On restaure plus rapidement une dune bordière en utilisant des obstacles artificiels qui ont pour but de diminuer la vitesse du vent et, par voie de conséquence, de provoquer le dépôt du sable qu'il déplace. Il s'agit, soit de claies de branchages et de pieux, soit de treillis métalliques ou de filets de nylon aux mailles serrées, tendus sur des piquets en bois, soit de palissades, constituées par des lattes de châtaignier liées par des fils de fer galvanisé, appelées ganivelles, qui sont très largement utilisées aujourd'hui. Ces obstacles doivent avoir une perméabilité de l'ordre de 40 à 50 % pour éviter des phénomènes d'affouillement à leur pied, ce qui entraînerait leur basculement. Plusieurs rangées d'obstacles, rectilignes ou en zigzag, parallèles entre elles, sont placées perpendiculairement au vent marin dominant. Si les vents efficaces pour la mobilisation du sable sur la plage soufflent de plusieurs directions, une disposition croisée des écrans est recommandée. De nouveaux obstacles doivent être installés au fur et à mesure que les anciens sont ensablés, ce qui permet une élévation progressive de la dune. Une fois celle-ci recréée dans sa forme, il faut évidemment la planter, en général d'oyats, pour la stabiliser.

Lorsqu'on veut aller plus vite, on essaie parfois de rétablir artificiellement une dune bordière en recourant à des engins mécaniques de terrassement qui enlèvent du matériel sur l'estran pour l'accumuler à l'arrière sous la forme d'un bourrelet. Cette pratique n'est pas toujours recommandable car elle est susceptible de déstabiliser la plage dont le stock sédimentaire est ainsi brutalement modifié. Cependant, il peut être utile d'utiliser un bulldozer pour reprofiler une dune bordière qui a été taillée en falaise abrupte par des vagues de tempête. En adoucissant la pente, le vent y a moins de prise. Ce faisant, on diminue les risques d'ouverture de brèches et de dispersion du sable, en attendant que la dune retrouve naturellement une forme de moindre résistance aérodynamique, permettant une meilleure absorption de l'énergie cinétique du vent et le maintien d'une couverture herbacée.

L'éducation du public, dont la collaboration à l'entreprise de sauvegarde est indispensable, se fait par l'implantation de panneaux et la distribution de dépliants qui attirent l'attention sur la fragilité des dunes et l'enjeu de leur conservation.

Un cas exemplaire de restauration d'une dune bordière

La restauration de la dune de la Garenne à Saint-Gilles-Croix-de-Vie, en Vendée, revêt un caractère exemplaire. Cette dune, longue de 500 m, protège un port aménagé dans une rivière, la Vie, qui coule en arrière d'elle avant de déboucher dans la mer. Au fil des années, elle s'était abîmée. Pendant la dernière guerre, les Allemands y avaient construit une route pour desservir des casemates édifiées dans le cadre du Mur de l'Atlantique. Par la suite, cette route fut utilisée par les touristes qui arrêtaient leurs véhicules au sommet de la dune avant de la piétiner anarchiquement pour pouvoir accéder à la plage. La végétation se dégrada et le sable qui n'était plus retenu se déplaça vers le lit de la rivière. Le résultat fut la formation d'une barre à son embouchure, gênant l'entrée du port. Un diagnostic erroné de services techniques de l'État qui avaient été consultés attribua cette situation, défavorable à la navigation, à l'érosion de la mer, alors que, de toute évidence, c'était celle du vent qui était en cause. On proposa donc de mettre en place un mur de béton au pied de la dune, solution coûteuse, inopérante à coup sûr pour résoudre le problème posé et probablement nocive à terme pour la plage située en avant de la dune. Ce projet inadéquat fut heureusement combattu avec succès par une association locale de défense de l'environnement, le Comité pour la protection de la nature et des sites, qui finit par faire adopter son point de vue par le conseil municipal. Il consistait simplement à restaurer la dune de la Garenne. Entre 1979 et 1981, 7 000 m de barrières, du type ganivelle, hautes de 80 cm, furent posées selon les courbes de niveau sur les 5 ha que couvre la dune. 250 000 plants d'oyats, fournis par l'Office national des forêts et mis en place par les enfants des établissements scolaires, publics et privés, de la commune, servirent à restaurer le couvert végétal sur 2,5 ha. L'entreprise de réhabilitation de la dune de la Garenne a été un succès. Le port de Saint-Gilles-Croix-de-Vie n'est plus menacé d'obturation et la plage associée à la dune a même engraissé dans sa partie haute. Le Comité pour la protection de la nature et des sites a bien mérité le prix que lui a décerné en 1986 le jury de la Fondation internationale pour la conservation de la nature et du patrimoine.

Des erreurs dans la restauration
des dunes bordières

Il apparaît cependant que des maladresses sont parfois commises par les praticiens de l'environnement lorsqu'ils restaurent des dunes. Un colloque, organisé en avril 1987 à Portland, en Oregon, aux États-Unis, par la Commission sur l'environnement côtier de l'Union géographique internationale, sur le thème des interactions entre plages et dunes bordières, a été l'occasion d'établir un inventaire de ces erreurs d'intervention. Elles sont dues d'abord à une méconnaissance de la nature réelle de ces dunes et de leur comportement dynamique parce que ceux qui sont chargés de ces travaux de réhabilitation n'ont pas, en général, reçu dans ce domaine une formation scientifique adéquate et sont au mieux des autodidactes insuffisamment préparés à suivre les progrès de la recherche. Les erreurs tiennent aussi à une bureaucratisation des méthodes de restauration que l'on tend à appliquer de façon routinière, sans prendre véritablement en compte les conditions naturelles spécifiques d'un milieu côtier donné. C'est une situation dommageable parce que du temps et de l'argent sont inutilement perdus. Ainsi, sur la côte vendéenne, là où se trouve la forêt domaniale d'Olonne, près de Sauveterre, le rivage est caractérisé par une falaise de sable, taillée dans des dunes anciennes qui sont restées meubles et sont aujourd'hui boisées. Cette falaise, forme d'érosion marine, donc condamnée à reculer par sa nature même, a été malencontreusement confondue avec une dune bordière et on y a installé des brise-vent destinés à piéger du sable. On ne doit donc pas s'étonner si ce matériel est inopérant et s'il est détruit par les vagues de tempête. C'est là un exemple d'erreur dans le diagnostic et, par suite, dans l'intervention. Cette mauvaise évaluation d'une situation s'explique sans doute par l'insuffisante connaissance de la morpho-sédimentologie littorale par des praticiens qui ont la charge d'intervenir dans un environnement côtier.

Même lorsqu'une dune bordière est correctement identifiée, on ignore trop souvent qu'il s'agit d'une forme instable dans sa position comme dans son profil. En effet, elle réagit constamment aux facteurs dynamiques qui la modèlent, le vent bien sûr dont la vitesse et la charge en sable sont variables dans le temps, mais aussi les vagues qui exceptionnellement peuvent l'atteindre. Son équilibre est dynamique tout comme celui de la plage à laquelle elle est associée. Or, la tendance qui prévaut est de l'immobiliser et de l'exhausser car on veut en faire un rempart fixe contre la mer. Fréquemment, la position qu'on lui assigne, la forme et les dimensions qu'on veut lui donner sont artificielles. Lorsque la dune bordière est trop haute, elle offre une forte prise au vent qui, parce que sa turbulence est accrue, ouvre en elle des brèches, vite agrandies en caoudeyres. Lorsqu'elle est recréée trop loin de la mer, son alimentation en sable risque d'être insuffisante. A l'opposé, quand elle est reconstruite trop près du trait de côte, ce qui est souvent le cas, la mer l'attaque en falaise au moment des tempêtes. De fait, elle se comporte alors comme un mur de protection et, au lieu de mettre à l'abri la plage, elle accroît au contraire les menaces qui pèsent sur elle. En effet, la largeur de l'estran étant réduite, la dissipation de l'énergie libérée par le déferlement des vagues est elle aussi amoindrie, d'où l'enlèvement de sable sur la plage. Alors que la dune bordière offre l'avantage d'une défense flexible et souple, on tend trop souvent à l'utiliser comme un moyen de défense statique, à l'image des enrochements.

Le cas des Outer Banks de la Caroline du Nord

R. Dolan a étudié un exemple concret de ce détournement du rôle de la dune bordière. Il se trouve dans les Outer Banks de la Caroline du Nord, secteur du chapelet d'îles-barrières frangeant la côte orientale des États-Unis du cap Cod à la Floride. A l'état naturel, comme on peut le constater dans la réserve du cap Lookout (fig. 27), la plage est large d'environ 150 m, faiblement pentue, et la dune qui la borde à l'arrière est basse parce que les plantes natives piègent mal le sable. L'énergie des

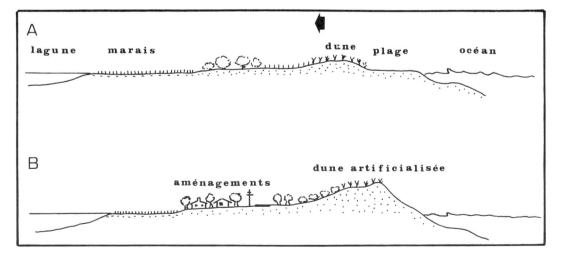

Fig. 27. — *Profils transversaux à travers une île-barrière de la côte orientale des États-Unis.* A. Ile-barrière restée à l'état naturel : plage large, dune bordière surbaissée ; migration lente du couple plage-dune en direction de la lagune. B. Ile-barrière aménagée : plage étroite et pentue, dune bordière surélevée et stabilisée ; migration du couple plage-dune entravée.

vagues déferlantes se dissipe sur le vaste estran et, pendant les tempêtes, qu'il s'agisse des *hurricanes* ou des *northeasters*, les lames les plus fortes sont capables de passer par dessus le bourrelet littoral, ce qui a pour effet de le repousser en même temps que la plage recule. Il se produit ainsi une lente migration de l'île-barrière en direction du continent à la vitesse moyenne de 0,20 m/an. Le couple plage-dune est mobile, mais il reste en équilibre. Les dégâts des tempêtes se réparent spontanément dans les semaines qui suivent et la morphologie de l'ensemble ne change pas.

Il en va autrement dans les environs du cap Hatteras, toujours dans la même région, où le développement du tourisme balnéaire a entraîné l'urbanisation du cordon littoral, densément occupé aujourd'hui par des villas, des motels, et des routes. Pour mettre à l'abri ces aménagements des effets destructeurs des tempêtes, on a artificiellement surélevé, dès les années trente, la dune bordière par la plantation d'espèces psammo-philes et l'installation de brise-vent. L'idée était de faire du bourrelet côtier, ainsi renforcé et stabilisé, une sorte de mur de protection contre les inondations marines pour les aménagements situés immédiatement en arrière. Le résultat a été celui qu'entraîne généralement l'érection de ce type de structure défensive. Le phénomène de débordement par dessus la dune étant désormais empêché, toute l'énergie des vagues se concentre sur la plage proprement dite. Celle-ci est devenue plus étroite, environ 75 m, plus pentue aussi parce que le matériel est maintenant plus gros-sier, la turbulence accrue ayant permis l'évacuation des sables les plus fins. Aussi la dune est-elle aujourd'hui érodée sur son front, d'autant plus qu'ayant été stabilisée il ne lui est plus possible de reculer. La protection qu'elle assure est fallacieuse, comme le montrent les gros dégâts qu'occa-sionnent de temps à autre les grandes tempêtes. Par exemple, les violents cyclones du 7 mars 1962, du 30 septembre 1971 et du 4 septembre 1979 ont ouvert des brèches dans la dune imprudemment exhaussée, d'où la submersion de maisons et de routes.

La nécessaire flexibilité des dunes bordières

Parce que les dunes bordières sont dynamiques par nature, elles doi-vent pouvoir évoluer librement dans leur forme et leur localisation. Aux États-Unis, à Fire Island, dans l'État de New York, sur un secteur de côte qui s'étire sur une quinzaine de kilomètres et qui est resté relativement peu aménagé, parce que partiellement inclus dans un parc national, des photographies aériennes prises à cinq ans d'intervalle, entre 1976 et 1981, ont été comparées par N.P. Psuty et J.R. Allen. Il apparaît qu'au cours de ce laps de temps la dune bordière est restée stable dans sa position sur seulement 45 % de sa longueur. Sur 30 % elle s'est déplacée vers la terre et sur 25 % elle a migré vers la mer par rapport à sa localisation primitive, dans les deux cas sur plusieurs mètres, voire plusieurs dizaines de mètres. La dune bordière étant solidaire, par des échanges de sédiments, de la plage à laquelle elle est associée, si celle-ci recule, celle-là doit pouvoir aussi se replier pour continuer à assurer son rôle de réserve en sable nécessaire à l'équilibre du couple. Or, on a vu que la grande majorité des plages dans le monde est en cours de récession. Quand il en est ainsi, il faut laisser à la dune bordière la liberté de reculer. Ainsi, le cordon dunaire qui isole les étangs littoraux du Languedoc tend à migrer vers la terre en roulant sur lui-même. Sa restauration en cours doit tenir compte de cette mobilité et ne pas l'entraver, même si cette façon de faire implique à terme une relocalisation de la route qui sur de longs tronçons suit ce cordon. Il est évident qu'une telle conjoncture de mobilité rend l'entreprise de réhabilitation d'une dune plus compliquée que lorsqu'il y a fixité du rivage. Cette entreprise se heurte aussi à la prépondérance en fréquence en force des vents de terre, du type de la tramontane, sur ceux de mer, comme le marin, ainsi qu'à la sécheresse du climat méditerranéen qui fragilise la végétation psammophile. Pour en revenir à la restauration de la dune de la Garenne à Saint-Gilles-Croix-de-Vie dont on a parlé plus haut, il importe d'ajouter que son succès a été facilité par la stabilité de la plage qui s'étend en avant d'elle. Cette stabilité est due à une bonne alimentation en sédiments, la dérive littorale étant freinée par la jetée placée à l'embouchure de la Vie pour éviter son ensablement.

Comment faut-il donc procéder lorsque l'on prétend recréer une dune bordière qui a été détruite? Il importe d'abord d'évaluer la tendance évolutive de la plage. Celle-ci dépend étroitement du budget sédimentaire, c'est-à-dire du bilan entre la quantité de sable apporté et celle du sable enlevé sur cette plage par les vagues et les courants littoraux. Il dépend aussi du comportement du niveau de la mer qui peut être stable, s'élever ou s'abaisser. Si le budget est positif et si le niveau de la mer a tendance à baisser, au fur et à mesure que la plage engraisse se forme une nouvelle dune bordière en avant de la précédente qui cesse d'être active lorsqu'elle n'est plus suffisamment alimentée en sable. Ainsi peuvent apparaître des bourrelets parallèles qui témoignent de positions successives du trait de côte au cours de sa progradation (fig. 28). Si le budget est très négatif et si le niveau de la mer s'élève, la plage démaigrit et une véritable dune bordière n'a pas la possibilité de se former. Seul existe un bourrelet surbaissé sur lequel ne poussent que quelques plantes psammophiles annuelles. Il est franchi, lors des tempêtes, par des vagues de débordement et il accompagne le rivage dans son repli. Si le budget sédimentaire est équilibré et si le niveau de la mer est stable, le trait de côte est lui-même stable, tout comme l'est la dune bordière qui est alors large et haute. Si le budget sédimentaire est légèrement négatif et si le niveau

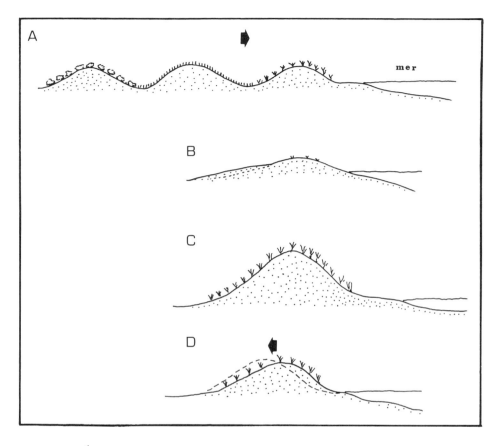

Fig. 28. — *Évolution d'une dune bordière en relation avec le budget sédimentaire d'une plage et le comportement du niveau de la mer.*
A. Budget positif et tendance à la baisse du niveau marin : formation de dunes bordières successives. B. Budget très négatif et tendance à l'élévation du niveau marin : pas de véritable dune bordière. C. Budget sédimentaire équilibré et niveau marin stable ; dune bordière stable et bien développée. D. Budget sédimentaire légèrement négatif et tendance à l'élévation du niveau marin : dune bordière migrante.

de la mer a tendance à s'élever, cas le plus fréquent actuellement dans le monde, le trait de côte recule par à-coups, à l'occasion des grandes tempêtes, et la dune bordière l'accompagne dans son recul.

L'enquête de terrain ainsi que la consultation de documents cartographiques et photographiques permet le plus souvent de formuler un premier diagnostic fiable de la situation. On peut alors déterminer une localisation pour la dune de telle sorte qu'elle se trouve en position d'équilibre dynamique. Cette démarche est importante car si la dune est placée trop près du trait de côte, elle risque d'être détruite par les vagues de tempête. Si elle en est trop éloignée, les apports en sable peuvent être déficients. De fait, la dune doit se trouver à la limite amont des changements annuels ordinaires que connaît la plage et à la limite aval de la végétation psammophile pérenne. On doit aussi essayer de lui donner des dimensions, en particulier une hauteur, aussi proches que possible de celles qu'elle avait à l'état naturel, sous peine de l'exposer à des agressions par le vent. L'examen de photographies aériennes apporte souvent d'utiles renseignements à cet égard. Enfin, pour garder sa mobilité, la dune ne doit pas être trop colonisée par la végétation. Une couverture de l'ordre de 80-90 % paraît être souhaitable. Dans ce domaine le mieux peut être l'ennemi du bien. L'introduction de plantes exotiques est parfois recommandée lorsque les espèces natives ne fixent pas bien le sable. Mais il faut savoir que ces dernières supportent souvent mal la concurrence des nouvelles venues auxquelles elles peuvent céder entièrement la place. Il y a là un risque d'appauvrissement du patrimoine écologique.

L'indispensable collaboration entre praticiens et scientifiques

On le voit, les environnements dunaires sont caractérisés par une dynamique très complexe et lorsque l'on a l'intention d'intervenir dans de tels milieux, il est nécessaire que s'établisse une coopération étroite entre les ingénieurs et les techniciens d'une part, les scientifiques d'autre part. A cet égard, il convient de citer l'exemple de la collaboration qui unit depuis plus de dix ans la Direction régionale d'Aquitaine de l'Office national des forêts avec le Laboratoire de géographie physique appliquée de l'université de Bordeaux III. La dune bordière de la côte des Landes de Gascogne joue un rôle capital pour la protection de la grande forêt de pins contre les agressions de l'océan. Large d'une centaine de mètres, haute d'une dizaine de mètres, elle a été artificiellement exhaussée au XIXᵉ siècle par la mise en place de palissades, par des terrassements manuels et par des plantations d'oyats. Mais cette dune est fragile. Elle exige un entretien permanent car elle est constamment menacée de démantèlement par l'érosion marine sur une côte qui recule rapidement et par l'érosion du vent qui ouvre aisément de profondes caoudeyres, sans parler de la dégradation de son couvert végétal à cause de l'afflux de vacanciers au comportement trop souvent irresponsable. L'équipe de chercheurs de l'université de Bordeaux III, animée par P. Barrère, a proposé aux techniciens de l'Office national des forêts de renouveler les techniques d'intervention sur la dune. On a renoncé à recourir systématiquement aux engins lourds de terrassement qui, pour restaurer le bourrelet éolien déformé par l'érosion, le mettent à blanc, détruisant d'un coup tout le capital floristique et faunistique dont il constitue le substratum. Les actions mécaniques se limitent à des reprofilages de versants trop pentus, à l'écrêtement de bossellements et au colmatage de cavités de déflation. On donne priorité à la stabilisation par la végétation, associée au piégeage du sable par des filets de nylon. La longue expérience et l'habileté des forestiers en matière de fixation des sables s'appliquent aujourd'hui à des actions de rapiècement et les praticiens se transforment en « jardiniers de la dune », respectant ainsi, autant que faire se peut, les processus naturels de son édification. Pour orienter leurs interventions, ils disposent de plusieurs documents que les géographes leur fournissent. Il y a d'abord un atlas des dunes à l'échelle de 1/25 000, appelé à être mis à jour périodiquement, qui, en combinant les caractères de sa morphologie et de sa couverture végétale, donne l'état du cordon dunaire. Il fait apparaître différentes situations de dégradation et permet une programmation d'ensemble des traitements à entreprendre. Des cartes écodynamiques à l'échelle de 1/5 000 sont établies pour les secteurs qui appellent des interventions prioritaires de sauvegarde. Un mémento technique est élaboré. Il fournit aux forestiers le cadre conceptuel, morphodynamique et botanique, dans lequel s'inscrivent leurs actions. Formes topographiques et associations floristiques de la dune littorale font l'objet de fiches thématiques. Des recherches, conduites par F. Pouget, ont porté sur l'utilisation des images à résolution élevée (20 à 10 m) du satellite SPOT pour une cartographie automatique du taux de couverture et de la nature des peuplements végétaux, autant de critères de l'état de la dune dont l'évolution peut être saisie sur toute sa longueur grâce à la répétitivité des images. L'expérience aquitaine en matière de gestion de la dune bordière représente un savoir-faire très élaboré qui mérite de dépasser les frontières de la région où il a été mis au point.

La sauvegarde des dunes bordières est une impérieuse nécessité. De gros efforts ont été faits dans ce domaine sur toutes les côtes de France. De bons résultats ont été obtenus. Cependant, une mauvaise information a pu faire croire que la restauration et la conservation de ces dunes pouvaient arrêter l'érosion des plages. Les grandes tempêtes de l'hiver 1989-1990, qui ont provoqué sur les littoraux meubles du littoral atlantique des reculs parfois spectaculaires, ont montré qu'il n'en était rien, d'où des déceptions. De fait, il n'avait pas été dit assez clairement que, si la destruction des dunes bordières par l'Homme contribue à déclencher ou à aggraver l'érosion, l'existence de dunes en bon état n'empêche pas des plages de perdre de leur substance, dans le cas où ces plages ont une alimentation en sable insuffisante. Comme on l'a vu, les dunes reculent alors avec les plages. Mais cette constatation ne doit pas ralentir les entreprises de protection des bourrelets sableux littoraux.

Les champs de dunes littorales

Lorsque le volume de sable prélevé par le vent sur une plage est important, il peut n'être pas entièrement retenu par la dune bordière. Le sable qui n'est pas arrêté poursuit son chemin et il constitue des dunes libres, avec pas ou peu de végétation, qui s'avancent vers l'intérieur des terres (fig. 29). Ces dunes mobiles, quand elles restent individualisées, présentent souvent une forme en croissant, aux pointes allongées dans le sens du vent, et un profil dissymétrique caractérisé par un versant sous le vent en pente raide. Elles se déplacent de quelques mètres par an. On les appelle des barkhanes. Il arrive qu'elles s'unissent entre elles pour donner des dunes en vagues, hautes dans certains cas de plusieurs dizaines de mètres. Lorsque, en s'éloignant du rivage, la force du vent s'atténue et que les apports en sable diminuent, des

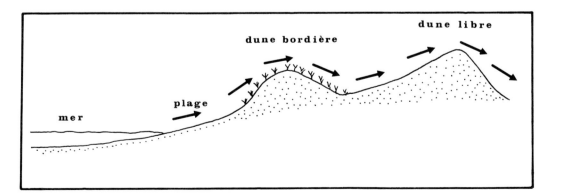

Fig. 29. — *Formation d'une dune littorale libre.*
Tout le sable transporté par le vent depuis la plage ne peut être arrêté par la dune bordière. Il se forme en arrière une dune libre, sans végétation, au profil transversal dissymétrique.

plantes apparaissent par endroits si le climat le permet. Le sable qu'elles fixent reste sur place tandis qu'ailleurs il poursuit sa route. Se forment alors des dunes d'allure parabolique, caractérisées par des bras stabilisés, allongés dans le sens du vent, et un front mobile à pente forte du côté du vent. Des dunes paraboliques jointives font naître des dunes en râteau. Lorsque leur front vient à se rompre, apparaissent des dunes en traînées. Ce sont ces types de dunes qui constituent les grands champs de sable mobile que l'on rencontre particulièrement bien développés sur les côtes des régions tempérées et subtropicales : pays de l'Europe nord-occidentale, Oregon et Californie en Amérique du Nord, Chili central, Namibie en Afrique du Sud, Sud-Est de Madagascar, Australie orientale.

Photo 14. — Le Porge, Aquitaine. Panneau de sensibilisation du public à la fragilité de la végétation des dunes littorales.

Les dunes littorales anciennes

A côté de ces étendues de dunes littorales actives, dont certaines ont pu être artificiellement fixées par l'Homme, on rencontre aussi, souvent dans les mêmes régions, d'anciens champs dunaires entièrement couverts par une végétation naturelle d'herbes, de fourrés ou d'arbustes, sous laquelle des sols se sont formés. Là où le climat est à tendance aride, comme sur les rivages de la Méditerranée, ces dunes anciennes ont pu se lapidifier. On les appelle des éolianites. Dans les régions pluvieuses, surtout lorsque la fraction coquillière du sable est faible, elles sont restées meubles et leurs formes originelles, bien qu'émoussées, sont encore aisément reconnaissables sur les photographies aériennes. Ainsi, sur la côte des Landes, entre 8 000 et 6 000 ans avant le Présent, pendant la période dite Atlantique, alors que la transgression marine postglaciaire approchait de son terme, le vent a mobilisé de gigantesques volumes de sable qui ont formé des dunes paraboliques. Celles-ci se sont avancées jusqu'à une distance de près d'une vingtaine de kilomètres au-delà du rivage actuel, gênant l'écoulement des eaux continentales et créant les étangs qui jalonnent le littoral aquitain. Ces dunes sont aujourd'hui couvertes par une forêt mixte naturelle de feuillus (chênes de diverses espèces) et de conifères (pins maritimes) sous laquelle a évolué un épais sol humifère. Ces « dunes anciennes » étaient complètement fixées depuis longtemps et les minéraux fragiles de leur sable altérés, lorsqu'une nouvelle génération de dunes, celle des « dunes modernes », est apparue, probablement aux alentours des débuts de l'ère chrétienne. Cette reprise de l'activité éolienne fut à l'origine de l'édification de grandes dunes libres, hautes de plusieurs dizaines de mètres, de forme barkhanoïde, réunies en longs cordons d'orientation Nord-Sud, que séparent des couloirs à fond plat appelés *lettes* ou *lèdes*. Ces dunes ne s'avancèrent pas aussi loin que les dunes paraboliques. Elles étaient encore partiellement actives pendant le Moyen Age et les Temps modernes. Ce sont elles qui furent artificiellement fixées au cours du XIXᵉ siècle.

La grande dune du Pilat

La grande dune du Pilat, la plus haute d'Europe, située à l'entrée du bassin d'Arcachon, a conservé des traces de la complexe histoire des envahissements dunaires des Landes de Gascogne pendant l'Holocène. Elle a fait l'objet de nombreuses études dont les plus récentes sont dues à J.M. Froidefond.

La dune du Pilat se présente sous la forme d'une construction parallèle au rivage, longue de 2 500 m et large de 500 m environ. Son volume de sable est estimé à quelque 60 millions de m³. Sur sa crête deux sommets s'individualisent, l'un au Nord qui atteignait 90 m d'altitude, l'autre au Sud qui culminait à 103 m en 1967, mais ces hauteurs sont variables dans le temps car l'édifice sableux est mobile. Son profil transversal est dissymétrique. Le flanc ouest, exposé aux vents dominants, a une pente comprise entre 5° et 20°, tandis que celle du flanc est se situe entre 30° et 40°. Les sables balayés sur le versant marin montent vers le sommet et tombent sur le versant terrestre. Progressivement la dune se déplace, envahissant la forêt de pins. Sa vitesse de migration se situe entre 1 et 5 m par an. Lorsque l'on observe la dune du Pilat depuis la plage, l'œil est attiré par des horizons sombres qui s'intercalent, à des niveaux variables, dans la grande accumulation de sables clairs. Il s'agit de paléosols, c'est-à-dire d'anciens sols, riches en matière organique, qui témoignent de différentes phases dans la construction de la dune (fig. 30).

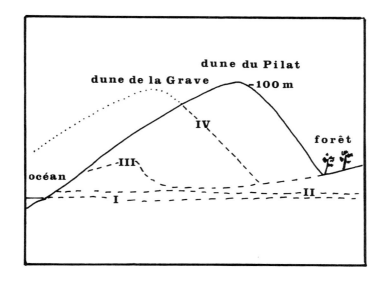

Fig. 30. — *Coupe transversale à travers la grande dune du Pilat*, d'après J.M. Froidefond et Ph. Legigand (1985).
Quatre paléosols (I, II, III, IV) marquent des périodes d'interruption dans l'activité dunaire.

Le paléosol I, dont l'altitude varie de 1 à 2 m au-dessus du niveau moyen de la mer, se situe sur le substrat des ensablements côtiers. Il a été daté d'environ 3 500 ans avant le Présent par la méthode du radiocarbone. Une forêt de pins sylvestres, de chênes, de noisetiers, de bouleaux et d'aulnes couvrait alors des étendues plates sablo-graveleuses. Le rivage se situait à plusieurs kilomètres de là, vers l'Ouest. Le paléosol II, entre 2 et 5 m d'altitude, s'est formé après que des apports de sable peu épais ont recouvert le sol antérieur. Des analyses de pollens montrent que la végétation s'était transformée puisque les arbres dominants étaient alors le pin sylvestre et le pin maritime dont il reste encore quelques souches en place. Des vestiges protohistoriques (un vase de l'âge du bronze moyen, des tessons de céramique du premier âge du fer) y ont été collectés. C'est ensuite que se manifestent de gros apports éoliens, sous la forme de grandes dunes, à partir d'un rivage qui se rapprochait de sa position actuelle, avec un régime de vents favorables à la mobilisation de quantités importantes de sable. Le paléosol III, qui épouse la topographie d'une ancienne dune parabolique entre 20 et 40 m d'altitude, marque un arrêt de l'activité du vent entre le XIVe et le XVIIe siècle. Il correspond à un horizon humifère de quelques dizaines de centimètres d'épaisseur dans lequel on a retrouvé les restes d'un ancien four à résine ainsi que des pièces de monnaie aux effigies d'Henri IV et de Louis XIII. Son développement sera interrompu par l'arrivée dans la région de nouvelles dunes de type barkhanoïde. Il est ainsi recouvert par la dune de la Grave sous plusieurs mètres de sable. Au XIXe siècle, cette dune sera artificiellement fixée par des plantations de pins maritimes qui permettront à un sol de se former. C'est le paléosol IV qui montre de nombreuses souches d'arbres et des débris de pots de résine. Dès avant le début du XXe siècle, le déplacement de la pointe du cap Ferret et du banc d'Arguin, haut-fond sableux littoral, entraîne la migration de la passe du bassin d'Arcachon vers le Sud et une érosion rapide de la côte. Des sables sont ainsi libérés et mis à la disposition des vents d'Ouest qui les font gravir la dune de la Grave. C'est dans ces circonstances que naît l'actuelle dune du Pilat qui atteindra son attitude maximale de 114 m aux alentours de 1905.

Les causes de l'activité dunaire

Des recherches récentes, en particulier celles de K. Pye, permettent de mieux comprendre les raisons de cette alternance de périodes d'activité éolienne intense et de périodes de rémission de l'action du vent au cours des derniers milliers d'années sur les espaces côtiers.

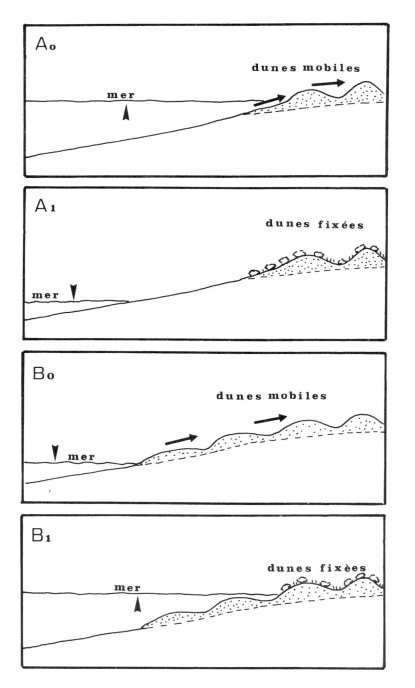

Fig. 31. — *Variations du niveau marin et formation de champs de dunes littorales. Deux modèles.*
A0. Fin d'une transgression marine: remontée du sable à partir de l'avant-côte par les vagues et prise en charge par le vent; formation de champs de dunes mobiles. A1. Baisse du niveau marin: arrêt de l'alimentation en sable; fixation des dunes par la végétation.
B0. Régression marine: émersion de fonds couverts de sable; déflation éolienne; formation de champs de dunes mobiles. B1. Remontée du niveau marin: submersion des fonds sableux; arrêt de la déflation; fixation des dunes par la végétation.

Photo 15. — Sylt, Allemagne. Déstabilisation de dunes anciennes par dégradation, due au piétinement, de leur végétation fixatrice et remise en mouvement du sable par le vent, d'où la formation d'un creux appelé caoudeyre.

L'arrivée de dunes peut être due à une recrudescence des apports de sable à partir de la plage. Mais elle peut aussi s'expliquer par la remise en mouvement du sable, resté meuble, de dunes qui avaient cessé d'être mobiles en se couvrant naturellement de végétation. Dans les deux cas les facteurs en jeu sont divers.

Les variations du niveau de la mer sont à prendre en compte en priorité. La fin de la transgression postglaciaire a vu la mise en place sur beaucoup de côtes du monde d'immenses champs de dunes, considérablement plus vastes que ceux qui sont actifs actuellement. On a déjà cité les « dunes anciennes » du littoral aquitain. Grâce à la datation par le radiocarbone de restes de végétaux ensevelis sous le sable, on sait qu'à la même époque se sont formées de grandes étendues dunaires, aujourd'hui figées, sur la côte occidentale des États-Unis et sur les littoraux du Chili central et de l'Australie orientale. On a vu que la culmination de la transgression postglaciaire correspond en effet à une période d'abondance en sédiments dans le domaine côtier. Lorsque le niveau marin se stabilisa, il y a environ 5 ou 6 000 ans, d'amples plages se formèrent, à partir desquelles la déflation éolienne mobilisa d'énormes volumes de sable qui s'avancèrent, parfois de plusieurs dizaines de kilomètres, à l'intérieur des terres (fig. 31).

Cependant, une régression de la mer peut aussi déclencher une activité dunaire en livrant à l'action du vent des espaces infralittoraux sableux que découvre la baisse du niveau marin. C'est ainsi que s'explique la formation des dunes perchées de Bretagne, couvertes de végétation, localisées à l'arrière de falaises, aujourd'hui sans plage à leur pied pouvant alimenter ces dunes en sable. Elles datent de l'intervalle de temps compris entre l'Age du bronze final et l'époque gallo-romaine, période caractérisée par un retrait de la mer comme le montrent des vestiges archéologiques de cette période actuellement submergés. Une légère baisse du niveau marin au début du Petit Age de glace pourrait rendre compte de poussées sableuses qui, au XVᵉ siècle, recouvrirent des polders sur la côte belge, au Sud de Nieuport.

Même en l'absence de toute variation du niveau de la mer, un accroissement du stock sédimentaire disponible sur l'avant-côte peut être à l'origine d'une reprise de l'activité dunaire car davantage de sable est mis alors à la disposition du vent sur l'estran. D'autre part, l'érosion d'une côte, où les vagues attaquent d'anciennes dunes qui s'étaient stabilisées, provoque à partir des falaises taillées dans le sable une remise en mouvement de celui-ci qui peut alors constituer des langues mobiles. On trouve une illustration de ces faits dans l'évolution récente de la grande dune du Pilat.

Le facteur climatique intervient aussi. Une augmentation de la pluviosité favorise la fixation des dunes par les plantes tandis que sa diminution peut entraîner une déstabilisation de la couverture végétale et, partant, une mise en mouvement du sable. Dans le même ordre d'idées, un accroissement de la force du vent permet une plus grande mobilisation du sable sur une plage alors qu'un affaiblissement a pour conséquence une baisse de sa capacité à le déplacer. P. Barrère attribue à une augmentation de la pluviosité la végétalisation spontanée des « dunes anciennes » du littoral aquitain et la rémission de l'activité dunaire dans cette région pendant plusieurs millénaires.

La destruction par l'Homme de la végétation psammophile a pu être à l'origine de la remise en mouvement de sables par le vent à l'époque historique. Ainsi, il est établi que les envahissements dunaires constatés en Bretagne au XVIIᵉ et XVIIIᵉ siècles ont une origine anthropique, tout comme ceux signalés sur la côte du Chili central après l'arrivée des premiers colons européens.

L'Homme et les espaces dunaires

En effet, les gens ne sont pas restés totalement à l'écart des dunes anciennes qui, depuis longtemps sur notre continent, lui ont fourni du bois et des pâtures, comme les *machairs*, terres d'élevage traditionnel des moutons en Écosse. Mais leur emprise s'est considérablement accentuée au cours de ce siècle pour des usages divers : exploitation du sable, aménagement de champs de manœuvres militaires, création de réserves de chasse, développement de villes, extension de zones industrielles, équipement pour le camping et le caravaning, implantation de circuits pour les voitures tout terrain et le motocross. Ces utilisations, en particulier celles liées aux activités de loisirs qui généralisent le piétinement et le roulage, ont eu souvent pour conséquence une dégradation avancée de la végétation naturelle, donc une remise en mouvement du sable par le vent.

Aujourd'hui, on s'emploie à protéger ces terrains dunaires anciens, naturellement stabilisés mais fragiles, car ils constituent des espaces de récréation de qualité. En France, nombreuses sont les propriétés du Conservatoire de l'espace littoral et des rivages lacustres qui correspondent à des champs de dunes anciennes. Elles restent ouvertes au public, mais la circulation des véhicules et le camping y sont interdits. Pour éviter un piétinement inconsidéré, des sentiers sont aménagés et équipés de caillebotis. Là où la dégradation est avancée, des mises en défens strictes sont décidées. Des plantations aident à la stabilisation du sable et à la cicatrisation des caoudeyres. De telles entreprises de sauvegarde ne peuvent réussir qu'avec la collaboration des usagers qui ne doivent pas se sentir brimés par les restrictions apportées à leurs mouvements. En Bretagne, où les associations de défense de la nature sont actives, des résultats encourageants ont été obtenus. Dans d'autres régions, des progrès sont encore à faire.

ORIENTATION BIBLIOGRAPHIQUE

BAKER (W.M.), JUNGERIUS (P.D.) et KLIJN (J.A.), Dunes of the European Coasts, *Catena*, 1990, suppl. 18, 227 p.

CARTER (R.W.G.), CURTIS (T.G.F.) et SHEEHY-SKEFFINGTON (M.J.), *Coastal dunes, geomorphology, ecology, and management for conservation*, Balkema Rotderdam, 1992, 533 p.

FROIDEFOND (J.M.) et LEGIGAND (Ph.), La Grande Dune du Pilat et la progression des dunes sur le littoral aquitain, *Bull. Inst. Géol. Bassin Aquitaine*, 1985, 38, 69-79.

HALLÉGOUËT (B.), BODÉRÉ (J.Cl.) et PIRIOU (N.), La gestion des dunes littorales dans le département du Finistère, *Norois*, 1986, 132, 517-535.

MEULEN (F. van der), JUNGERIUS (P.D.) et VISSER (J.), *Perspectives in coastal dune management*, SPB Academic Publishing, La Haye, 1989, 334 p.

NORDSTROM (K.F.), PSUTY (N.) et CARTER (B.), *Coastal dunes, form and process,*. Wiley, Chichester, 1990, 392 p.

PASKOFF (R.), Les dunes du littoral, *La Recherche*, 1989, 212, 888-895.

PSUTY (N.P.), Dune-beach interaction, *Journal of Coastal Research*, 1988, n° spécial 3, 136 p.

PYE (K.), Coastal dunes, *Progress in Physical Geography*, 1983, 7, 531-557.

RANWELL (D.S.) et BOAR (R.), *Coastal dune management guide*, Natural Environment Research Council, Huntingdon, 1986, 104 p.

Chapitre 5

LES VASIÈRES LITTORALES :
LA PEAU DE CHAGRIN

Les vasières littorales auxquelles on donne aussi le nom de marais maritimes constituent des étendues basses, faiblement inclinées vers la mer, qui se forment dans les parties des côtes protégées de l'action des vagues — fonds de baies abritées, bords d'estuaires, rives de lagunes —, là où sont abondantes les particules minérales en suspension dans les eaux côtières. Le va-et-vient de la marée joue un rôle capital dans la sédimentation fine dont elles sont le siège.

A l'état naturel, un marais maritime comprend deux parties très contrastées, parfois séparées par une rupture de pente d'une dénivellation de quelques dizaines de centimètres, que l'on appelle généralement la slikke et le schorre, termes empruntés au néerlandais. La slikke s'identifie à la vasière molle et nue qui est immergée à chaque marée quelle que soit son amplitude. Elle occupe donc l'étage intertidal inférieur. Le schorre, sillonné de chenaux, porte une végétation dense et il n'est inondé qu'au moment des marées de vives-eaux. Dans la baie du Mont-Saint-Michel on parlerait pour la première de tanguaie et pour le second d'herbu. En effet, dans les régions extratropicales, ce sont des plantes herbacées qui couvrent l'étage supérieur des vasières tandis que dans la zone chaude des arbres arrivent à pousser dans la vase.

Par la mise en place d'endiguements quand on a cherché à gagner des terres agricoles ou par simple remblayage lorsque l'on a voulu étendre des espaces urbains ou industriels, les marais maritimes ont été les victimes d'amputations et de détériorations sur toutes les côtes où les groupes humains sont nombreux. Or, on réalise aujourd'hui que ces terres humides, longtemps considérées comme répulsives parce que souvent infestées de moustiques, représentent dans leur état naturel des écosystèmes d'une exceptionnelle richesse biologique et d'une haute qualité environnementale. De fait, leur production primaire est élevée. Elles servent de nurseries et d'habitat à de nombreux mollusques, crustacés et poissons. Elles abritent une avifaune abondante et elles assurent des escales indispensables sur les routes des oiseaux migrateurs. Elles contribuent à l'oxygénation, à l'épuration et à l'enrichissement en nutriments

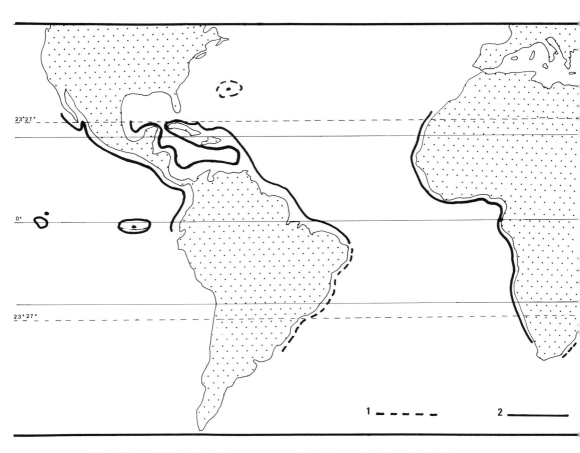

Fig. 32. — *Répartition des mangroves dans le monde,* d'après S. Diop
(1990). 1. Moins de cinq espèces d'arbres. 2. De cinq à vingt espèces
d'arbres. 3. Plus de vingt espèces d'arbres.

des eaux côtières déplacées par les mouvements de la marée. Enfin, elles
constituent un fait de nature de grande valeur paysagère et récréative.

La dénaturation et la dégradation des marais littoraux font peser une
menace grave sur le maintien de la biodiversité des rivages marins.

Des forêts littorales : les mangroves

Sous les latitudes tropicales et subtropicales, les vasières peuvent être
colonisées par une forêt (fig. 32). C'est la mangrove, constituée d'arbres

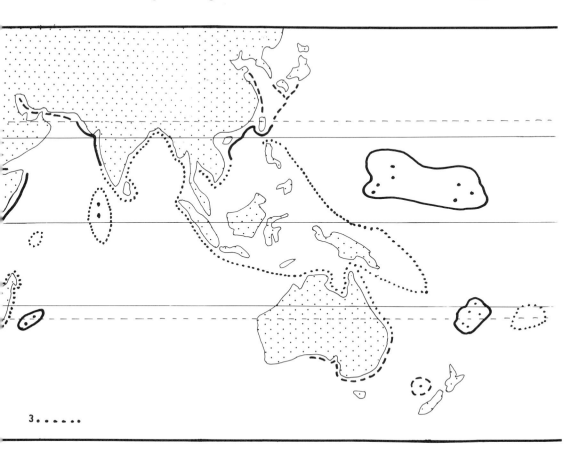

3. • • • • • •

originaux, appelés mangliers ou palétuviers, qui exige pour son développement des eaux chaudes. Elle est donc exclue des littoraux des façades occidentales des continents de la zone intertropicale le long desquels se manifestent des remontées d'eaux froides profondes du type *upwelling*. Mais, sur certains rivages des deux hémisphères, elle peut s'avancer au-delà des tropiques puisqu'on la rencontre dans l'archipel des Bermudes, dans le golfe d'Akaba en mer Rouge, dans le Sud du Japon, sur la côte du Natal en Afrique du Sud et sur celle de l'État de Santa Catarina au Brésil. En Australie, la présence d'une mangrove d'*Avicennia marina* à Westenport Bay, près de Melbourne, par 38° 55' de latitude sud, là où la température de l'eau varie entre 17 °C en été et 14 °C en hiver ne manque pas d'étonner. C'est comme si des palétuviers poussaient dans les environs de Lisbonne ou à Formentera, l'une des îles de l'archipel des Baléares !

On estime que la mangrove couvre une surface de quelque 100 000 km² dans le monde. Même si elle peut croître sur un substrat sableux, voire rocheux, son domaine de prédilection est la vase. En particulier, elle s'étend largement sur les grands deltas de l'Asie des Moussons, comme dans les Sundarbans ou bouches du Gange, l'habitat du tigre du Bengale. Les palétuviers se situent dans l'espace correspondant au balancement de la marée. L'apport d'eau douce par des pluies ou des rivières n'est pas indispensable à leur développement, comme le montre leur existence sur des rivages arides, tels ceux du golfe arabo-persique. Mais ici la mangrove est chétive, faite d'arbustes qui contrastent avec les beaux arbres de celle, luxuriante, des côtes de Malaisie, par exemple, où des précipitations abondantes diminuent la salure des eaux littorales, tout comme le font des cours d'eau qui fournissent aussi des nutriments d'origine continentale.

Il n'existe qu'une soixantaine d'espèces de palétuviers dans le monde. Elles sont plus nombreuses dans les mangroves des rivages de l'océan Indien et l'océan Pacifique occidental que dans celles qui bordent les côtes de l'Afrique de l'Ouest et des deux Amériques. Les palétuviers sont confrontés à des conditions de vie difficiles. Le substrat vaseux sur lequel ils poussent est mou, salé et submergé deux ou une fois par jour selon le rythme local de la marée. Même à marée basse, il est saturé d'eau et privé d'oxygène. Les arbres doivent pouvoir résister aux mouvements de l'eau pendant le flux et le reflux. Aussi montrent-ils des formes anatomiques et physiologiques curieuses d'adaptation à un milieu de vie peu favorable. Leur première originalité tient à leur appareil respiratoire racinaire qui leur assure aussi un ancrage efficace. Le genre *Rhizophora* développe des racines aériennes à aspect d'échasses en arceaux. *Bruguiera* présente aussi des racines aériennes, mais plus ramassées à la base du tronc. Celle-ci, dans le genre *Ceriops*, est élargie par des contreforts. *Avicennia* et *Sonneriata* montrent des racines souterraines traçantes à partir desquelles pointent au-dessus de la vase des excroissances verticales, d'allure stalagmitique. Ce sont les pneumatophores, appendices respiratoires, qui peuvent atteindre plusieurs dizaines de centimètres de haut. Les palétuviers sont des arbres armés pour supporter de fortes salinités. Leur pression osmotique est élevée. *Rhizophora* possède un mécanisme de filtrage dans son système racinaire qui empêche le passage du sel. Celui-ci pénètre dans *Avicennia*, mais il est éliminé par excrétion et cristallise à la surface des feuilles. Enfin, de nombreux arbres de la mangrove, en particulier les Rhizophoracées, sont caractérisés par un mode de reproduction vivipare qui témoigne d'une adaptation à un milieu amphibie. Il se manifeste par l'apparition

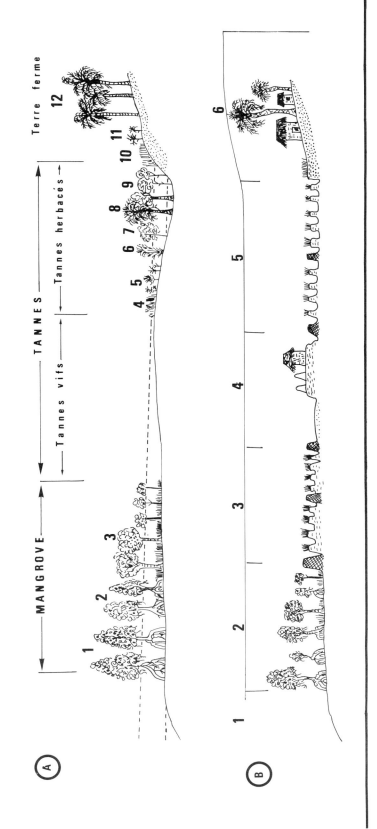

Fig. 33. — *Zonation naturelle (A) et aménagement traditionnel (B) des mangroves dans l'Afrique de l'Ouest (exemple guinéen), d'après* J.N. Salomon (1987).

A.1. *Rhizophora racemosa.* 2. *Rhizophora mangle.* 3. *Avicennia africana.* 4. *Heleocharia mutata.* 5. *Xyris anceps.* 6. *Bacopa erecta.* 7. *Cyperus hapan.* 8. *Scirpus maritimus.* 9. *Phoenix reclinat.* 10. *Raphia gracilis.* 11. *Imperata cylindrica.* 12. *Eleis guineensis.*

B.1. Pêche et ramassage de coquillages. 2. Exploitation forestière (bois de feu et d'œuvre) et collecte des huîtres. 3. Riziculture pionnière. 4. Exploitation du sel. 5. Riziculture ancienne. 6. Village, vergers et cultures sèches.

de plantules à partir de fruits encore accrochés à l'arbre. Les plantules finissent par tomber et arrivent à se ficher dans la vase à marée basse, certaines étant cependant entraînées par le reflux vers la haute mer. Chez *Avicennia,* des fruits, en forme de capsules qui ont la possibilité de flotter, libèrent des embryons à radicelles suffisamment développées pour qu'ils puissent s'enraciner rapidement.

La marée joue un rôle capital dans la vie de la mangrove qui, à la différence des forêts continentales, constitue un système ouvert. Sous les palétuviers il n'y a pas cette accumulation de feuilles, de brindilles et de branches qui se décompose sur place sous l'action de micro-organismes et que l'on appelle la litière. Le reflux peut emporter jusqu'à plus de la moitié de la matière végétale produite qui va enrichir les eaux côtières voisines. Inversement, le flux introduit dans la mangrove des nutriments allogènes, soit dissous, soit fixés à la charge solide en suspension. Le mouvement de va-et-vient des eaux marines assure aussi un apport en oxygène et l'évacuation du gaz carbonique. C'est également la marée qui explique un caractère important des mangroves : leur zonation floristique. Celle-ci dépend de la salinité du milieu qui est contrôlée par la fréquence, la durée et l'importance de la submersion. D'une façon générale, la salinité augmente de la mer vers la terre. En effet, la zone externe des mangroves subit une immersion prolongée, biquotidienne ou quotidienne, sous une épaisse tranche d'eau qui réduit le phénomène de l'évaporation et maintient un taux de salinité qui au plus ne dépasse guère celui de la mer. Par opposition, la zone interne est moins fréquemment visitée par la marée, l'évaporation y est intense et la concentration en sel forte. C'est ce gradient de salinité qui explique en grande partie la succession séquentielle de peuplements végétaux parallèlement au rivage qui caractérise les mangroves. Ainsi, en Afrique de l'Ouest (fig. 33), ce sont des *Rhizophora* qui occupent le front de mer tandis que des *Avicennia,* un genre capable de supporter de plus fortes teneurs en sel, se situent en seconde ligne. Plus en arrière, les palétuviers, et même toute forme de végétation, disparaissent sur les tannes. Ce terme d'origine ouolof désigne des espaces nus, inondés seulement lors des marées de vives-eaux et soumis à une très forte évaporation pendant la saison sèche. Des efflorescences salines témoignent de la sursalure de ces tannes. C'est une zonation différente que l'on peut voir dans la mangrove de Cairns, dans l'État du Queensland, en Australie, puisque ici *Avicennia* précède *Rhizophora*. Le touriste peut d'ailleurs se promener à son aise dans cette forêt de palétuviers : près de l'aéroport de la ville, on a eu l'heureuse idée d'y ouvrir en 1988, à l'occasion de la commémoration du bicentenaire de l'arrivée en Australie des premiers Européens, un itinéraire de découverte sur un caillebotis surélevé. Les principales espèces végétales sont identifiées et des panneaux illustrent les caractéristiques de l'écosystème original de la mangrove.

Photo 16. — Cananeia, Sao Polo, Brésil. Mangrove à *Rhizophora* à marée basse.

Les mangroves : un riche écosystème

Les mangroves ont longtemps traîné la triste réputation d'un monde impénétrable, malsain et hostile à cause de ses vases gluantes, de l'enchevêtrement des racines aériennes de ses palétuviers, de son atmosphère moite, infestée de moustiques, parfois redoutables comme dans le cas des anophèles qui transmettent le paludisme, et des glossines qui sont les vecteurs de la trypanosomiase. Elles sont aussi hantées par des animaux dangereux pour l'Homme, tels les crocodiles et les serpents venimeux. Mais aujourd'hui la perception de ces écosystèmes a changé. En effet, ils constituent une biomasse considérable et leur productivité primaire est élevée (6 à 10 t/ha/an en poids sec). Ils conditionnent aussi les ressources halieutiques des parages avoisinants car ils jouent un rôle très important dans la chaîne trophique. Au cours des vingt dernières années les études scientifiques sur les mangroves se sont multipliées. Leurs résultats sont exposés et discutés à l'occasion de réunions internationales périodiques, inaugurées en 1974 lorsque s'est tenu, à Hawaii, le premier Symposium international sur l'écologie et l'aménagement des mangroves. L'*ISME* (*International Society for Mangrove Ecosystems*) prépare actuellement une Charte sur les mangroves qui devrait être soumise à une assemblée

générale de l'Organisation des Nations unies en vue de son adoption qui
prolongerait celle, proclamée solennellement le 28 octobre 1982, de la
Charte mondiale de la nature.

Certains auteurs ont mis en doute l'intervention active de la mangrove dans la sédimentation vaseuse qu'elle suivrait mais qu'elle ne provoquerait pas. Sans vouloir généraliser abusivement leurs conclusions,
de nombreuses études ont mis en évidence le rôle des racines de palétuviers dans le freinage de l'agitation de l'eau de mer, ce qui favorise le
dépôt des sédiments en suspension et gêne leur remise en mouvement.
Les recherches d'E.C.F. Bird sur les mangroves d'Australie ont fait clairement apparaître que les pneumatophores des *Avicennia* contribuaient
efficacement à la fixation et à la stabilisation des particules fines apportées par la marée et par les crues fluviales. Mais il est aussi vrai que les
contreforts de *Ceriops* peuvent avoir un effet contraire en accroissant la
turbulence de l'eau, ce qui entraîne des érosions. Les arbres interviennent également dans la sédimentation en incorporant de la matière
organique au substrat. Celui-ci, en s'exhaussant progressivement,
engendre une décrépitude de la mangrove parce qu'elle est de moins
en moins visitée par la marée. A terme, elle finira par disparaître et laisser la place à un tanne.

Il convient aussi de rappeler le rôle morphologique des fronts marins
de la mangrove qui se comportent comme des atténuateurs naturels de
houle. L'érosion des vagues est ainsi freinée sur les rivages bordés de palétuviers qui contribuent également à diminuer les effets dévastateurs liés
aux vents violents accompagnant les cyclones. Les destructions opérées
par l'Homme dans les mangroves du Bangladesh ont sans doute accru les
dommages occasionnés par les ondes de tempête qui fréquemment
s'abattent sur cet infortuné pays.

Dans les mangroves, la vie animale, en particulier aquatique, est
sinon variée du moins abondante. Elles servent de frayères à de nombreux poissons. Beaucoup de ceux qui y vivent appartiennent à des
espèces appréciées dans l'alimentation humaine. Certains d'entre eux
présentent de curieuses adaptations aux contraintes du milieu. En Asie,
J.M. Lebigre signale que *Taxodes Jaculator* chasse les insectes posés sur les
feuilles des palétuviers en lançant un court mais puissant jet d'eau qui
les font tomber. *Periophtalmus* est capable de se déplacer à grande vitesse
à la surface de la vase émergée grâce à de fortes nageoires pectorales
munies d'écailles tandis que ses nageoires pelviennes forment une ven-
touse qui lui permet de s'accrocher aux racines des palétuviers sans glisser. Il pose l'intéressant problème du passage de la vie aquatique à la vie
terrestre pour lequel le milieu amphibie de la mangrove constitue un
terrain d'étude idéal. Crustacés et mollusques pullulent également. La
vase est peuplée de nombreux crabes, taxonomiquement très divers. Ils
y creusent des terriers qui atteignent, même par basse mer, la nappe

d'eau interstitielle. Ces animaux fouisseurs perturbent profondément la stratification laminaire du substrat et contribuent à son aération. Quant aux huîtres, elles forment souvent de gros amas sur les racines-échasses des *Rhizophora*.

Enfin, il convient de rappeler ici, car ce n'est pas là le moindre de leur intérêt, que les forêts de palétuviers exportent vers les eaux côtières voisines, grâce au reflux de la marée, de la matière organique dégradable qui constitue le point de départ d'une chaîne alimentaire aboutissant à l'enrichissement en ressources halieutiques de milieux extérieurs aux mangroves.

Les agressions naturelles contre les mangroves

Des mangroves peuvent connaître des évolutions régressives sans que des actions anthropiques en soient responsables. Sur les côtes de la Guinée, caractérisées par un grand développement du domaine intertidal, les forêts de palétuviers s'étendent sur le front de mer des plaines alluviales, mais aussi sur le bord des estuaires par lesquels se terminent les principales rivières. Ainsi, dans la plaine de Koba, la mangrove littorale a connu entre 1953 et 1966 une grande extension, suivie entre 1960 et 1988 d'un recul considérable, parfois à une vitesse supérieure à 100 m par an. L'évolution a été exactement opposée pour la mangrove des rives des estuaires voisins, par exemple celui de la rivière Konkouré : récession pendant la première période, progression pendant la seconde. O. Rue attribue ce comportement morpho-sédimentaire opposé à des variations dans le total des précipitations et dans la vitesse des vents. Entre 1953 et 1966, les précipitations ont été excédentaires par rapport à la moyenne et la fréquence des vents supérieurs à 10 m/s a baissé. Les débits plus forts des fleuves côtiers ont engendré des érosions sur les berges des estuaires, déchaussant la mangrove. La vase ainsi remise en mouvement a été expulsée hors des embouchures. Elle s'est ensuite déposée en front de mer à la faveur d'une diminution de l'énergie de la houle liée à l'affaiblissement des vents, ce qui a favorisé l'expansion des palétuviers. Entre 1960 et 1988, la diminution des précipitations et l'accroissement de la force des vents a inversé la tendance évolutive : érosion de la mangrove littorale et transfert de la vase par la marée dans les estuaires où les débits fluviaux avaient baissé et recolonisation de leurs berges par les palétuviers. D'une façon générale, les mangroves de l'Afrique de l'Ouest, plus encore celles du Sénégal et de Guinée-Bissau que celles de Guinée, ont souffert du déficit pluviométrique marqué qui a caractérisé la période 1968-1986. La fourniture au domaine côtier de particules minérales et organiques fines d'origine continentale a été réduite, freinant l'alimentation des vasières en sédiments et en nutriments tandis que les phénomènes de salinisation étaient renforcés. S. Diop a noté une corrélation positive entre, d'une part la contraction de la surface des vasières à mangroves et l'augmentation concomitante des superficies de tannes en Casamance, deux phénomènes clairement mis en évidence par l'étude diachronique d'images de satellites, et d'autre part l'expansion du domaine climatique sahélien vers le Sud pendant ces longues années de sécheresse accentuée.

La côte de la Guyane française est bordée par le *siriubal*, nom local d'une mangrove pratiquement dominée par une seule espèce, *Avicennia germinans*, le manglier noir. On a remarqué depuis longtemps qu'un même secteur pouvait connaître alternativement des périodes d'envasement spectaculaire, à des vitesses de l'ordre de 100 à 200 m par an, accompagné d'une progression rapide de la mangrove, et des phases de dévasement non moins impressionnant, entraînant la destruction à grande échelle de la forêt de palétuviers. Des travaux, en particulier ceux de M.T. Prost, à partir d'observations de terrain complétées par l'analyse d'images de satellites, ont montré que le littoral de la Guyane est longé par un train de bancs de vase, d'origine amazonienne, qui représentent au total, en prenant également en compte les particules fines en suspension dans les eaux côtières, un transit de quelque 250 millions de m^3 de sédiments par an. Ces bancs que colonisent les palétuviers sont au nombre de six. Ils migrent vers le Nord-Ouest, entraînés par le courant des Guyanes, à une vitesse moyenne de 900 m par an. Ils ont 20 à 40 km de long et une épaisseur d'environ 5 m. Ils sont séparés les uns des autres par des secteurs en état d'érosion où le recul du trait de côte peut dépasser 300 m par an. Au total, récession et progradation paraissent se compenser et, au-delà des spectaculaires variations spatio-temporelles de la mangrove, le littoral de la Guyane française apparaît stable dans son ensemble. F. Blasco a émis l'hypothèse que les dévasements pourraient être aidés par un phénomène d'autodestruction de la mangrove. Une fois un banc colonisé par *Avicennia*, les pneumatophores de ces arbres, qui se comptent par centaines au mètre carré, accéléreraient la sédimentation au point que l'exhaussement trop rapide du substrat conduirait à l'asphyxie et à la mort des arbres par recouvrement de leurs organes respiratoires dont la croissance verticale se fait moins vite que l'accrétion. Comme il n'existe pas ici une autre espèce de palétuvier capable de prendre le relais d'*Avicennia*, la voie est ouverte à l'érosion de la vase et à sa remise en mouvement par les vagues qui déferlent sur le rivage..

Le démantèlement des mangroves par l'Homme

La destruction systématique des mangroves à travers le monde, tout spécialement en Asie du Sud-Est, ne représente qu'un cas particulier des graves menaces que des défrichements inconsidérés font peser sur l'existence des forêts tropicales. Mais elle est moins connue du grand public que la ruine de la forêt amazonienne, par exemple, qui bénéficie d'une forte médiatisation, même si celle-ci contribue à véhiculer des idées fausses, tel le prétendu rôle de cette forêt comme poumon de la planète. Il reste que les mangroves auraient, elles aussi, bien besoin d'une campagne de sensibilisation au sort funeste qui leur est réservé, semblable à celle qui est menée en faveur de la grande forêt brésilienne par la chanteur anglais Sting qu'accompagne le chef indien Raoni ! Aux Philippines, la forêt de palétuviers qui s'étendait sur 450 000 ha en 1920 ne couvre plus aujourd'hui que 120 000 ha. En Thaïlande, sa superficie est passée de 290 000 ha en 1979 à 196 000 ha en 1986. Cette réduction dramatique traduit une situation alarmante.

Pourtant des groupes humains ont vécu pendant des siècles dans des mangroves, en exploitant leurs ressources, mais en sachant respecter leur milieu particulier pour mieux en tirer parti, tout comme la traditionnelle agriculture itinérante sur brûlis, accompagnée d'une jachère à longue révolution, permettait la régénération naturelle des forêts tropicales continentales. Dans les mangroves des « Rivières du Sud » qui sur la côte de l'Afrique de l'Ouest s'étendent du Sénégal à la Sierra Leone, habitent depuis des générations des populations (Diola de Casamance et de Gambie, Balante de Guinée-Bissau, Baga de Guinée) qui, refoulées par des tribus guerrières de l'intérieur des terres, y ont trouvé refuge. Par une singulière ingéniosité, doublée d'une surprenante capacité d'adaptation à un environnement ingrat, elles sont arrivées à trouver un étonnant équilibre entre les ressources du milieu et leurs besoins vitaux, sans doute après un long apprentissage fait d'observations et de tâtonnements dont la mémoire collective a su habilement tirer profit. J.N. Salomon a bien décrit leur genre de vie original fondé à la fois sur l'utilisation de la mer pour la pêche et de la mangrove pour des aménagements rizicoles et salicoles (fig. 33).

On constate d'abord que toute la mangrove n'est pas occupée. Une large frange de palétuviers est maintenue. Elle sert d'écran protecteur contre les agressions de la mer, mais aussi d'espace pour l'exploitation de ces arbres. En effet, ceux-ci fournissent un excellent combustible et un non moins remarquable bois d'œuvre car sa richesse en matière tannante le rend presque imputrescible et inattaquable par les termites. Des rotations suffisamment longues permettent la régénération des arbres. Les racines aériennes de *Rhizophora* constituent de véritables bouchots naturels où l'on ramasse des huîtres. Quant à la pêche, avec des filets ou des pièges, elle se fait dans les rivières et dans les chenaux de marée qui traversent la mangrove. En avant d'elle, dans les vasières nues, le *poto poto* où l'on s'enfonce en marchant, on collecte des crevettes et des crabes par mer basse.

L'aménagement de polders rizicoles au détriment de la forêt de palétuviers constitue une œuvre pionnière qui exige des techniques éprouvées, mais aussi un travail considérable étalé sur plusieurs années. Défrichement, endiguement, dessalement, drainage, irrigation relèvent à l'évidence d'un grand savoir-faire. Un des problèmes posés par la mise en culture des vases de mangrove est que leur assèchement entraîne souvent une forte acidification (pH < 4), en particulier là où poussaient des *Rhizophora*. En effet, les sulfates de l'eau de mer, en milieu anaérobie et riche en matière organique, subissent une action bactérienne conduisant par réduction, quand le milieu contient du fer, à la formation de pyrite. Celle-ci, soumise à un phénomène d'oxydation, engendre alors des sols sulfatés acides. La culture du riz par inondation ralentit ce processus d'acidification.

Le sel représente une autre ressource fournie par la mangrove. Son exploitation demande moins d'efforts que la riziculture car les tannes vifs constituent de véritables salins naturels. Lorsque la saison sèche est suffisamment marquée, on aménage des casiers dans lesquels le sel se concentre par évaporation. Là où elle est trop courte, on gratte la surface pour récolter des efflorescences qui sont dissoutes dans de l'eau. On fait ensuite évaporer les solutions par ébullition. De telles pratiques modifient les tannes dans leur topographie et aussi dans leur emprise qui s'étend au détriment des palétuviers, comme l'a montré G. Paradis. Quant aux cocoteraies, aux cultures sèches et aux villages, on les trouve en arrière des tannes herbacés, eux-mêmes étant souvent transformés en rizières.

Aujourd'hui, les mangroves font l'objet sur tous les continents, à l'exception de l'Australie, d'une exploitation inconsidérée qui les menace à terme d'anéantissement. L'explosion démographique dans beaucoup de pays tropicaux, l'introduction de l'économie de marché dans des sociétés qui vivaient jusque-là en régime d'autosubsistance, l'urbanisation galopante qui caractérise les pays du tiers-monde, la diffusion de machines performantes pour l'abattage des arbres font que les mangroves partagent largement le triste sort des forêts de la zone chaude et humide, victimes d'une surexploitation effrénée. Ainsi, les palétuviers sont détruits dans le cadre de grands chantiers pour fournir, soit du combustible sous la forme de bois de feu ou de charbon de bois aux habitants des villes, soit du bois d'œuvre ou de la pâte à papier pour l'industrie. De la sorte disparaissent à vue d'œil les mangroves de Sumatra, en Indonésie. En Asie du Sud-Est, l'espace libéré est transformé en rizières et de plus en plus en étangs d'aquaculture, souvent consacrés aux Philippines à l'élevage des crevettes. Des quartiers urbains, comme à Bombay, s'étendent démesurément au détriment des vasières. A la Martinique, autour de Fort-de-France, la mangrove a souffert aussi de l'expansion de la ville, de l'aménagement de l'aéroport, de l'implantation de décharges sauvages. Elle est également la victime de la pollution des eaux littorales par des déchets industriels, provenant de sucreries et de distilleries, déversés dans les cours d'eau et apportés jusqu'à la mer. Sur la côte occidentale de la Thaïlande, l'exploitation minière de l'étain par dragages accroît la turbidité et provoque un excès de sédimentation qui asphyxie les palétuviers.

A ces agressions directes, il convient d'ajouter les effets nocifs induits par des aménagements dans les bassins-versants des fleuves qui aboutissent à des côtes colonisées par des mangroves. En particulier, les barrages, en diminuant la quantité d'eau apportée à la mer, modifient les conditions naturelles de la salinité, d'où des dépérissements de boisements de palétuviers, comme on peut le constater dans le delta de l'Indus, au Pakistan. Une baisse dans les arrivées de nutriments d'origine continentale explique sans doute aussi cette tendance régressive. Mais, c'est surtout en réduisant la charge alluviale à l'embouchure des cours d'eau que les barrages ont un impact adverse. Il suffit pour s'en convaincre de voir ce qui se passe actuellement sur le front du delta du Mississippi où des palétuviers déchaussés témoignent d'un recul rapide du trait de côte. Inversement, lorsque des phénomènes d'érosion de sols déclenchés par une extension des défrichements augmentent les apports de particules fines sur un rivage tropical, la mangrove s'étend, comme on le constate de nos jours à Mayotte, dans l'archipel des Comores.

Les mangroves se rencontrent pour l'essentiel dans des pays en voie de développement où elles sont les victimes à la fois d'une conjoncture socio-économique défavorable à leur conservation et d'une absence de gestion au niveau politique, carence due à un manque de crédits, de compétences et aussi d'intérêt pour les faits de nature. Cependant, parce que l'on commence à prendre conscience de leur rôle dans le maintien des activités de pêche dans les estuaires et les deltas des régions chaudes et humides, on constate que des efforts de protection sont faits. Des parcs nationaux et des réserves ont été créés dans plusieurs pays tropicaux. Ainsi, au Bangladesh, le *Sunderbans Wild Life Sanctuary* couvre plus de 30 000 ha ; en Malaisie, le *Klais National Park* de Sabah s'étend sur près de 40 000 ha. A Pagbilo, à Luçon, aux Philippines, existe un centre de recherche sur les mangroves. Il reste encore à établir pour elles, comme on l'a fait pour les forêts tempérées, les principes d'une sylviculture permettant l'exploitation des arbres tout en respectant leur capacité de régénération naturelle. Il conviendrait aussi de connaître la surface de mangrove à conserver intacte par rapport à celle pouvant être détruite à des fins agricoles ou aquacoles pour que la productivité de l'écosystème ne soit pas affectée par cette amputation. En attendant, on est en droit d'être pessimiste sur l'avenir immédiat des forêts de palétuviers tant leur démantèlement progresse vite.

Les marais du delta du Mississippi menacés de disparition

Comme toutes les plaines deltaïques, espaces conquis sur la mer par les atterrissements d'un fleuve à son embouchure, celle du Mississippi (environ 30 000 km²) est caractérisée par une grande extension des vasières. Celles-ci portent une végétation dense de plantes aquatiques — des spartines, des phragmites, des scirpes — car elles sont souvent inondées par des eaux salées, saumâtres ou douces, au gré des marées, des ondes de tempête engendrées par les hurricanes du golfe du Mexique ou des inondations liées aux crues du fleuve. Ces marais, qui sont le siège d'une sédimentation à la fois minérale et organique, occupent des parties déprimées de la topographie entre les différents bras, légèrement surélevés, que le Mississippi a successivement occupés puis abandonnés, à la suite de défluviations provoquées par ses débordements.

Les terres humides de la plaine deltaïque du Mississippi représentent environ 41 % de la superficie que ce type d'environnement occupe aux États-Unis. Pour l'État de la Louisiane, elles constituent un capital naturel de première importance par leurs ressources biologiques renouvelables, en particulier celles liées à la faune. 30 % de la production de tout le pays en poissons, mollusques et crustacés, 40 % de celle des fourrures en proviennent. Elles ont permis le développement à grande échelle d'activités de récréation fondées sur la navigation de plaisance, la pêche, la chasse. Elles jouent aussi un rôle protecteur pour la grande ville de la Nouvelle-Orléans en amortissant par leur position de première ligne les effets destructeurs des cyclones.

De nos jours les marais de la Louisiane rétrécissent à vue d'œil (fig. 34). Comme ailleurs dans le monde, ils paient un lourd tribut à l'urbanisation, à l'industrialisation, au développement des infrastructures routières, toutes grandes consommatrices d'espace. Mais il s'ajoute ici une rapide disparition par submersion. Elle a commencé à se manifester au début de ce siècle et elle a pris une allure exponentielle à partir des années soixante. Dans la plaine deltaïque, en moyenne 17 km² de terres humides étaient ainsi perdus en 1913, 31 km² en 1946, 73 km² en 1967 et 103 km² en 1980. On a calculé qu'au rythme actuel de sa submersion le territoire de la paroisse de Plaquemines (1 850 km²) disparaîtra en 50 ans et celui de la paroisse de Terrebonne (2 830 km²) en 100 ans.

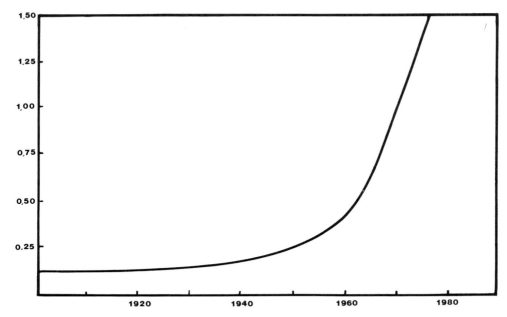

Fig. 34. — *Accélération de la réduction de la surface occupée par les marais dans la plaine deltaïque du Mississippi*, d'après C.E. Sasser *et al.* (1985).
En ordonnée, pourcentage des pertes annuelles par rapport à la surface totale des marais.

Sans doute est-il normal que, dans une construction deltaïque, l'énorme épaisseur de sédiments qui s'y accumulent avec le temps — 19 000 m dans le cas du Mississippi depuis la fin de l'Oligocène, c'est-à-dire depuis un peu plus de 23 millions d'années — provoque une subsidence. On comprend alors que les secteurs abandonnés par le fleuve à l'occasion de ses changements de cours aient tendance à être réoccupés par la mer puisqu'ils ne reçoivent plus les matériaux solides que leur apportaient les inondations. Mais la surface qui disparaît ainsi par submersion est normalement plus que compensée par l'aire qui émerge autour de l'embouchure active. Ainsi, depuis la fin de la transgression postglaciaire, le Mississippi a édifié, outre l'actuel lobe de Balize, six autres grands lobes contigus, moins étendus aujourd'hui qu'à l'époque de leur formation, mais globalement il y a eu gain de terres, le solde positif étant d'environ 5 km^2 par an au cours des 6 000 dernières années. Le problème est que, depuis maintenant près d'un siècle, les amputations l'emportent sur les conquêtes, le déficit ne cessant de s'accélérer. Le lourd bilan négatif s'explique par un relèvement du niveau relatif de la mer sur la côte de la Louisiane dont la vitesse est en moyenne de 1,2 cm par an alors que le taux de sédimentation dans la plaine deltaïque n'est que de l'ordre de 0,8 cm par an.

Les interventions de l'Homme dans le delta sont largement responsables de l'inversion de la tendance évolutive. Certaines d'entre elles contribuent à renforcer la vitesse de l'élévation du niveau relatif de la mer. Cette élévation s'explique d'abord par une composante eustatique, au retentissement planétaire, de l'ordre de 1,5 mm par an, ainsi que par d'autres phénomènes naturels locaux, comme la subsidence et la compaction, dues la première à l'accumulation de sédiments et la seconde à leur tassement avec le temps. Mais elle tient aussi à un affaissement de la topographie, plus ou moins marqué suivant les endroits, explicable par l'extraction de fluides contenus dans le sous-sol, de l'eau mais surtout, depuis le milieu de ce siècle, du pétrole et du gaz. A la Nouvelle-Orléans où certains quartiers se situent aujourd'hui à la côte de −6 m, le pompage de l'eau souterraine a provoqué un affaissement du sol de l'ordre de 0,50 m entre 1938 et 1964.

Quant à la décélération de la sédimentation dans les marais, elle représente essentiellement la conséquence de grands travaux dont le Mississippi a fait l'objet aussi bien dans son delta que dans l'ensemble de son bassin-versant depuis le milieu du XIXe siècle. Si l'on compare la charge alluviale qui aboutissait à cette époque dans le delta et celle qui arrive aujourd'hui, la diminution en volume a été de 70 à 80 % pour la partie déplacée en suspension et d'environ 50 % pour celle tractée sur le fond du lit. Cette diminution considérable de l'approvisionnement sédimentaire est avant tout liée à la construction de multiples barrages sur les principaux affluents du Mississippi et leurs tributaires, le Missouri à partir de 1950 et l'Arkansas à partir de 1960. Elle s'explique aussi, mais très secondairement, par l'adoption de façons culturales moins agressives pour les sols et la réalisation de travaux anti-érosifs sur les pentes attaquées par le ruissellement.

Depuis 1927, date d'une crue gigantesque puisqu'elle inonda une surface égale à celle de la Belgique et des Pays-Bas réunis, le Mississippi a été approfondi et surtout il a été équipé de digues jusqu'à ses différentes embouchures dans le secteur de Balize. Le fleuve ne peut donc plus, comme il le faisait avant d'être ainsi confiné dans une gaine continue, déborder lors de ses crues ses levées latérales ou y ouvrir des brèches, des *crevasses* comme on dit en Louisiane, inondant de vastes espaces peu à peu colmatés par le dépôt d'alluvions fines contenues dans les eaux de décantation. L'apparition progressive d'une végétation stimulait aussi la sédimentation en fournissant de la matière organique. Tout ce qui reste de charge solide au Mississippi arrive donc aujourd'hui jusqu'à la mer et comme ses bouches actuelles se situent à l'aplomb du talus continental, les sédiments tombent vers de grandes profondeurs sans pouvoir former des atterrissements. Il résulte de tout cela que les dérives littorales sont sous-alimentées. Par voie de conséquence, les îles-barrières à l'abri desquelles se forment des marais et qui constituent leur première ligne de défense contre l'érosion des vagues, démaigrissent, reculent à des vitesses supérieures à 10 m par an et tendent à se désintégrer, ouvrant alors la voie à l'invasion de la mer (fig. 16). Finalement, la seule partie de la plaine deltaïque où des terres humides sont en cours d'apparition se situe à l'Ouest, dans la baie d'Atchafalaya. Mais la rivière du même nom, qui aurait déjà dû devenir le bras principal du Mississippi si l'on avait laissé faire la nature, est contrainte par des travaux d'ingénierie à ne porter à la mer que 30 % du débit du fleuve pour ne pas modifier les conditions de navigation sur le lit qui aboutit dans le secteur de Balize. Cette limitation artificielle de débit empêche la formation de vasières plus étendues dans une baie favorable à leur développement.

Il convient aussi d'insister sur le rôle négatif pour le maintien des marais côtiers de la Louisiane des canaux que depuis 250 ans l'Homme a aménagés en grand nombre afin d'y circuler. Ils forment aujourd'hui un réseau complexe et désordonné de voies d'eau qui a complètement dénaturé celui constitué par les *bayous*, les lits abandonnés du Mississippi, et les chenaux de marée. Il y a d'abord eu les *traînasses* ouvertes pour les pirogues des trappeurs cajuns. Des canaux élargis ont ensuite été creusés pour des embarcations de plus grand gabarit. On les a multipliés depuis une cinquantaine d'années en liaison avec la prospection et l'exploitation des hydrocarbures qui exigent des axes de circulation larges et profonds, rendus encore plus amples par l'érosion de leurs rives due au batillage. On estime que les canaux occupent 2,5 % de la surface de la plaine deltaïque et que, si l'on tient compte des produits de dragage accumulés sur leurs côtés, c'est près de 10 % de cette surface qui a été ainsi artificiellement modifiée. A cet impact direct, s'ajoutent des effets induits. En perturbant la circulation hydrologique naturelle et en renforçant les intrusions salines, les canaux contribuent à déstabiliser la végétation des marais, partant à favoriser leur submersion. Par une rétroaction positive, la surface des plans d'eau intérieurs étant accrue, le vent peut y engendrer des vagues plus hautes dont la puissance d'érosion sur les terres humides est accrue.

Les marais de la plaine deltaïque du Mississippi sont vraiment mal en point et il ne fait pas de doute que l'Homme a une lourde responsabilité dans leur régression. On en a pris conscience, mais il faut bien avouer qu'on ne voit pas clairement comment on pourrait maintenant les tirer de leur mauvais pas.

Le contrôle des crues au Bangladesh

Ce qui vient d'être dit des conséquences de l'endiguement du Mississippi sur l'avenir des marais de son delta conduit à parler incidemment d'un autre grand delta du monde que l'on voudrait mettre aussi à l'abri des inondations qui le ravagent fréquemment. C'est celui que forme la convergence de trois fleuves, le Gange, le Brahmapoutre et la Meghna, et qui sert d'assise territoriale à l'État du Bangladesh. Ici le problème qui se pose n'est pas une perte d'espace. Au contraire, la terre continue à gagner sur la mer car les trois fleuves en question sont très chargés en alluvions fines arrachées aux versants de l'Himalaya où les pluies torrentielles de la mousson d'été sont très agressives pour des sols fragilisés par une déforestation qui s'étend. On estime que quelque 600 millions de tonnes de sédiments arrivent chaque année dans le cours aval du Brahmapoutre et quelque 400 millions dans celui du Gange.

Au Bangladesh, les inondations fluviales récurrentes revêtent un caractère catastrophique. En septembre 1988, 60 % du territoire, soit environ 90 000 km², ont été couverts d'eau pendant plusieurs jours ou plusieurs semaines. 45 millions de personnes furent touchées, il y eu environ 1 700 morts par noyade et les dégâts s'élevèrent à 1,3 milliards de dollars. Auparavant, en 1987, en 1974 et en 1955, ce sont quelque 60 000 km² qui avaient été submergés. Une année sur deux 20 % du pays sont inondés. C'est dire la fréquence et la magnitude d'un phénomène qui s'explique par la platitude d'une vaste plaine deltaïque au ras de l'eau et par l'écoulement de trois grands fleuves divaguants dont les lits ont des pentes longitudinales très faibles, de l'ordre de 0,05 ‰, et des débits de crue très élevés, 75 000 m³ pour le Gange et 100 000 m³ pour le Brahmapoutre, qui peuvent être concomitants. Les inondations gigantesques expliquent la grande mobilité des lits fluviaux. Leurs lourds bilans en terme de vies humaines perdues tiennent à la densité élevée de la population (110 millions d'habitants sur 144 000 km²) et à sa très grande pauvreté (le revenu par habitant était de 160 dollars en 1986). Aux noyés s'ajoutent les victimes des épidémies de choléra et de dysenterie qui suivent les crues. Celles-ci ont des conséquences aggravées par le sous-développement qui, à son tour, est entretenu par elles.

Pour échapper à cette spirale infernale, on voudrait aujourd'hui contrôler les débordements des fleuves qui ont construit la plaine deltaïque du Bangladesh. La France souhaite jouer un rôle pilote dans la réalisation de travaux colossaux qui devraient être coordonnés par la Banque mondiale. Leur finalité est de cantonner dans leur lit, là où ils coulent au Bangladesh, le Gange, le Brahmapoutre et la Meghna, mais aussi certains de leurs tributaires et émissaires. On prévoit la construction ou la réhabilitation de 3 300 à 4 000 km, selon le schéma retenu, de digues hautes de 4,50 m à 7,40 m et protégées par des épis. Dans un pays où la roche manque, cet équipement implique la mise en place et la maintenance de 400 millions de m³ de remblais faits de terre compactée. Le coût prévu des travaux, programmés en plusieurs tranches échelonnées sur vingt ans, a été évalué dans une hypothèse haute à environ 10 milliards de dollars.

Ce projet d'endiguement généralisé des fleuves du Bangladesh a soulevé des critiques. Il y a d'abord son coût que seule une aide internationale massive permettrait de couvrir. Ensuite, on peut toujours craindre qu'une crue exceptionnelle n'ouvre des brèches dans des digues, ce qui entraînerait des pertes en vies humaines et des dégâts matériels bien supérieurs à ceux provoqués par un simple débordement des bourrelets naturels de rive moins hauts que des levées artificielles. Il faut aussi rappeler que les inondations ont des effets bénéfiques pour les terres qui sont fertilisées par les limons de décantation et pour les nappes phréatiques, utiles pendant la saison sèche, qui sont rechargées à cette occasion. On a remarqué que les rendements agricoles étaient meilleurs dans les années qui suivent les grandes crues. Celles-ci renouvellent aussi les nutriments des étangs à poissons, ce qui est important car la pêche fournit 80 % des protéines animales de l'alimentation humaine. Empêcher les débordements des fleuves pourrait donc avoir des effets contre-productifs pour les habitants du Bangladesh.

Il convient d'ajouter que les travaux prévus ne mettraient pas le pays à l'abri des inondations marines qui sont plus meurtrières encore que les inondations fluviales. Ainsi, l'onde de tempête de novembre 1970, engendrée par un cyclone qui provoqua une élévation de 5 m du niveau de la mer, fit plusieurs centaines de milliers de morts, sans qu'un bilan exact ait jamais pu être établi dans ce qui était alors le Pakistan oriental et qui devait devenir quelques mois plus tard, conséquence politique de cette catastrophe naturelle, le Bangladesh. La dernière en date des inondations marines s'est produite en avril 1991 et elle a entraîné la mort de quelque 140 000 personnes.

Or, à partir de l'exemple du Mississippi, on peut légitimement craindre que l'endiguement systématique du Gange, du Brahmapoutre et de la Meghna n'aggrave les effets des inondations marines. Comme la plaine côtière de la Louisiane, celle du Bangladesh montre une tendance naturelle à l'affaissement qui s'explique par la grande épaisseur des sédiments empilés et leur compaction progressive. Cette subsidence, qui est accentuée ici par le plongement de la plaque de l'océan Indien sous la côte birmane, est normalement compensée par les dépôts de sables et de limons des fleuves qui débordent et qui divaguent. L'arrêt de cette sédimentation par la stabilisation et le confinement de ces fleuves fera que le niveau relatif de la mer s'élèvera sur la côte du golfe du Bengale. Les terres les plus basses seront alors submergées de façon permanente et les autres deviendront plus vulnérables aux inondations marines qu'elles ne le sont aujourd'hui. Et on ne voit pas le Bangladesh se lancer dans l'entreprise encore plus coûteuse que serait la mise en œuvre d'un plan delta bis,

homologue de celui que les Hollandais ont réalisé au cours des trois dernières décennies pour mettre leur pays à l'abri des invasions de la mer.

Sans vouloir pour autant baisser les bras, il serait raisonnable de
remettre en question le projet de domestication intégrale des fleuves du
Bangladesh par des équipements lourds, coûteux et potentiellement dangereux pour l'environnement. Une autre logique, plus souple et moins
ambitieuse, mais plus réaliste et plus immédiatement efficace, consisterait
à aider les populations, dont il conviendrait d'abord d'arrêter la croissance numérique et d'améliorer le niveau d'éducation, deux objectifs
d'ailleurs interdépendants, à vivre avec les inondations. Le secours international serait capable, par exemple, de financer sans difficulté l'édification de collines artificielles suffisamment hautes pour servir de refuges au
moment des inondations. On pourrait y aménager des bâtiments solides
d'intérêt collectif, comme des écoles et des infirmeries, qui serviraient
d'abris au moment des crues des fleuves suivies de débordement ou des
cyclones accompagnés de submersions marines. Sans doute est-on loin
avec ces réalisations modestes de la vision saint-simonienne du président
F. Mitterand qui, lors d'un voyage au Bangladesh en 1990, parlait de
transformer, à l'aide de grands travaux, « en bénédiction une calamité
naturelle » ou de la perspective ambitieuse de J. Attali, alors son conseiller
chargé du suivi de ce dossier, qui affirmait que « notre siècle a besoin de
cathédrales à construire. Et si on a pas de rêves fous et réalisables, le
monde va périr dans le quotidien et l'ennui ». Bel exemple de propos
utopiques propres à l'*Homo abstractus*, sans doute bien intentionnés, mais
conduisant à l'élaboration de projets dont l'inadéquation aux réalités
concrètes naturelles et humaines peut aboutir à d'énormes gaspillages de
moyens et à des échecs lourds de conséquences pour les populations
concernées.

La poldérisation des marais maritimes
en Extrême-Orient

En Extrême-Orient l'occupation des vasières littorales à des fins agricoles, aquacoles, voire salicoles, se poursuit activement pour des raisons
démographiques, tout particulièrement en Chine. En Asie, dans la
conquête des terres humides de bord de mer, le rôle que les Japonais ont
joué peut être comparé à celui des Hollandais en Europe. Même si à partir du début du XVIIᵉ la Compagnie hollandaise des Indes orientales fut
autorisée à s'installer à Nagasaki, il semble bien que les uns et les autres
aient affiné indépendamment leurs techniques de poldérisation au moins

Photo 17. — Chang-Hai, Chine. Vasière nue (slikke) étendue, découvrant largement à marée basse.

jusqu'au début de l'ère Meiji en 1868. C'est à partir du XVIᵉ siècle, en particulier dans l'île de Kyushu, que se développent des travaux d'endiguement, de drainage, de désalinisation et d'irrigation sur les espaces vaseux intertidaux. Le nom d'un seigneur féodal, le daïmyo Kato Kiyomasa, bâtisseur de forteresses mais aussi de puissantes digues de pierres, reste attaché à l'histoire de la poldérisation au Japon. Les événements historiques qui ont servi de stimulants ont été la pacification et l'unification du pays par les shoguns Toyotomi Hideyoshi et Tokugawa Ieyasu. L'avènement du shogunat héréditaire des Tokugawa au début du XVIIᵉ siècle et la mise en place d'institutions solides favorisèrent la poldérisation d'autant plus que les terres gagnées sur la mer, une fois cultivées, permettaient de lever davantage d'impôts. La poldérisation continua avec l'ère Meiji et elle recevra un nouveau coup de fouet au lendemain de la Deuxième Guerre mondiale à cause de la pénurie alimentaire et du rapatriement d'agriculteurs japonais. Aujourd'hui, avec la stabilisation des effectifs de la population et une production de riz plus que suffisante, elle cède la place au remblayage pour permettre aux villes et aux industries de s'étendre. Des projets grandioses d'artificialisation intégrale d'espaces côtiers existent au Japon.

En Corée du Sud, on remarque que les schorres ont pratiquement disparu par suite de la généralisation des endiguements. A l'état naturel, les vasières étaient très étendues sur les côtes orientale et occidentale du pays, très découpées par de nombreuses baies et rias — anciennes vallées fluviales ennoyées par la transgression postglaciaire — et affectées par de forts marnages, compris entre 4 et 9 m. Dans l'estuaire de la rivière Han qui passe à Séoul, la longueur du rivage a été réduite de 800 à 650 km entre 1917 et 1975 par la mise en place de digues. Avant 1917, 230 km^2 avaient été poldérisés. 130 km^2 l'ont été entre 1917 et 1975. En 1978 fut créé le *Korea Research Institute for Human Settlements* avec, en autres objectifs, celui de conquérir aux dépens des estrans quelque 7 250 km^2 pour l'an 2 000, soit une surface égale à vingt fois celle qui a été annexée entre 1946 et 1976. Dans ce projet l'aquaculture occupe plus de place (36 %) que la riziculture (17 %), les activités industrielles et commerciales devant se partager le reste de l'espace conquis.

En Chine, les vasières littorales nues sont très développées. Elles concernent environ 25 % du linéaire côtier et peuvent avoir des largeurs impressionnantes puisque, dans certains cas, elles atteignent une vingtaine de kilomètres. Une telle extension s'explique par l'énorme quantité d'alluvions fines en suspension que les grands fleuves chinois apportent jusqu'à la mer : 1 080 millions de tonnes par an pour le Huanghe, 470 millions, voire beaucoup plus selon certaines sources, pour le Changjiang, 80 millions pour le Xijiang. On estime qu'à eux seuls le Huanghe et le Changjiang livrent 15 % de toute la charge solide en suspension qui arrive des continents dans les océans et les mers du globe. Le courant côtier de Jiangsu véhicule les limons et les argiles vers le Sud comme l'indiquent les images de satellites qui montrent une bande littorale turbide de 30 à 50 km de large. L'amplitude des marées favorise le dépôt de la vase sur les côtes partout où elles sont abritées : le marnage est égal ou supérieur à 3 m en mer Jaune et en mer de Chine orientale, égal seulement à 1 ou 2 m en mer de Chine méridionale où le régime de la marée est diurne. Dans ces conditions, on comprend que la sédimentation de la vase soit active. En général, par année, l'épaisseur du dépôt est de plusieurs centimètres et la progression de l'estran aux dépens de la mer de plusieurs dizaines de mètres. La seule région où les vasières sont en cours d'érosion rapide, de l'ordre de 100 à 150 m par an, se situe au Sud de la péninsule du Shandong, dans les parages de l'embouchure que le Huanghe, à l'occasion d'une mémorable crue intervenue en 1855, abandonna pour se jeter dans le golfe de Bohai, à environ 500 km vers le Nord. Les produits de cette ablation alimentent les vasières qui s'étendent au Nord de l'embouchure du Changjiang.

Pour accélérer encore la sédimentation, les Chinois ont introduit une plante halophile, *Spartina townsendii* (*sensu lato*), un hybride naturel apparu à la fin du XIXe siècle par suite d'un croisement entre *Spartina maritima*, native d'Europe, et *Spartina alterniflora*, arrivée accidentellement d'Amérique. Cette graminée pérenne que l'on trouve aujourd'hui du

Nord au Sud de la Chine constitue vite des touffes étendues et denses qui piègent et fixent efficacement la vase. Des taux d'accrétion verticale dépassant 20 cm par an ont été parfois notés là où elle a été plantée. La hâte pour aménager des rizières et aussi des installations d'aquaculture est telle que des endiguements sont mis en place avant même que de véritables schorres aient eu le temps de se former. Entre l'embouchure du Changjiang et la baie de Hangzhou, de Chaoyang à Luchaogong, cinq grandes digues parallèles à la côte, construites entre 1884 et 1985, expriment cette avidité de conquête d'espace sur la mer. Au droit de Guoyuan, 5 km séparent la digue la plus ancienne de la plus récente, soit un gain annuel moyen de 50 m en direction de la mer. Cette rapidité est le résultat de la sédimentation assistée dont on vient de parler car si l'on prend comme référence une digue construite en 1584 l'avancée moyenne n'est plus que de 25 m par an. Des aires industrielles peuvent également tirer parti de ces annexions sur le domaine marin. Le grand complexe pétrochimique de Chang-Hai, créé à partir de 1976, couvre 12 km^2 sur la rive nord, originellement vaseuse, de la baie de Hangzhou.

L'émergence d'une volonté de sauvegarde des marais littoraux encore non aménagés en Europe occidentale

Depuis de longs siècles, l'Homme a aménagé des marais salants et surtout des polders — des prises ou des renclôtures pour employer des termes français régionaux — aux dépens des vasières des côtes de l'Europe tempérée. Dès le Moyen Age, des espaces étendus ont ainsi été annexés à la terre ferme, pour être voués ensuite à la culture et à l'élevage, aux Pays-Bas qui occupent une place de premier plan dans l'histoire de la poldérisation, mais aussi en Allemagne, au Danemark et en Angleterre. En France, on peut distinguer trois grandes étapes, bien individualisées, dans les entreprises d'assèchement sur les littoraux de la Manche et de l'Atlantique. Certains, comme H. Enjalbert, avaient voulu les mettre en rapport avec des époques de légère baisse du niveau de la mer, conjoncture qui aurait favorisé les endiguements. Ce point de vue n'a pas été confirmé et on insiste aujourd'hui, après F. Verger, sur l'importance de facteurs d'ordre démographique, économique et politique comme stimulants de la poldérisation.

La première phase de conquête sur les lais de mer en France a lieu entre le XIe et le XIIIe siècle, en particulier dans le Marquenterre, dans le

Marais breton et dans les marais charentais. Elle est concomitante des grands défrichements menés par des seigneurs et des abbés aux dépens des forêts de l'intérieur du pays. Les historiens établissent une corrélation entre cette extension généralisée des terroirs et une forte poussée démographique. Dans les siècles qui suivirent, pendant les troubles de la guerre de Cent Ans et des guerres de Religion, on se limitera à maintenir les espaces qui avaient été ainsi occupés.

Un grand renouveau des gains de terre sur les marais, de la Flandre au Languedoc, se manifeste au XVIIIᵉ siècle, encouragé par le mouvement des physiocrates qui considèrent l'agriculture comme la source essentielle de la richesse économique d'un État. Des exemptions fiscales encouragent les endiguements qui connaîtront un nouveau coup d'arrêt avec les guerres de la Révolution et de l'Empire.

C'est sous le Second Empire que l'aménagement de polders reprend, au même moment où de grands travaux d'assainissement sont conduits en Sologne et où la fixation des dunes des Landes de Gascogne par des boisements de pins redémarre pour être menée à terme. Le rythme des conquêtes se ralentira vers 1880.

Un nouvel intérêt pour les endiguements s'exprime au lendemain de la Deuxième Guerre mondiale dans l'euphorie de la Libération et dans la perspective de la reconstruction du pays. Un projet ambitieux concerna le Marais poitevin. Il consistait à fermer complètement l'anse de l'Aiguillon par une digue, longue de 5 km et équipée d'une écluse de navigation permettant la communication de l'océan avec un lac d'eau douce qui aurait occupé le centre de la dépression, à la manière de ce qui avait été fait pour le Zuiderzee aux Pays-Bas. Il était aussi prévu de gagner plus de 1 000 ha de terres agricoles sur la mer. De fait, ce projet ne fut jamais conduit à son terme. On se borna à aménager une prise qui représentait moins de la moitié des terres qu'il avait été envisagé de conquérir. Un arrêt fut mis aux travaux en 1965.

Cette entreprise avortée de transformation de l'environnement dans l'anse de l'Aiguillon marque un tournant dans les rapports entre l'Homme et les marais qui a valeur générale en Europe occidentale. En effet, dans les pays qui la constituent, la poldérisation à des fins agricoles se trouve aujourd'hui au point mort. Aux Pays-Bas même, les grands travaux du Zuiderzee n'ont pas été achevés et un vaste débat s'est ouvert dans l'opinion publique sur l'opportunité de l'assèchement du dernier polder prévu de l'Ijsselmer, celui du Markerwaard, qui devrait couvrir une surface de 41 000 ha. Il apparaît maintenant que sa réalisation est repoussée *sine die*. On comprend cette décision alors que la Communauté économique européenne impose des restrictions à la production agro-alimentaire et préconise le gel d'espaces cultivables. Ces incitations à la déprise rurale s'ajoutent à la baisse de la croissance démographique et aussi à une prise de conscience assez générale de l'intérêt biologique des vasières littorales pour expliquer l'extinction de la volonté de conquérir de nouvelles terres aux dépens de la mer.

Cependant, au cours de ce siècle et jusqu'à une date récente, les vasières littorales de l'Europe occidentale ont beaucoup pâti de la convoitise des aménageurs, en particulier dans les estuaires où se sont développés de vastes complexes industrialo-portuaires. L'estuaire de la Loire a ainsi perdu des centaines d'hectares de terres humides qui ont disparu sous des remblais. Le terminal méthanier de Montoir et les industries qui lui sont associées occupent l'emplacement d'anciens marais. Les roselières contribuaient à oxygéner les eaux estuariennes et à les enrichir en nutriments. Leur destruction a largement participé à la dégradation de la qualité du milieu.

Dans la France de l'Ouest, une menace de disparition pèse sur les marais laissés à l'abandon par le recul considérable de la saliculture qui est fortement concurrencée par la production industrielle des salines de la Méditerranée. En Loire-Atlantique, à Guérande, dans les environs de La Baule, les paludiers ont aménagé depuis des siècles une marqueterie d'œillets, bordés de diguettes et alimentés en eau par des étiers. De 2 350 en 1840 ils ne sont guère qu'un peu plus de 200 aujourd'hui, s'accrochant obstinément à leur exploitation. Ils produisent un sel gris haut de gamme qui a obtenu un label. A la différence des agriculteurs, ils se réjouissent quand surviennent des années sèches. Ainsi 1989 fut un millésime faste avec une récolte de 25 000 t contre seulement 2 000 en 1983. Mais les marais qui ne sont plus entretenus sont menacés de dénaturation par les stations touristiques qui les enserrent. Des projets de marinas existent pour les Traicts, les vasières nues intertidales traversées par de grands chenaux de marée. Surtout ils sont grignotés par une urbanisation rampante. J.P. Pinot cite le cas d'une commune riveraine qui déverse sur d'anciens œillets ses ordures ménagères, le but étant de les remblayer et de les déclarer ensuite terrains constructibles. La municipalité a l'avantage de disposer d'un espace proche pour accumuler ses déchets et les propriétaires concernés sont contents puisqu'ils pourront vendre leurs biens à un bon prix. Les contribuables locaux qui sont aussi des électeurs seront satisfaits puisque les nouveaux habitants payeront des impôts, ce qui diminuera d'autant les contributions des anciens! Mais l'intérêt général y perd puisque l'on raye de la carte des marais qui, même s'ils avaient été aménagés, conservaient encore des caractères de terres humides. Et il n'est pas certain que l'intérêt particulier y trouve son compte. L'évacuation des eaux usées sur des terrains situés au niveau de la mer posera des problèmes. Surtout vase et ordures s'affaisseront progressivement et les maisons se fissureront! Depuis une quinzaine d'années, des associations locales de défense de l'environnement demandaient la protection des marais de Guérande. En 1991, le ministère de l'environnement a entamé une procédure de classement pour soustraire 3 000 ha aux assauts conjugués de l'urbanisation et du tourisme, avant d'y procéder à des travaux de restauration (réparation de digues, curage de canaux).

En Bretagne, à Carnac, il est malheureusement trop tard pour intervenir. L'abandon des marais salants, encore prospères au milieu du XIXᵉ siècle, a signifié la disparition définitive des terres humides puisqu'ils ont presque intégralement cédé la place à des complexes résidentiels qui s'étendent aujourd'hui sur plus de 78 ha (fig. 35).

A ce propos, il convient de noter, comme l'a fait G. Sainteny, que les marais sont des mal-aimés du système fiscal en France. Ainsi, la taxe foncière les concernant, calculée à partir d'un revenu forfaitaire sans rapport avec le revenu réel, les surimpose et incite à leur artificialisation d'autant plus que leur assèchement leur vaut une exonération de cette taxe pendant vingt ans ! La fiscalité considère seulement la nature comme une source de production. Elle ignore ses richesses biologiques et sa valeur

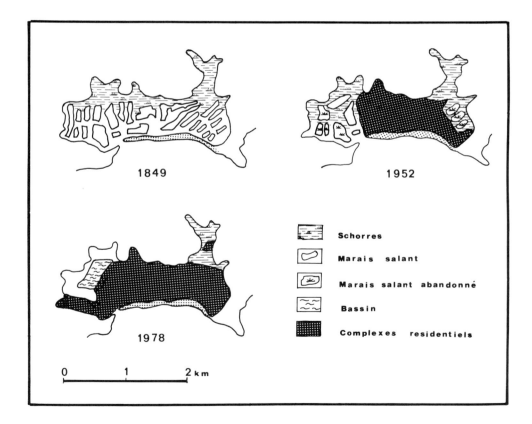

Fig. 35. — *Transformations des marais salants de Carnac, en Bretagne, depuis le milieu du XIXᵉ siècle*, d'après A. Guilcher *et al.* (1985).

Photo 18. — Weymouth, Dorset, Angleterre. Réserve ornithologique de Radipole dans des marais maritimes.

paysagère. Il en résulte que le propriétaire d'un marais n'est pas encouragé à le maintenir en son état. Il est au contraire poussé à le transformer ou à le céder. Une réforme de la fiscalité s'impose donc. Il faudrait s'inspirer de ce qui se fait dans des pays voisins. Aux Pays-Bas, des exonérations d'impôts existent pour les détenteurs de biens fonciers qui sauvegardent leur valeur esthétique, en particulier quand ils sont accessibles au public. En Grande-Bretagne, des compensations sont accordées aux agriculteurs qui, par des travaux, favorisent la nidification des oiseaux dans les marais. En France, la fiscalité devrait être plus stimulante pour la protection de l'environnement et plus pénalisante pour sa détérioration.

C'est la conchyculture traditionnelle qui apparaît comme l'activité humaine la moins perturbatrice pour l'équilibre écologique des marais maritimes, même si, comme l'a montré J.M. Sornin, les tables ostréicoles et les bouchots mytilicoles accélèrent la sédimentation vaseuse sur les slikkes en piégeant et en fixant les argiles et les limons en suspension dans l'eau. A cela s'ajoute un phénomène de biodéposition, dû au rejet par les mollusques, sous la forme d'agrégats, des particules minérales qu'ils ont ingérées. En France, dans les vasières littorales acquises par le Conservatoire de l'espace littoral et des rivages lacustres, l'élevage des huîtres et des moules continue à être pratiqué, et les prés-salés servent toujours de pâturages pour les troupeaux de moutons qui ont l'habitude d'y vivre.

La prise de conscience de la richesse biologique et de la fragilité de ce qui reste de marais maritimes sur les côtes de l'Europe occidentale facilite dans tous les pays qui la constituent la création de réserves et de parcs dont le nombre s'est multiplié au cours des trois dernières décennies. Une directive, approuvée par le parlement européen en novembre 1990, contribuera à renforcer la sauvegarde des vasières littorales. Relative à la protection des habitats naturels et semi-naturels ainsi que de la faune et de la flore sauvage, elle vise non seulement la sauvegarde des espèces animales et végétales, mais aussi celle des divers types de paysages et de milieux qui leur sont associés. Une solidarité unit d'ailleurs les marais des rivages de l'Europe puisqu'ils servent d'escales à des oiseaux migrateurs qui ignorent les frontières. Il existe de nombreux parcs ornithologiques, comme celui du Marquenterre dans les mollières et les dunes de la baie de Somme en Picardie ou la *Radipole Reserve* près de Weymouth, dans le Dorset, en Angleterre. Dans les *marismas* du Guadalquivir, en Espagne, le parc national de Coto Doñana, le plus vaste d'Europe pour les terres humides, fait partie depuis 1980 du réseau des réserves de la biosphère de l'UNESCO (Programme MAB).

Au cours des siècles, les marais maritimes de l'Europe occidentale ont connu une forte réduction en surface, mais on peut maintenant se montrer raisonnablement optimiste à propos de la survie de ce qu'il en reste et qui n'est pas négligeable. Il n'en va pas de même, on l'a vu, pour leurs congénères d'autres régions du monde. A l'occasion d'une réunion tenue à Montreux, en Suisse, en 1990, des représentants des soixante-deux pays qui ont ratifié la convention de Ramsar sur la protection des terres humides d'importance internationale, a été créé un fonds pour aider les pays en voie de développement à s'engager dans cette voie et des recommandations pressantes ont été formulées à l'intention de leurs dirigeants pour les sensibiliser à l'importance de l'enjeu.

ORIENTATION BIBLIOGRAPHIQUE

ALLEN (J.R.L.) et PYE (K.), *Saltwarshes*, Cambridge University Press, Cambridge, 1992, 184 p.

BALTZER (F.) et LAFOND (L.R.), Marais maritimes tropicaux, *Revue de Géographie Physique et de Géologie Dynamique*, 1971, 13, 2, 173-196.

BLASCO (F.), Les mangroves, *La Recherche*, 1991, 22, 444-453.

BLASCO (F.), Écosystèmes mangroves : fonctionnement, utilité, évolution, *Oceanologica Acta*, 1982, vol. spécial (supplément au vol. 4), 225-230.

CHAPMAN (V.J.), *Wet coastal ecosystems*, Elsevier, Amsterdam, 1977, 428 p.

DAVIS (D.W.), Economic and cultural consequences of land loss in Louisiana, *Shore and Beach*, 1983, 1, 30-39.

DIOP (S.), *La côte ouest-africaine, du Saloum (Sénégal) à la Mellacorée (République de Guinée)*, Études et Thèses, ORSTOM, Paris, 1990, 2 vol., 360 p.

GUILCHER (A.), PONCET (F.), HALLÉGOUËT (B.) et LE DEMEZET (M.), Breton coastal wetlands: reclamation, fate, management, *Journal of Shoreline Management*, 1985, 1, 51-75.

KESEL (R.H.), The role of the Mississippi river in wetland loss in Southeastern Louisiana, U.S.A, *Environmental Geology and Water Sciences*, 1989, 13, 3, 183-193.

LEBIGRE (J.M.), *Les marais maritimes du Gabon et de Madagascar*, Thèse doctorat d'État, université de Bordeaux III, 1990, 3 vol., 704 p.

MARIUS (C.), *Mangroves du Sénégal et de Gambie : écologie, pédologie, géochimie, mise en valeur et aménagement*, Travaux et documents, 193, ORSTOM, 1985, 357 p.

MENANTEAU (L.), *Zones humides du littoral de la Communauté européenne vues de l'espace*, Centre National de la Mer, Rochefort, 1991, 184 p.

MERCER (D.E.) et HAMILTON (L.S.), Les écosystèmes de mangroves : quelques effets bénéfiques sur l'économie et le milieu naturel, *Nature et Ressources*, 1984, 2, 14-19.

SALINAS (L.M.), DELAUNE (R.D.) et PATRICK (W.H.), Changes occurring along a rapidly submerging coastal area: Louisiana, U.S.A, *Journal of Coastal Research*, 1986, 2, 3, 269-284.

SALOMON (J.N.), Contribution à l'étude écologique et géographique des mangroves, *Revue de Géomorphologie Dynamique*, 1978, 2-3, 63-80.

SALOMON (J.N.), Exploitation et mise en valeur traditionnelle des terres de mangrove en Afrique de l'Ouest, *Cahiers d'Outre-Mer*, 1987, 40, 313-341.

SNEDAKER (S.C.), Les mangroves : leur intérêt et leur conservation, *Nature et Ressources*, 1978, 3, 7-15.

VERGER (F.), *Marais et wadden du littoral français*, Biscaye, Bordeaux, 1968, 544 p.

VOLKER (A.), Les polders : une méthode ancienne de mise en valeur des terres, *Nature et Ressources*, 1982, 4, 2-13.

WAGRET (P.), *Les polders*, Dunod, Paris, 1959, 316 p.

WALKER (H.J.), COLEMAN (J.M.), ROBERTS (H.H.) et TYE (R.S.), Wetland loss in Louisiana, *Geografiska Annaler*, 1987, 1, 189-200.

Chapitre 6

VIE ET MORT DES RÉCIFS CORALLIENS

C'est dans certaines mers tropicales que se rencontrent sans doute les plus prodigieux paysages littoraux. Le monde corallien a été abondamment photographié et filmé parce qu'il constitue une féerie de formes, de couleurs et de vie. Le visiteur reste confondu par la somptuosité du spectacle, surtout lorsqu'il ne se contente pas de promenades en bateau à fond de verre mais qu'il emprunte masque, palmes et tuba pour s'approcher davantage de ces jardins de pierre aux silhouettes branchues ou massives dans lesquels évolue calmement une multitude de poissons multicolores, aux aspects parfois étranges. Mais les écosystèmes coralliens, riches, complexes, productifs, sont aussi très fragiles. Aujourd'hui, les activités prédatrices, polluantes et dégradantes des hommes menacent d'une mort rapide ces milieux naturels où foisonne la vie.

Quelques mots d'histoire

Les coraux ont été considérés pendant longtemps comme des végétaux. Lorsqu'en 1723 le naturaliste J.A. Peyssonnel, dans une communication à l'Académie des sciences de Paris, signala leur nature animale, son opinion fut accueillie avec scepticisme, voire avec dérision. Pourtant il avait raison.

Mais avant que la nature des coraux n'intriguât les scientifiques, les récifs qu'ils peuvent construire étaient connus des marins en raison des dangers qu'ils présentent pour la navigation. On sait combien fut périlleuse pour son bateau, l'*Endeavour*, la reconnaissance que fit J. Cook en 1770 des parages de la Grande Barrière de corail du Nord-Est de l'Australie. Il échappa de justesse au naufrage près du cap Tribulation. Les Portugais furent probablement les premiers Européens à découvrir des atolls quand ils explorèrent l'océan Indien au début du XVIᵉ siècle. A la fin du même siècle, des Espagnols débarquèrent sur des atolls de l'océan Pacifique que, dans leurs migrations vers l'Est, les Polynésiens avaient peuplés à partir des débuts de l'ère chrétienne.

Au XIXᵉ siècle, les récifs coralliens ont intéressé les biologistes, les géographes et les géologues. Au cours de son fameux voyage autour du monde sur le *Beagle* (1831-1836), Darwin fit des observations dans l'archipel des Tuamotu et dans les îles de la Société. Il proposa en 1842 une théorie sur la formation et l'évolution des récifs coralliens, théorie restée célèbre car elle a été largement confirmée par les recherches qui se sont multipliées au XXᵉ siècle. C'est en 1928 qu'a eu lieu la première grande expédition pluridisciplinaire, dirigée par Sir Maurice Yonge, sur la Grande Barrière d'Australie, ce grandiose édifice corallien qui se situe en avant de la côte du Queensland entre le 10° et le 24° de latitude Sud, formant un rempart sous-marin de plus de 1 600 km de long et de 200 à 1 800 m de large. Mais, dès 1918, les Japonais s'étaient intéressés, pour des raisons à la fois scientifiques et stratégiques, aux récifs de corail de l'océan Pacifique occidental. A partir du lendemain de la Deuxième Guerre mondiale, les expérimentations d'armes atomiques ont favorisé l'étude de certains atolls (Bikini, Enewetak, Mururoa) dont la structure est maintenant bien connue. En effet, ces essais à des fins militaires ont permis de mettre en œuvre des moyens logistiques et exploratoires sans commune mesure avec ceux habituellement disponibles pour la recherche civile. Parallèlement les connaissances sur l'écologie des coraux ont beaucoup progressé. La tenue fréquente de congrès internationaux et la diffusion de publications spécialisées témoignent du grand intérêt scientifique que suscitent les récifs coralliens.

Les coraux constructeurs des récifs

Les récifs coralliens constituent une catégorie originale de formes littorales car ils résultent de la présence d'êtres vivants. Cependant tous les coraux ne sont pas édificateurs de récifs. C'est le cas, par exemple, des coraux que travaillent les artisans joailliers et qui peuvent vivre dans des eaux profondes, comme le corail rouge (*Corallium rubrum*) ou le corail noir (*Antipathes*). Les coraux qui nous intéressent ici sont ceux que l'on qualifie d'hermatypiques. Ils vivent en colonies et leurs polypes ont des squelettes calcifiés et rigides. De ce point de vue, le rôle dominant est tenu par les scléractiniaires, plus connus sous le nom de madréporaires, dont les polypiers, constitués par du carbonate de calcium (96 à 99,70 %)

sous la forme d'aragonite, représentent l'armature des récifs. *Acropora*, le corail branchu, et *Porites*, le corail massif, sont les genres les plus fréquents. On trouve aussi dans les récifs des millépores, les coraux de feu, qui appartiennent à l'ordre des hydrocoralliaires. Les coraux constructeurs sont toujours accompagnés d'algues calcaires encroûtantes, comme *Porolithon* ou *Lithophyllum*, de gastéropodes, de lamellibranches, de crustacés, d'échinodermes, de bryozoaires, d'annélides et de foraminifères qui, ensemble, bâtissent les récifs.

Les exigences écologiques des coraux

Les coraux hermatypiques, qui croissent dans les eaux marines chaudes et claires de la zone intertropicale, demandent pour leur développement des conditions écologiques strictes.

Ils sont d'abord frileux. La température des eaux dans lesquelles ils vivent ne doit pas descendre au dessous de 18 °C, ni excéder 34 °C, comme cela peut arriver dans des baies fermées des mers continentales du domaine aride, tel le golfe Arabo-Persique. Les Madréporaires prospèrent dans des eaux à 25-30 °C. Cette exigence thermique limite l'occurrence des récifs coralliens à la zone intertropicale dans laquelle ils sont cependant exclus des façades occidentales des continents parce qu'elles sont longées par des courants froids : il s'agit des littoraux de Mauritanie, de Namibie, du Nord du Chili et du Pérou, de Californie, où les alizés éloignent de la côte les eaux de surface qui sont remplacées par des eaux de profondeur dont les températures se situent en moyenne vers 14 °C. C'est le phénomène de l'*upwelling* dont on a déjà parlé. Il ne se produit pas sur la côte ouest de l'Australie qui représente une exception de ce point de vue, d'où l'existence ici de récifs coralliens. Une situation inverse caractérise le littoral de Somalie, privé lui de récifs, parce que, en dépit de sa localisation sur une façade orientale de continent, se manifeste ici un *upwelling* lorsque souffle en été, parallèlement au rivage, la mousson. Des constructions coralliennes peuvent s'avancer au-delà du Tropique du Cancer dans l'hémisphère nord : on en trouve dans l'archipel des Bermudes par 32° 20' de latitude grâce aux eaux chaudes du *Gulf Stream*. Les plus méridionales, au-delà du Tropique du Capricorne, se rencontrent dans l'île de Lord Howe (31° 30' S), affectée par le courant chaud d'Australie orientale qui est issu de la mer de Corail.

Vis-à-vis de la salinité, les coraux sont plutôt tolérants puisqu'ils acceptent des taux allant de 30 ‰ à 38 ‰. Ils sont ainsi exclus des alentours des embouchures des grands fleuves tropicaux où les eaux littorales sont fortement dessalées par des débits très élevés : 190 000 m³/s pour l'Amazone, ce qui est colossal, 40 000 m³/s pour le Zaïre. Ces fleuves

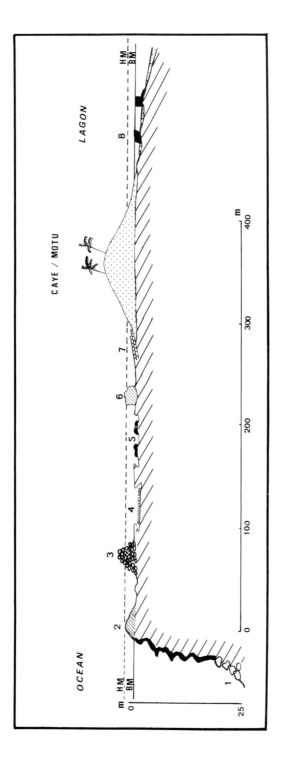

Fig. 36. — *Profil transversal dans un récif corallien.*
1. Éboulis cimenté. 2. Crête algale. 3. Levée détritique. 4. Mare à Chlorophycées.
5. Mare à corail vivant. 6. Tête de nègre. 7. *Beach rock.* 8. Massif corallien de lagon.
Le corail vivant est figuré en noir.

apportent aussi à la mer de grandes quantités de particules minérales en suspension. Or, la turbidité est très défavorable au développement des coraux qui sont étouffés par les dépôts de vase et de sables fins. On comprend alors pourquoi il n'existe pas de récifs sur les côtes de l'Asie tropicale sud-orientale, là où se terminent de grands organismes hydrographiques très chargés en sédiments, comme le Gange et le Brahmapoutre qui, ensemble, livrent chaque année à la mer 1 670 millions de tonnes de matériaux solides. Il en va de même sur la côte des Guyanes parce qu'elle est abondamment envasée par les apports considérables d'argiles, de limons et de sables fins de l'Amazone.

La turbidité des eaux littorales gêne aussi la pénétration du rayonnement solaire vers les profondeurs. Or les coraux hermatypiques ont absolument besoin pour leur croissance d'un bon éclairement et on peut dire qu'en général au-dessous de 25-30 m ils ne peuvent plus vivre. Cette exigence s'explique parce qu'ils se développent en symbiose, indispensable à leur croissance, avec des algues unicellulaires, les zooxanthelles, qui requièrent de la lumière pour leur activité photosynthétique. Ces organismes microscopiques vivent dans les tissus des polypes. Ceux-ci leur fournissent un support, du gaz carbonique provenant de leur respiration et certains produits métaboliques, comme des phosphates et des acides aminés. En retour, les zooxanthelles fabriquent par assimilation chlorophyllienne de l'oxygène et libèrent des substances nutritives simples, tels le glycerol et le glucose, utiles au coraux pour couvrir leurs besoins énergétiques. Elles stimulent la calcification du squelette des polypes. Si la matière organique produite par les zooxanthelles est essentielle pour la vie des coraux, ceux-ci se nourrissent aussi de zooplancton et sont capables d'absorber directement des sels minéraux nutritifs dissous dans l'eau de mer.

Les coraux hermatypiques ne sont pas capables de survivre à une émersion qui durerait quelques heures. La limite supérieure de leur croissance correspond donc au niveau moyen des basses mers moyennes. Mais les algues calcaires du genre *Porolithon* construisent souvent, en particulier dans l'océan Indien, sur le bord externe des récifs, des crêtes qui dépassent de quelques dizaines de centimètres le niveau de l'eau calme. Pour ne pas mourir, il leur suffit d'être humectées par des aspersions dues aux vagues qui déferlent lorsque la marée est basse.

Dans ces conditions, quand le niveau marin est stable, la croissance des coraux ne peut se faire que latéralement, ce qui conduit à un élargissement des récifs. La vitesse annuelle de croissance est variable suivant les espèces. Elle est généralement de l'ordre de quelques millimètres. Parce que les Madréporaires aiment les eaux agitées dans lesquelles l'oxygène est constamment renouvelé, les côtes au vent sont plus favorables à leur développement que les côtes sous le vent. C'est sur le tombant externe des récifs, exposé à la houle du large, que la vie des coraux est la plus active (fig. 36). Elle l'est moins sur la pente interne baignée par des eaux plus

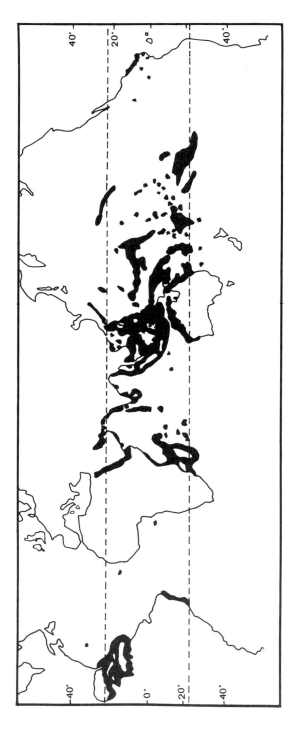

Fig. 37. — *Répartition des récifs coralliens dans le monde, d'après J.L. Davies (1972) et A. Guilcher (in litt.).*

calmes. Mais les coraux du bord externe, s'ils sont ainsi favorisés pour leur développement, sont aussi exposés aux vagues de tempête et parce qu'ils sont fragiles, surtout les espèces branchues, ils courent le risque d'être brisés. D'ailleurs les tombants des récifs montrent des éboulis qui sont progressivement cimentés par des organismes encroûtants. A la surface des platiers, on rencontre des remparts détritiques de hauteur métrique, faits de fragments de coraux accumulés par les grosses vagues, et, ici et là, d'énormes blocs isolés, appelés têtes de nègre, arrachés aux récifs et déplacés sur des dizaines de mètres quand se produisent des cyclones.

La répartition géographique des récifs coralliens

Des conditions écologiques qui viennent d'être énumérées découle la distribution géographique des récifs coralliens qui peuvent être répartis en deux grands ensembles d'importance inégale (fig. 37). Le premier correspond au domaine indo-pacifique intertropical duquel doivent être exclues les côtes occidentales américaines longées par des courants froids et celles de l'Asie continentale où la turbidité des eaux littorales est souvent élevée. Dans l'océan Pacifique, les récifs coralliens sont bien développés dans l'archipel des Ryu Kyu dans le Sud du Japon, les Philippines, l'Indonésie, les côtes nord-occidentale, septentrionale et nord-orientale de l'Australie, la Mélanésie, la Micronésie, la Polynésie à l'exclusion de l'archipel des Marquises et, dans une moindre mesure, le golfe de Panama. Dans l'océan Indien, des récifs existent dans les îles Maldives, à Madagascar, en Afrique orientale, à l'exception du littoral de la Somalie, et en mer Rouge. Le second ensemble corallien s'identifie au domaine caraïbe qui inclut la Floride et auquel on peut aussi rattacher la côte nord-orientale du Brésil au Sud du cap São Roque. Avec seulement une vingtaine de genres de coraux hermatypiques pour les Caraïbes proprement dites et à peine une dizaine pour le Brésil, l'océan Atlantique apparaît pauvre si on le compare avec l'océan Pacifique qui possède plus de cinquante genres dans sa partie occidentale. L'explication de cette différence se trouve sans doute dans la relative jeunesse du premier qui a commencé à s'ouvrir pendant la période jurassique, il y a seulement 175 millions d'années, alors que le second, avec lequel il ne communique pas dans les latitudes tropicales, est l'héritier de la Panthalassa, l'océan unique primordial.

On ne peut pas ne pas être intrigué par l'absence de récifs coralliens dans l'océan Atlantique oriental, si on laisse de côté des formes isolées et embryonnaires dans le golfe de Guinée et les îles du Cap-Vert. En effet, en dehors des régions d'embouchure de grands fleuves comme le Zaïre ou le Niger, les conditions de température, de salinité et de non-turbidité nécessaires à la croissance des coraux hermatypiques sont souvent réunies sur les littoraux du golfe de Guinée. Mais ceux-ci sont rarement rocheux et, à ce propos, J.L. Davies a rappelé que les coraux requièrent une base solide pour leur développement, en particulier lorsque les vagues sont assez fortes pour les renverser. Or, les côtes de l'Afrique occidentale correspondent à de longues plages meubles, caractérisées par le déplacement d'énormes volumes de sable sous l'action d'une dérive littorale active. Ce sont aussi des côtes atteintes par de puissantes houles nées dans les latitudes tempérées de l'hémisphère sud que l'on appelle les *roaring forties*. Dans ces conditions, on comprend mieux que les rivages du golfe de Guinée manquent de récifs coralliens.

Les types de récifs coralliens

Les récifs coralliens se présentent sous des aspects divers. Ce sont parfois des constructions isolées pour lesquelles le terme de plature est préférable à celui de banc qu'il vaut mieux utiliser pour désigner de hauts-fonds meubles de sable ou de vase, conformément à une recommandation d'A. Guilcher. Ces platures peuvent avoir des contours irréguliers, mais, sur la côte du Queensland, en Australie nord-orientale, des formes à tendance circulaire sont fréquentes alors qu'elles sont allongées et étroites en mer Rouge, d'où le nom de récifs en crête qui a été proposé pour elles.

Mais le plus souvent les récifs coralliens se rangent dans l'une des catégories de la classification ternaire classique : les récifs frangeants, les récifs-barrières, les atolls.

Les récifs frangeants bordent de très près une côte. Fréquemment ils en sont séparés par un chenal dit d'embarcation, le *boat channel* des auteurs anglais, dont la profondeur est de l'ordre du mètre et la largeur de quelques dizaines de mètres. Son fond est tapissé de sables balayés par les vagues sur le platier récifal. L'existence de ce chenal s'explique par la turbidité habituelle des eaux littorales à proximité du rivage qui empêche la croissance des coraux. Mais, sur un littoral très aride comme celui d'Eilat en Israël, où les apports terrigènes à la mer sont inexistants puisqu'il n'y a pas de ruissellement, le récif frangeant colle directement au rivage. Bien évidemment, ce type de récif s'interrompt au droit de l'embouchure des rivières à cause du dessalement des eaux côtières et aussi de leur charge en particules solides en suspension.

Les récifs-barrières se situent à quelques kilomètres ou à plusieurs dizaines de kilomètres en avant d'un continent (cas de la Grande

Barrière d'Australie fixée sur le rebord de la plate-forme continentale), d'une grande île (exemple de la Nouvelle-Calédonie où le récif prend un aspect rectiligne) ou d'une petite île, comme à Tahaa, dans les îles de la Société, où la barrière revêt une forme circulaire (fig. 38). Des passes, appelées *ava* en Polynésie, parfois assez creusées pour autoriser des navires à les emprunter, peuvent interrompre le récif. Entre lui et la terre s'étend un lagon aux eaux calmes dont la profondeur va de quelques mètres à quelques dizaines de mètres et qui est le siège d'une sédimentation mixte puisqu'à des sables d'origine corallienne s'ajoutent des débris minéraux apportés par le ruissellement. A. Guilcher a montré que, sous climat tropical humide, dans les lagons entourant des îles, l'importance relative des éléments terrigènes et des composants organogènes dans les dépôts est conditionnée, à l'état naturel, par le rapport existant entre la superficie des îles centrales non-coralliennes et celle des lagons. Des pâtés ou des pinacles à sommet de corail vivant se développent dans le fond des lagons. Il existe parfois des récifs-barrières doubles, par exemple dans le

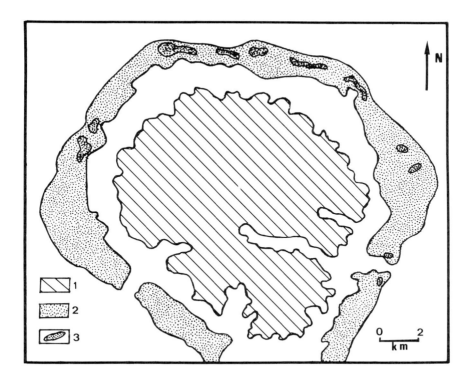

Fig. 38. — *Le récif-barrière et le lagon de Tahaa, îles de la Société, Polynésie française.*
1. Ile volcanique centrale. 2. Récif corallien. 3. *Motu.*

Sud-Ouest de l'île de Mayotte, dans l'archipel des Comores, voire multiples, comme sur la côte sud-est de la Nouvelle-Calédonie, entre Canala et Thio. L'existence de récifs-barrières n'exclut pas la présence de récifs frangeants.

Les atolls s'identifient à des couronnes de calcaire récifal, larges de quelques centaines de mètres, qui entourent des lagons sans île rocheuse centrale, mais parfois parsemés d'îlots coralliens. Il existe quelque 425 atolls dans le monde, la grande majorité dans l'océan Pacifique — l'archipel des Tuamotu, en Polynésie française, en compte à lui seul 76 —, mais on en trouve aussi dans l'océan Indien. Le terme atoll vient d'ailleurs des îles Maldives (*atolu*), au Sud-Ouest de l'Inde. Les Caraïbes sont pauvres en ce type de récif puisqu'on en dénombre seulement une dizaine dans leur domaine.

Les atolls présentent en général une forme circulaire ou ovale. Leur diamètre est très variable, de quelques kilomètres à plusieurs dizaines de kilomètres. La profondeur des lagons qu'ils isolent est de quelques dizaines de mètres. Elle se situe souvent vers 60-70 m, mais elle est parfois plus grande. Il peut exister des passes qui interrompent la continuité de l'atoll et permettent des échanges hydrologiques entre la mer et le lagon. Elles se localisent presque toujours du côté sous le vent, là où la croissance du corail est moins rapide.

Le fond du lagon a une topographie irrégulière. Il arrive qu'il soit parsemé de pâtés et hérissé de pinacles qui, lorsqu'ils sont couverts de corail vivant, affleurent au ras de l'eau. Des constructions se développent aussi sur le bord du lagon du côté sous le vent parce qu'il y arrive des vagues engendrées par le mouvement de l'air sur le plan d'eau. La sédimentation lagonaire est bien évidemment exclusivement carbonatée : se déposent des sables et des graviers coralliens apportés depuis la couronne récifale par l'eau des vagues qui la traverse en empruntant les collecteurs de platiers, appelés *hoa* en Polynésie, mais aussi des débris de coquilles de mollusques et de l'algue calcaire *Halimeda*, organismes qui vivent sur le plancher des lagons.

Les atolls portent souvent de petites îles, hautes de quelques mètres, inégalement réparties sur la couronne récifale car, en règle générale, elles sont plus nombreuses et plus étendues sur leur côté exposé aux houles dominantes. On désigne ces îlots sous le nom de *caye*. Certains sont submergés à marée haute. Les matériaux qui les constituent sont des sables et des galets coralliens et coquilliers. On connaît des cayes que de forts cyclones ont fait disparaître. Mais d'autres leur résistent. C'est le cas des *motu* de Polynésie. Des cocotiers y poussent à l'ombre desquels des groupes de pêcheurs ont construit des maisons. On y trouve aujourd'hui des villages de vacances car les atolls représentent des espaces de récréation recherchés. Les sables des cayes ou des *motu* sont localement consolidés en grès à ciment calcaire, appelé *beach rock*, qui résulte des alternances de dissolution et de précipitation du calcaire dans un milieu hautement carbonaté, submergé et exondé bi-quotidiennement au gré des marées. Souvent les *motu* de Polynésie s'accrochent sur du corail mort qui témoigne d'un niveau de la mer qui était de 1 à 2 m au-dessus de l'actuel, il y a environ 2 000 ans. Depuis, son abaissement a rendu possible l'occupation des atolls par les hommes.

Origine et évolution des récifs coralliens

Dès avant le milieu du siècle dernier, Darwin proposa une théorie explicative de la formation et de l'évolution des récifs coralliens. Il est intéressant de remarquer qu'elle fut le résultat d'un raisonnement déductif. Le célèbre naturaliste l'imagina au cours de son périple autour du monde alors qu'il était encore sur la côte occidentale de l'Amérique du Sud et qu'il n'avait pas encore vu dans la réalité des constructions coralliennes. Il prit contact avec elles en navigant en novembre 1835 dans l'archipel des Tuamotu et les îles de la Société où il fit une escale à Tahiti, puis en avril 1836 en découvrant les îles Cocos, dans l'océan Indien. Darwin exposa pour la première fois sa vue des choses en 1837 devant la Société royale de géologie d'Angleterre, puis la développa en détail dans un livre intitulé *The Structure and Distribution of Coral Reefs* et publié en 1842. Cette théorie, élaborée pour les îles coralliennes des archipels situés au milieu des océans — Darwin, au cours de son voyage, n'avait pas eu l'occasion de visiter la Grande Barrière d'Australie — est restée fameuse car elle a fait l'objet au début de vives critiques qui entraînèrent son discrédit. On n'y croyait plus guère au début du XXe siècle. Un ouvrage important, *The Coral Reef Problem* (1928), dû au grand géomorphologue américain W.M. Davis, la réhabilita et les forages profonds dont ont fait l'objet par la suite des récifs coralliens de l'océan Pacifique ont confirmé pour l'essentiel les vues de Darwin qui dans ce domaine autant que dans celui de la biologie a fait preuve de génie.

Darwin avait remarqué l'existence d'exemples de passage graduel du récif frangeant au récif-barrière et du récif-barrière à l'atoll. Pour lui, la clé qui permet de comprendre la formation et l'évolution de ces récifs est le phénomène de la subsidence, c'est-à-dire l'affaissement lent, régulier ou saccadé, du substrat rocheux qui porte les formations coralliennes dont la croissance, compensatrice de l'enfoncement, leur

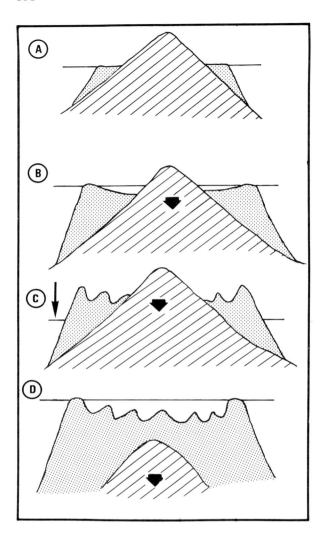

Fig. 39. — *Stades successifs dans l'évolution d'un récif corallien d'une île océanique subsidente.* A. Stade du récif frangeant. B. Stade du récif-barrière. C. Karstification de la construction corallienne pendant une période glaciaire (bas niveau marin). D. Stade de l'atoll.

permet d'éviter la submersion. La séquence des événements est décrite ci-après (fig. 39).

Une éruption sous-marine permet l'édification d'un cône volcanique qui finit par émerger des profondeurs océaniques. Quand l'activité magmatique cesse et lorsque les conditions écologiques requises pour la croissance des coraux hermatypiques sont réunies, apparaît un récif frangeant adossé au rivage de l'île ainsi formée. Si la position du niveau relatif de la mer restait stable, la construction corallienne ne se développerait que par progression latérale vers le large. Mais, une fois éteint, le volcan tend à s'enfoncer en affaissant le plancher océanique qu'il a surchargé. Le résultat est une élévation du niveau relatif de la mer. Le récif peut lutter contre elle, le corail croissant alors verticalement, mais pas sur son bord interne où l'eau n'est pas assez agitée. De ce côté le corail meurt et la plature progressivement submergée cède la place à un lagon qui entoure le relief volcanique initial. C'est le stade du récif-barrière nettement détaché de l'île centrale. La subsidence continuant, le récif continue à croître vers le haut sur son bord externe, le lagon à s'élargir et l'île à se réduire. A la fin, il ne reste plus qu'un récif de forme annulaire et un lagon dont la sédimentation est alimentée seulement par des débris arrachés à la couronne corallienne et des apports biologiques locaux. Le stade de l'atoll est atteint.

Un argument morphologique important en faveur de la théorie de Darwin, auquel lui-même, chose étonnante, n'avait pas songé, a été avancé par J.D. Dana dans son livre *Corals and Coral Islands*, publié en 1872, et il a été repris plus tard avec insistance par W.M. Davis. Il s'agit de l'existence de multiples baies, de forme allongée au point de ressembler parfois à des doigts de gant, qui échancrent les rivages des îles situées en arrière des récifs-barrières et qui se situent dans le prolongement de vallées encaissées. Ces baies ont été creusées par des cours d'eau avant d'être envahies par la mer. Elles résultent d'un ample ennoyage que la seule transgression marine postglaciaire ne suffit pas à expliquer et qui impose l'idée d'une importante submersion des îles qu'entourent les récifs-barrières. L'absence de véritables falaises autour de ces îles va dans le même sens : sans doute les vagues à l'arrière des récifs qui arrêtent la houle du large sont-elles faibles, mais leur action érosive est aussi prise de vitesse par l'affaissement des îles.

De fait, ce sont les forages profonds dont ont fait l'objet certains atolls de l'océan Pacifique qui ont représenté le test décisif pour juger du bien-fondé la théorie de Darwin. Celle-ci implique l'existence d'énormes épaisseurs de corail mort sous les couronnes dont seule la partie supérieure est constituée d'organismes vivants. Or, c'est bien ce qui a été constaté. Dans les îles Marshall, à Enewetak, le socle basaltique a été atteint à des profondeurs de 1 283 et de 1 408 m. Les coraux, qui reposent sur lui et qui sont incapables de vivre à plus de 30 ou 40 m au-dessous de la surface de l'océan, ont été datés de l'Éocène (34 à 53 millions d'années). A Mururoa, dans l'archipel des Tuamotu, on dispose des données stratigraphiques fournies par plusieurs sondages. L'un d'eux, implanté dans le lagon, a touché le substrat volcanique à 269 m de profondeur tandis que d'autres, placés en divers points de l'île, l'ont repéré entre 357 et 455 m (fig. 40). Ici les premières constructions coralliennes ont commencé à la fin du Miocène, il y a environ 10 millions d'années. Ainsi est confirmée la validité générale de la théorie de Darwin sur le rôle de la subsidence dans la formation et l'évolution des récifs coralliens.

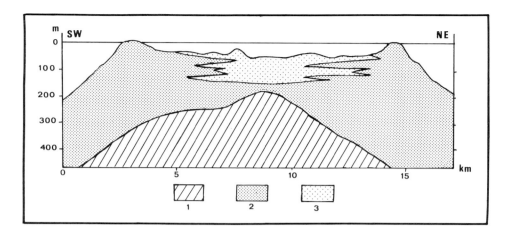

Fig. 40. — *Structure de l'atoll de Mururoa, archipel des Tuamotu, Polynésie française,* d'après D.M. Aissaoui, D. Buigues et B.H. Purser (1986).
1. Volcan basal. 2. Calcaire corallien. 3. Sédiments fins et pinacles lagonaires.

Mais, à l'époque de Darwin, la notion de glacio-eustatisme n'était pas encore connue. Aujourd'hui, on sait qu'au cours du Quaternaire, à plusieurs reprises, probablement une dizaine de fois pendant les 700 000 dernières années, se sont produits des abaissements et des relèvements du niveau marin de grande ampleur puisqu'ils ont pu intéresser une tranche d'eau de 100 m à 150 m d'épaisseur. Il n'est pas concevable que de telles variations n'aient pas eu d'effets sur les constructions coralliennes et il est nécessaire d'essayer de les évaluer. En 1910, R.A. Daly, dans un article qui fit date, intitulé *Pleistocene Glaciation and the Coral Reef Problem,* crut même que le glacio-eustatisme pourrait se substituer à la subsidence postulée par Darwin comme seul facteur explicatif de l'histoire des récifs coralliens. Les forages profonds dans les atolls, en révélant qu'ils étaient constitués d'accumulations d'organismes morts sur plusieurs centaines de mètres d'épaisseur, n'ont pas confirmé ce point de vue. Mais il reste que les variations glacio-eustatiques du niveau marin pendant le Quaternaire ont introduit des complications dans le schéma darwinien. Pendant les régressions, les édifices coralliens ont été largement émergés, et les lagons vidangés et nettoyés de leurs sédiments meubles. Les uns et les autres ont alors subi des actions de karstification, c'est-à-dire de dissolution différentielle de leurs matériaux calcaires par les eaux pluviales. En particulier, dans le fond des lagons exondés, des cuvettes circulaires ou elliptiques du type doline, se sont formées. Quant aux pinacles dont on a parlé, ils sont interprétés par certains auteurs comme des pitons résiduels qu'il faudrait assimiler aux tourelles ou aux mornes, qui caractérisent la topographie karstique en milieu tropical humide. C'est aussi pendant les périodes de bas niveau marin qu'ont été ouvertes les passes qui aujourd'hui, quand elles n'ont pas été ensuite bouchées par la reprise de la croissance du corail, constituent des brèches profondes dans les récifs-barrières et les atolls. Ces constructions représentaient alors des obstacles à l'écoulement vers la mer des eaux pluviales qui, en finissant par déborder, y ont entaillé des gorges. Dans certains cas, on a pu établir une continuité entre le cours d'eau d'une île centrale, une vallée fossile dans le lagon et une passe. La passe de Longogori, dans le récif-barrière de l'Est de Mayotte, montre une forme en méandre qui trahit clairement son origine fluviale. En période glaciaire de bas niveau marin, même si le refroidissement des eaux océaniques a été amorti aux latitudes tropicales, la croissance des coraux a dû être ralentie, voire arrêtée sur les marges du domaine madréporique actuel. L'analyse des échantillons prélevés à l'occasion des carottages faits dans certains récifs a d'ailleurs apporté la preuve que les constructions coralliennes avaient connu des périodes d'interruption dans leur édification. A Mururoa, par exemple, on a identifié sous le lagon quatre discontinuités attribuées à des abaissements du niveau de la mer pendant le Quaternaire. On a ainsi reconnu le récif édifié pendant la dernière période interglaciaire, il y a environ 125 000 ans, qui, bien que le niveau de la mer se soit situé alors à quelques mètres au-dessus de son niveau d'aujourd'hui, se rencontre vers −7 m sous le récif actuel à cause de la subsidence de l'édifice. Ailleurs, des périodes d'émersion des récifs ont aussi été clairement repérées dans les sondages à partir de diffé-

Photo 19. — Mayotte, archipel des Comores. Nécrose de coraux sur un récif frangeant, victimes d'un accroissement de la turbidité des eaux littorales dû à une érosion des sols dans l'île où les défrichements s'étendent sous la pression d'une population en forte augmentation.

rents indices : altérations d'origine subaérienne, recristallisations du carbonate de calcium, présence de gastéropodes terrestres. Plusieurs générations de coraux, séparées entre elles par des solutions de continuité, sont ainsi superposées dans les récifs.

Les déglaciations ayant été souvent brutales, les périodes de remontée du niveau de la mer n'ont pas été favorables au développement des constructions coralliennes. D'abord parce que la restitution des eaux de fusion des inlandsis aux océans a encore abaissé provisoirement la température des eaux de surface même si l'atmosphère terrestre se réchauffait. Ensuite, parce que la vitesse de l'élévation réelle du niveau de la mer s'ajoutant à la subsidence du socle des récifs exigeait un rythme de croissance rapide insoutenable pour les coraux, du moins pour ceux des régions écologiquement marginales.

A la fin des transgressions, avec la décélération du mouvement de remontée de l'eau qui devenait aussi plus chaude, la vie madréporique a retrouvé sa vigueur, d'avantage sur le bord externe des récifs que sur leur bord interne où les lagons sont réapparus. En Polynésie, le niveau actuel de la mer ayant été dépassé d'environ 1 ou 2 m entre 5 000 et 1 500 ans avant le Présent, on trouve des rochers de corail mort à quelques dizaines de centimètres au-dessus du platier balayé par l'eau de mer. Appelés là-bas *feo*, ils sont en cours de démantèlement par l'action mécanique des vagues et l'attaque physico-chimique des embruns. On a vu qu'ils servent souvent de points d'ancrage pour les *motu*.

Les apports des recherches géophysiques récentes

La justesse de la théorie de Darwin sur les conditions de formation et d'évolution des récifs coralliens a été aussi largement confirmée par les résultats des recherches géophysiques récentes sur la nature des fonds de l'océan Pacifique.

Prenons comme exemple, après Ch. Morhange, le cas des îles de la Société qui sont au nombre de quatorze. En venant du Sud-Est, la première île rencontrée est celle de Mehetia. Elle se présente sous la forme d'un cône volcanique, au cratère bien marqué, bordé par un récif frangeant embryonnaire et discontinu. Vient ensuite Tahiti, île haute (point culminant : 2 241 m), constituée par deux volcans de taille inégale dont les formes originelles sont encore bien conservées. Elle est ourlée par un récif frangeant qui localement a tendance à décoller de la côte. De Moorea à Bora Bora, en passant par Huahine, Raiatea et Tahaa, des récifs-barrières de plus en plus larges isolent des lagons de plus en plus vastes au milieu desquels des îles de plus en plus disséquées montrent des rivages aux indentations de plus en plus profondes. Maupiti qui n'a plus qu'une île

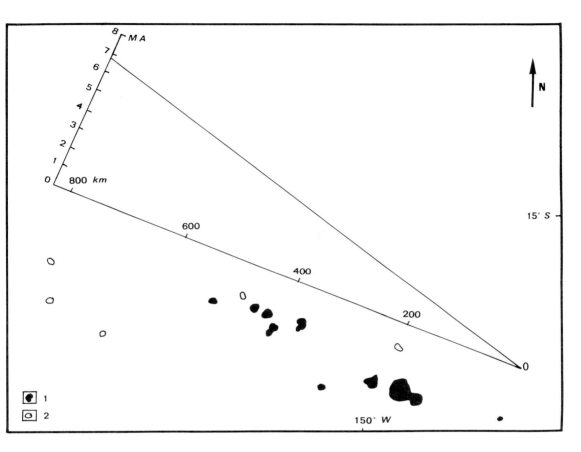

Fig. 41. — *Formation des îles de la Société, Polynésie française, par dérive de la plaque de l'océan Pacifique, à une vitesse de l'ordre de 12,5 cm par an, sur le point chaud situé à proximité de Mehetia*, d'après R.C. Brousse (1985).
Les volcans, dont l'âge a été déterminé par la méthode du potassium-argon, sont de plus en plus anciens au fur et à mesure que l'on va vers le Nord-Ouest. Ils sont sous le niveau de la mer au-delà de Maupiti. 1. Île haute. 2. Atoll.

centrale résiduelle est presque un atoll. Mopelia, Scilly et Bellinghausen sont eux de vrais atolls. Au-delà ont été encore repérés des monts sous-marins qui correspondent à d'anciens atolls aujourd'hui immergés. Ainsi, dans les îles de la Société, en allant vers le Nord-Ouest, sur une distance d'environ 900 km, on retrouve dans l'espace tous les maillons de la chaîne évolutive des récifs coralliens pressentie par Darwin, même si de petites îles intermédiaires, proches de Tahiti, Tetiaroa et Tupai, deux petits atolls, et Maiao, qui est presque un atoll, viennent rompre la belle régularité de la séquence.

Dans les îles de la Société, l'aspect morphologique de plus en plus dégradé des appareils volcaniques et, finalement, leur disparition lorsque l'on se dirige vers le Nord-Ouest suggèrent un âge de plus en plus ancien de l'activité volcanique en allant dans cette direction. Ceci a été confirmé par des datations radiométriques qui ont été obtenues par la méthode K/Ar (fig. 41). Après la solidification des roches volcaniques l'isotope ^{40}K se désintègre en argon qui reste inclus et dont le dosage permet de connaître l'âge des roches en question. La figure montre que le volcanisme est subactuel à Mehetia — des légendes polynésiennes donnent à penser que des éruptions ont encore eu lieu alors que l'île venait d'être occupée par des hommes dans les premiers siècles de l'ère chrétienne —, qu'il a un âge inférieur à 1 million d'années à Tahiti, qu'il date entre 3,9 et 4,5 millions d'années à Maupiti et que, par extrapolation, le cône submergé qui porte l'atoll de Bellinghausen a dû se construire il y a quelque 6 millions d'années.

Pour comprendre cette croissance vers le Nord-Ouest de l'âge des supports volcaniques des récifs coralliens des îles de la Société, il faut savoir que l'activité éruptive qui leur a donné naissance est liée à la présence d'un point chaud fixe, situé près de Mehetia, à la verticale d'un volcan sous-marin actif, le Teahitia dont la base est posée à 3 700 m de profondeur et dont le sommet monte à 1 450 m sous la surface de l'eau. Un point chaud s'identifie à un panache de matériaux en fusion, issu de l'asthénosphère, qui perce la plaque lithosphérique sus-jacente à la manière d'un chalumeau. Comme toutes ses congénères, la plaque de l'océan Pacifique qui nous intéresse ici est mobile. Elle s'écarte de la dorsale située dans la partie orientale de cet océan, là où par accrétion s'ajoutent continûment de nouvelles portions de croûte océanique, et elle dérive vers le Nord-Ouest à une vitesse estimée à 12,5 cm par an. Elle finit par disparaître dans des fosses de subduction, sous la plaque des Philippines ou sous celle de l'Eurasie. Le point chaud ne bougeant pas, on conçoit qu'un chapelet de volcans alignés va se former par suite du passage de la plaque à sa verticale, volcans qui cessent d'être actifs quand ils s'éloignent du panache de magma qui leur a donné naissance. On comprend alors l'âge croissant des volcans des îles de la Société lorsque l'on se déplace vers le Nord-Ouest. Quand à leur affaissement progressif qui permet de passer du récif frangeant au récif-barrière, puis à l'atoll, il s'explique parce que la plaque lithosphérique océanique se refroidit et s'épaissit en s'éloignant de la dorsale où elle se forme. Par conséquent, elle devient plus dense et elle déprime l'asthénosphère sous-jacente, d'autant plus qu'elle s'alourdit du poids des constructions coralliennes de plus en plus puissantes. Ils se produit ainsi une subsidence du lit océanique qui va encore s'accroître à l'approche d'une fosse de subduction. Le développement de l'édifice corallien est alors pris de vitesse, sa croissance verticale s'avérant incapable de compenser la montée devenue trop rapide du niveau marin relatif. La tranche d'eau ne cesse d'augmenter au-dessus du récif et les coraux hermatypiques finissent par mourir. L'atoll est alors submergé. La subsidence continuant, lorsque la profondeur dépasse plusieurs centaines de mètres, l'atoll submergé prend le nom de guyot, du nom d'un géographe suisse qui a travaillé aux États-Unis. Il existe des guyots dans tous les océans jusqu'à des profondeurs de 2 500 m, mais ils sont particulièrement nombreux dans l'océan Pacifique du Nord-Ouest. Sur certains d'entre eux, on a dragué des morceaux de coraux qui ont été datés du Crétacé (135 à 65 millions d'années). Mais tous les guyots ne sont pas d'anciens atolls. Certains monts sous-marins en forme de troncs de cône apparaissent constitués exclusivement par des roches volcaniques. On les interprète généralement comme d'anciennes îles arasées au niveau de la mer par l'érosion des vagues et immergées ensuite par la subsidence des plaques océaniques qui les portent. Cependant, à en croire H. Tazieff, des guyots auraient pu ne jamais être émergés. La forme aplanie de leur sommet, qui fait l'originalité de ces reliefs sous-marins, serait congénitale et caractéristique de l'émission de laves basiques dans un milieu océanique à pression hydrostatique élevée.

Inexorablement entraîné vers une fosse de subduction par le tapis roulant de la plaque océanique, un guyot qui peut donc être l'avatar ultime d'un récif corallien finit par y être englouti pour disparaître par digestion dans l'asthénosphère.

D'autres archipels océaniques que celui des îles de la Société peuvent aussi illustrer la séquence évolutive des constructions coralliennes qui vient d'être présentée à partir du modèle proposé par deux chercheurs américains, G.A.J. Scott et G.M. Rotondo, pour l'histoire des îles volcaniques de l'océan Pacifique (fig. 42). Un autre exemple se trouve dans le chapelet d'îles qui s'étend depuis Hawaii, caractérisée par le volcan du Mauna Loa et son annexe sans cesse en activité du Kilauea, jusqu'à l'atoll terminal de Kure dont le soubassement volcanique date d'envi-

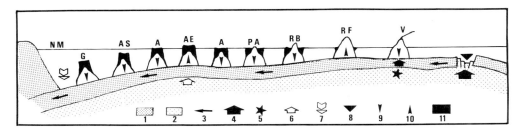

Fig. 42. — *Modèle d'évolution des îles volcaniques de l'océan Pacifique et des récifs coralliens qui leur sont associés*, d'après G.A.J. Scott et de G.M. Rotondo (1983).
1. Plaque lithosphérique. 2. Asthénosphère. 3. Sens de déplacement de la plaque lithosphérique. 4. Montée de magma dans la dorsale sous-marine. 5. Point chaud. 6. Bosse asthénosphérique. 7. Fosse sous-marine de subduction. 8. Fossé (*rift*) limité par des failles de la dorsale sous-marine. 9. Subsidence. 10. Surrection. 11. Construction corallienne.
V. Volcan. R.F. Récif frangeant. R.B. Récif-barrière. P.A. Presqu'atoll. A. Atoll. A.E. Atoll soulevé. A.S. Atoll submergé. G. Guyot. N.M. Niveau marin.

ron 40 millions d'années. Cet ensemble se prolonge ensuite, en dessinant un coude brusque, par les édifices volcaniques sous-marins, du type guyot, de la chaîne de l'Empereur orientée Sud-Nord. Le système se suit ainsi sur une distance de près de 6 500 km, l'aboutissement se faisant dans la fosse de subduction du Kamchatka, là où la plaque de l'océan Pacifique s'enfonce sous la plaque de l'Eurasie. Son originalité réside dans le passage de l'atoll à l'atoll submergé qui résulte ici en premier lieu de l'arrivée des récifs à des latitudes déjà élevées où la température des eaux devient trop basse pour que continue l'ajustement entre la vitesse de subsidence et celle de la croissance des coraux. Celle-ci finit par s'arrêter vers 28° de latitude Nord, au point dit de Darwin.

Dans l'océan Indien, au Nord-Ouest de Madagascar, l'agencement de l'archipel des Comores et des récifs coralliens associés aux îles qui le constituent peut également se comprendre à travers le modèle de G.A.J. Scott et de G.M. Rotondo. La Grande Comore (Ngazidja) possède un volcan actif, le Kartala, et des récifs frangeants incipients et discontinus du côté du Sud-Est. Moheli (Mwali) et Anjouan (Ndznani) correspondent à des volcans éteints dont l'âge se situe entre 400 000 et 1 500 000 ans avant le Présent. Ils sont entourés de récifs frangeants bien développés qui à Anjouan tendent par endroits à décoller du rivage. Vient ensuite Mayotte (Maore), où l'activité éruptive date d'il y a 3 à 4 millions d'années, île entourée d'un vaste lagon, lui-même limité par un très beau récif-barrière dont la continuité est interrompue par des passes. Plus à l'Est, le banc du Geyser et le banc des Glorieuses sont des constructions coralliennes posées sur des supports volcaniques. Le point chaud devrait se situer sous la Grande Comore, la plaque dérivant vers l'Est. Mais la preuve de la nature océanique de la croûte sous l'archipel des Comores reste à administrer.

L'occurrence d'atolls soulevés que Darwin n'avait pas manqué de remarquer illustre des accidents qui peuvent interrompre momentanément le déroulement normal de l'évolution des récifs coralliens.

On peut prendre comme exemple d'atoll soulevé l'île de Makatea, située dans l'archipel des Tuamotu, à 245 km au Nord-Est de Tahiti. Elle culmine à 113 m et sa côte est caractérisée par des falaises de calcaire corallien recristallisé, hautes de quelques dizaines de mètres. P.A. Pirazzoli a proposé pour expliquer la surrection de Makatea l'interférence de deux phénomènes qui affectent la plaque de l'océan Pacifique à proximité du point chaud qui a donné naissance aux îles de la Société. Il s'agit d'un rajeunissement thermique d'une part, d'une flexure lithosphérique d'autre part. Lorsque la lithosphère passe près de ce point chaud dans son mouvement de translation vers le Nord-Ouest, elle subit un réchauffement temporaire qui s'accompagne d'un amincissement, d'une diminution de densité et d'un soulèvement. Cette bosse asthénosphérique une fois passée, la lithosphère retrouve sa tendance à long terme au refroidissement et à la subsidence. On peut considérer que Makatea se trouve actuellement légèrement au-delà de la bosse. La flexure lithosphérique, elle, a une origine isostatique. Elle est due à la charge qu'exerce sur la lithosphère les produits des éruptions volcaniques qui ont donné naissance aux îles de la Société les plus récentes, c'est-à-dire Mehetia, Tahiti et Moorea. Un affaissement se produit à proximité d'elles tandis que, par compensation, se manifeste, à une distance comprise entre 150 et 330 km du barycentre des masses éruptives, un bourrelet concentrique de soulèvement. Il en résulte que Makatea qui aurait dû commencer à s'affaisser de nouveau puisque, dans sa migration, elle a déjà dépassé le sommet de la bosse asthénosphérique, continue en réalité encore à se soulever à une vitesse estimée de l'ordre de 0,05 mm/an, en raison de sa position à proximité de l'anneau de soulèvement isostatique situé autour de Tahiti.

A propos d'atolls soulevés, il convient aussi de citer les îles japonaises de Daito (Kita, Minami et Oki) qui en sont aussi des exemples bien connus. Elles ont encore été étudiées récemment par une équipe de géographes japonais sous la direction de Y. Ota. Ces îles sont remarquables par leur topographie en forme de saucière due à l'émersion de leur lagon qui est entouré d'une bordure annulaire élevée d'une cinquantaine de mètres au-dessus du niveau actuel de la mer. Elles sont situées sur la plaque des Philippines, à l'Est de la fosse des Ryu Kyu dans laquelle cette plaque disparaît par subduction. Mais la cause du soulèvement des îles de Daito n'est pas aussi claire que celle de la surrection de Makatea.

On s'est limité jusqu'ici à ne parler que des récifs coralliens liés à des îles océaniques. Mais on doit légitimement se demander si la théorie de Darwin peut aussi s'appliquer à la Grande Barrière d'Australie qui constitue le plus vaste ensemble de récifs coralliens d'un seul tenant dans le monde. Cette impressionnante construction s'est établie sur la bordure externe d'une plate-forme continentale. Sauf tout à fait dans le Nord, l'édification récifale n'a commencé à se faire que pendant l'ère quaternaire, il y a moins de 2 millions d'années, parce que, dans le cours de la dérive vers le Nord de la plaque qui la porte, l'Australie s'était jusque-là trouvée à une latitude australe trop élevée pour que la croissance des madréporaires s'y manifestât. Des sondages ont fait apparaître des épaisseurs de corail de moins de 300 m, ce qui implique l'intervention d'une subsidence modérée et, par la même, une confirmation du bien-fondé, dans ce cas aussi, des vues de Darwin. Au cours du Quaternaire, pendant les périodes glaciaires de bas niveau marin, la karstification des constructions coralliennes émergées a été importante. Des chenaux ont été alors creusés par des cours d'eau et, quand ils n'ont pas été obturés par la croissance des coraux à la fin des transgressions qui ont suivi, ils sont à l'origine des passes qui interrompent aujourd'hui la continuité des récifs. Ainsi, l'évolution de la Grande Barrière d'Australie apparaît comparable à celle des récifs coralliens océaniques, même si le cadre géostructural de cette évolution est fondamentalement différent : une plate-forme continentale dans le premier cas, des îles volcaniques surgies des profondeurs océaniques dans le second.

L'atoll, île-oasis dans un désert océanique

Dans leur partie centrale, les océans tropicaux sont de véritables déserts d'un point de vue biologique. C'est en particulier le cas de l'océan Pacifique vers 110°-130° de longitude ouest et entre 15° et 20° de latitude sud. Des hautes pressions atmosphériques centrées sur l'île de Pâques s'échappent des vents. Ce sont, de leur côté nord, les alizés, moteur du puissant courant marin sud-équatorial dirigé vers l'Ouest, et, de leur côté sud, les vents d'Ouest qui engendrent la grande dérive de l'océan Austral orientée vers l'Est. Ainsi, les eaux de surface sont entraînées dans un immense gyre qui les piège et les accumule en son centre. En raison de leur temps de résidence à des latitudes où la radiation solaire est forte, leur température est élevée. C'est précisément à cause de la chaleur permanente et de la lumière à profusion que ces eaux superficielles sont très pauvres en vie. En effet, les organismes qui tendent à pulluler consomment rapidement les sels nutritifs dissous. A la différence des océans et des mers des latitudes élevées où la saison froide impose au phytoplancton un repos pendant lequel peuvent se reconstituer les stocks de nutriments, il n'y a pas ici de rythme saisonnier. Dès que la chaîne alimentaire est tarie à sa source, la vie tend à disparaître. Les eaux dépourvues de plancton deviennent limpides : les mers tropicales sont remarquablement bleues et, comme l'a rappelé A. Guilcher, le bleu est la couleur désertique de la mer. Ces eaux superficielles chaudes — leur température est égale ou supérieure à 25 °C — étant légères, il n'est pas possible qu'elles soient remplacées par des eaux profondes qui sont plus denses parce qu'elles sont plus froides. Ces eaux profondes sont riches en sels nutritifs (nitrates, phosphates) que l'on peut qualifier d'engrais de la mer. En effet, situées dans l'étage aphotique, là où la lumière solaire n'arrive pas, elles ne permettent pas la vie du phytoplancton et le stock de nutriments reste inemployé. Ainsi, non renouvelées, privées d'apports terrigènes en raison de leur éloignement des continents, les eaux superficielles du centre de l'océan Pacifique tropical de l'hémisphère sud, pris ici comme exemple, constituent un cas extrême d'oligotrophie, état d'un milieu caractérisé par des teneurs peu élevées en éléments nutritifs dissous et une production organique faible. Or, les atolls qui parsèment cet océan constituent des écosystèmes très productifs. La vie y est aussi variée qu'exubérante tant sur la couronne récifale que dans le lagon. Le milieu océanique environnant étant oligotrophe, il y a là un paradoxe qu'il convient d'essayer d'expliquer.

Rappelons d'abord le modèle classique et simple des échanges hydrologiques entre l'océan et le lagon d'un atoll. Les vagues qui déferlent font passer l'eau océanique par dessus le platier corallien vers le lagon qui peut en recevoir aussi par la ou les passes lorsque la marée monte, le retour à l'océan se faisant par la même voie quand la marée baisse. Cependant, des études récentes conduites dans l'archipel des Tuamotu en liaison avec l'implantation du Centre d'expérimentation nucléaire de Mururoa en 1962, ont fait apparaître le phénomène suivant : sur une couronne récifale, l'eau en transit, non seulement ne voit pas diminuer sa quantité de sels nutritifs dissous, ce qui aurait pu expliquer la production organique importante du récif, encore que cette eau ait peu à offrir, mais elle s'enrichit même en nutriments avant qu'elle n'arrive dans le lagon. Il doit donc exister une voie d'arrivée des nutriments nécessaires au développement de l'écosystème autre que celle liée aux échanges hydrologiques de surface en raison de la pauvreté de l'environnement océanique.

Une explication a été proposée pour résoudre cette énigme. Elle repose sur un modèle de fonctionnement des atolls qui implique des remontées d'eaux profondes, riches en sels nutritifs, à travers la masse de la construc-

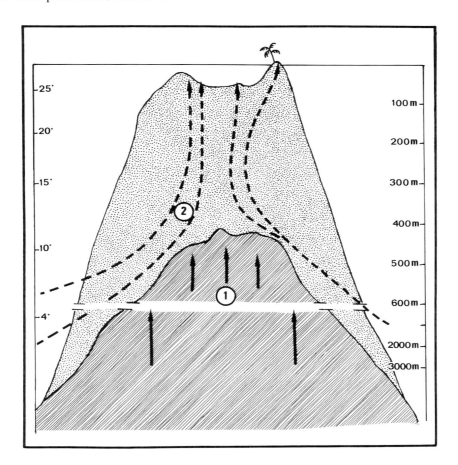

Fig. 43. — *Représentation schématique de l'endo-upwelling géothermique,* d'après F. Rougerie et B. Wauthy (1986).
1. Flux géothermique. 2. Eau océanique profonde de pénétration et d'ascension interstitielle dans la masse de la construction corallienne.

tion corallienne. Le mécanisme en jeu, appelé endo-*up*welling *géo*thermique, a été exposé en 1986 par F. Rougerie et B. Wauthy (fig. 43). On se rappelle que le terme d'*upwelling* désigne une ascension, à partir de quelques centaines de mètres de profondeur, d'eaux marines qui remplacent des eaux de surface écartées par le vent. Il en résulte un enrichissement en sels nutritifs de la couche superficielle euphotique et conséquemment un accroissement de sa production organique. Le préfixe *endo* précise que l'*upwelling* dont il est ici question se fait à l'intérieur de la construction corallienne. Quant au qualificatif de *géothermique*, il indique le moteur de l'ascension de l'eau qui est une chaleur dont la source est dans l'ancien volcan.

Le mécanisme de l'endo-upwelling géothermique repose sur la pénétration à la base de l'édifice organogène, épais et perméable, d'eaux océaniques profondes qui sont riches en sels nutritifs dissous. Ces eaux sont progressivement réchauffées par le flux géothermique émis à partir du socle volcanique sur lequel repose l'atoll et elles se mettent à circuler vers le haut dans le calcaire corallien et algaire, assez perméable pour se laisser aisément traverser. Elles peuvent de cette façon arriver jusqu'à la surface, atteignant aussi bien la couronne récifale que le fond du lagon. Les colonies de madréporaires vivants sont ainsi alimentées, de manière lente mais continue, en nutriments sans cesse renouvelés. Le mécanisme de l'endo-upwelling géothermique est rendu possible par la conjonction sur un même site de trois facteurs : un édifice corallien épais et poreux, un flux géothermique dans un substrat volcanique, un océan profond, qui est une source de nutriments, tout autour de l'atoll.

Il faut convenir que la théorie de l'endo-upwelling géothermique de F. Rougerie et de B. Wauthy rend compte de manière satisfaisante de nombreux phénomènes qui se manifestent dans le milieu des atolls. Elle explique d'abord la riche productivité de ces écosystèmes exigus qui contraste avec la pauvreté des étendues océaniques qui les entourent. Les atolls sont bien des oasis au milieu de déserts. Mais cette théorie peut aider à comprendre également d'autres aspects de ces récifs coralliens. On a dit plus haut que les pinacles et les pâtés de madréporaires qui souvent encombrent le fond des lagons pouvaient avoir une origine karstique et représenter le résultat d'actions de dissolution pendant les périodes glaciaires qui ont vu l'émersion des atolls par suite d'une baisse du niveau de la mer. L'endo-upwelling géothermique propose une explication alternative. Pinacles et pâtés correspondraient à des points d'aboutissement, dans le fond des lagons, de remontées d'eaux profondes qui favoriseraient le développement de bio-constructions de forme élancée ou massive.

Ce serait donc l'endo-upwelling géothermique qui permettrait à un atoll de se maintenir, par l'élaboration continue de calcaires organogènes, coralliens et algaires, compensant ainsi, non seulement les agressions mécaniques et biologiques dont il est l'objet, mais aussi la subsidence lente et inexorable de sa base volcanique qui le menace constamment de submersion. Lorsque le flux géothermique est suffisant, il n'a pas de difficulté à survivre grâce à une croissance verticale potentielle moyenne du corail d'environ quelques millimètres par an, alors que la plaque lithosphérique qui porte son socle ne s'affaisse que de 0,1 à 0,2 mm par an et que le relèvement eustatique actuel du niveau de la mer est, on l'a vu, de l'ordre du millimètre par an.

Mais, au fur et à mesure qu'il est entraîné par la dérive de la plaque lithosphérique, l'atoll s'éloigne du point chaud à la verticale duquel est né le volcan qui lui sert de socle. Il en résulte que l'activité magmatique faiblit, que le flux géothermique diminue, que l'endo-upwelling s'atténue et que l'écosystème perd de sa productivité. La croissance vers le haut de la couronne corallienne devient alors insuffisante pour compenser l'élévation du niveau de la mer. Elle est bientôt prise de vitesse et la pousse des madréporaires cesse lorsque la tranche d'eau devient assez épaisse pour interdire l'activité photosynthétique des zooxanthelles indispensables à la vie des coraux hermatypiques. L'atoll est alors submergé. Concurremment avec l'accélération de la subsidence à l'approche de la fosse de subduction où la plaque lithosphérique disparaît, l'affaiblissement de l'endo-upwelling géothermique expliquerait l'immersion d'un atoll. Quant aux atolls submergés, voire aux guyots, que, par exemple dans l'archipel des Tuamotu ou dans celui des Marshall, l'on rencontre à proximité de vrais atolls, juxtaposition aberrante qui va à l'encontre de la séquence évolutive normale, l'endo-upwelling géothermique peut aussi les expliquer : il s'agirait d'atolls prématurément décédés à cause d'un flux de chaleur devenu insuffisant pour maintenir le mécanisme en opération.

La théorie de l'endo-upwelling géothermique pourrait aussi éclairer la phosphatogenèse caractéristique de beaucoup d'atolls de l'océan Pacifique. Ainsi, la formation *in situ* d'un gisement d'apatite comme celui de Makatea, dans l'archipel des Tuamotu, qui a été exploité jusqu'en 1965, serait le résultat d'un processus diagénétique lié à un flux continu d'eau océanique profonde transportant du phosphore à travers l'édifice carbonaté de l'atoll. Cette eau contient aussi des matières organiques dites réfractaires qui peuvent s'accumuler dans la partie centrale anaérobie d'un lagon et être transformées lentement par réduction bactérienne en hydrocarbures dont on a noté des suintements dans certains atolls, comme l'île Tongatapu, dans l'archipel des Tonga.

Le modèle de l'endo-upwelling géothermique a été élaboré à partir d'observations faites sur des atolls de l'archipel des Tuamotu. Ses auteurs cherchent maintenant à l'étendre aux récifs-barrières qui isolent de vastes lagons, comme ceux de la Nouvelle-Calédonie, mais il est encore trop tôt pour conclure à sa généralisation.

Les agressions naturelles
contre les récifs coralliens

Les récifs coralliens sont victimes de destructions qui relèvent de phénomènes naturels.

Il y a d'abord la bio-érosion due à des organismes qui, par attaque mécanique ou chimique, en particulier par la dissolution, gênent les actions de leurs congénères constructeurs. Dans le cortège des êtres vivants agressifs pour les récifs coralliens, les plus performants sont les mollusques lithophages et les spongiaires excavateurs, en particulier *Cliona* qui est très efficace pour creuser le squelette des coraux. On trouve aussi des algues filamenteuses perforantes, comme *Conchocelis* ou *Ostreobium*, des annélides polychètes, par exemple *Diadema*, des crustacés également. Tous contribuent à l'ablation de matériaux au détriment des récifs. Des poissons aux mâchoires puissantes, à la dentition adaptée, s'attaquent de leur côté aux coraux et aux algues en les broutant. Ils rejettent de grandes quantités de particules calcaires qui contribuent de façon non négligeable à la sédimentation détritique récifale. On s'est employé à évaluer quantitativement cette bio-érosion qui peut atteindre des valeurs de l'ordre de $3 \text{ kg/m}^2/\text{an}$ sur le tombant externe des constructions coralliennes. En affaiblissant leur résistance par la multiplication de cavités, elle favorise indirectement leur destruction par les vagues.

Les éléments rocheux grossiers, qui forment des levées détritiques sur les platiers récifaux, ainsi que les têtes de nègre, ces gros blocs éparpillés à leur surface, témoignent d'actions violentes d'arrachage sur les constructions coralliennes pendant les fortes mers. Des phénomènes météo-marins de faible fréquence mais de forte magnitude, comme les cyclones et les tsunamis, sont à l'origine de destructions mécaniques, parfois spectaculaires. Les hurricanes d'Amérique centrale ou les typhons d'Extrême-Orient engendrent des ondes de tempête qui poussent l'eau vers les rivages et font déferler de hautes vagues sur les fronts récifaux où elles commettent des dégâts. Les cyclones n'affectent pas les latitudes proches de l'équateur, mais celles qui sont voisines des tropiques, dans les régions occidentales des océans. Exceptionnellement, ils peuvent se manifester dans l'océan Pacifique central. Ainsi, pendant l'été austral 1982-83, période de Niño très marqué, entre le mois de décembre et celui d'avril, six cyclones ont touché les îles de la Polynésie française qui de temps à autre — ce fut le cas en 1946, 1960 et 1964 — sont aussi atteintes par les énormes vagues de tsunamis provoqués par des éruptions volcaniques ou des séismes sous-marins. F. Bourrouilh-Le

Jan et J. Talandier attribuent à l'action destructrice de ces phénomènes exceptionnels les blocs cyclopéens — leurs dimensions peuvent atteindre 15 × 10 × 5 m et leur poids avoisiner 1 500 t — qui parsèment l'atoll de Rangiroa, dans l'archipel des Tuamotu, jusque sur les bords du lagon. Dans le même archipel, sur l'atoll de Tikehau, par endroits, plus de 50 % des communautés coralliennes vivantes ont été détruites jusqu'à 40 m de profondeur par des avalanches de blocs arrachés sur la pente externe du récif, lors des cyclones de 1982-83. Après les tempêtes, les écosystèmes coralliens se reconstituent plus ou moins rapidement, mais la part respective des différentes espèces qui les constituent peut s'en trouver modifiée. Sur les *keys* de Floride, cinq ans après le passage de l'hurricane Donna en 1960, ses destructions n'étaient plus visibles et, à Key Largo, les peuplements d'*Acropora cervicornis*, à croissance rapide, s'étaient considérablement étendus aux dépens d'autres espèces de coraux.

Au cours des dernières décennies, on a remarqué la prolifération d'un prédateur des coraux qui menace de mort de nombreux récifs. Il s'agit d'*Acanthaster planci*, une belle astérie qui peut atteindre 60 cm de diamètre, appelée vulgairement en anglais *crown of thorns* (couronne d'épines). Cette redoutable étoile de mer, qui a fait des ravages sur la Grande Barrière d'Australie à partir des années soixante, se nourrit de polypes vivants dont elle digère les tissus, ne laissant que des squelettes blanchis parfaitement nettoyés. Elle montre une prédilection pour les coraux branchus, en particulier le *genre Acropora* qui constitue pour elle une proie préférentielle. *Acanthaster planci* est responsable de destructions étendues, mais seulement dans le domaine indo-pacifique. Elle est inconnue dans les parages du monde caraïbe.

On s'est évidemment interrogé sur les causes de cette soudaine infestation de certaines parties du monde corallien par *Acanthaster planci* et des dizaines de programmes de recherches ont été financés par le gouvernement australien, à juste titre inquiet pour l'avenir de la Grande Barrière où, sur certains récifs, on avait noté des dégâts affectant jusqu'à 90 % de leur surface. Des activités humaines ont été incriminées, et d'abord l'extension dans l'État du Queensland de la culture intensive de la canne à sucre qui implique l'utilisation massive d'engrais. Il en est résulté un enrichissement des eaux littorales en nutriments apportés par les eaux de ruissellement, donc un accroissement du phytoplancton et, par voie de conséquence, une prolifération des larves d'*Acanthaster planci*. Les ramassages systématiques de *Charonia tritonis*, une sorte de buccin dont la conque, qui peut avoir une trentaine de centimètres de long, est très recherchée par les collectionneurs de coquillages, ont aussi fait l'objet d'une accusation. En effet, ces grands gastéropodes sont des prédateurs prouvés de la redoutable étoile de mer qui mange les coraux. Cependant, comme *Acanthaster planci* a aussi fait des ravages sur des récifs où ces causes humaines de son explosion démographiques ne peuvent être invoquées, comme ceux de la mer Rouge par exemple, certains chercheurs ont avancé l'hypothèse d'une prolifération passagère relevant d'un phénomène naturel. Il s'agirait d'une expansion normale et périodique d'un prédateur dont les destructions provisoires seraient nécessaires au maintien de la diversité des constituants et au bon équilibre des différentes populations dans les systèmes récifaux. Les dégâts dont souffrent plus particulièrement certains coraux permettraient à d'autres, moins compétitifs, de se réimplanter. On a d'ailleurs noté, au cours des années quatre-vingt, une régression des *Acanthaster planci* sur la Grande Barrière d'Australie et la reprise de la vie corallienne paraît rapide là où la menace s'estompe. A Guam, dans l'archipel des Mariannes, il a fallu seulement une douzaine d'années pour que des récifs recouvrent leur état antérieur à une dévastation par une invasion d'*Acanthaster planci*.

Les coraux bâtisseurs des récifs du golfe de Chiriqui, sur la côte pacifique de Panama, ont connu une période de mortalité soudaine et étendue au début de l'année 1983. Les plus atteints ont été des hydrocoralliaires, tout particulièrement le genre *Millepora* parfois détruit à 100 %, laissant des surfaces blanchies et recouvertes d'algues macrophytes. Les scléractiniaires ont mieux résisté. On a rendu responsable de cette hécatombe le Niño qui, on l'a dit, s'est manifesté en 1982-83 avec une intensité et une durée inhabituelles. Ainsi, dans le golfe de Chiriqui, au début de l'année 1983, les températures des eaux de surface, qui généralement se situent entre 20 et 25 °C, ont pu atteindre 32 °C. Dans de telles conditions, il est raisonnable de penser que certains coraux n'ont pu résister au stress physiologique que représente une telle hausse thermique, leur mort ayant été entraînée par une expulsion en masse des zooxanthelles. Au commencement de l'année 1991, année de Niño également, on a constaté dans les îles de la Société, d'abord à Tahiti, puis jusqu'à Bora Bora, un blanchiment et une mortalité anormalement élevée de coraux. L'élévation de la température des eaux n'ayant été que d'environ 1 °C et le phénomène ne s'étant pas produit lors de précédents épisodes de Niño, certains ont pensé à un effet de l'affaiblissement de la couche d'ozone stratosphérique permettant une pénétration accrue des rayons ultra-violets. Mais, il serait bien entendu prématuré d'affirmer qu'il y a là un risque de disparition généralisée dans un avenir proche des récifs coralliens vivants.

Ainsi, il apparaît qu'à l'état naturel la croissance des récifs coralliens se fait par à-coups. Elle résulte d'un bilan dynamique positif entre des actions édificatrices de calcification, de lithification, de cimentation de nature organique et chimique d'une part, des phénomènes de destruction d'origine biologique et mécanique d'autre part.

L'Homme et les récifs coralliens

Les récifs coralliens constituent donc des écosystèmes très complexes et hautement productifs qui ont la capacité de résister aux agressions naturelles dont ils sont l'objet. Mais ils montrent une grande fragilité vis-à-vis des pressions qu'exercent sur eux des activités humaines diverses, lourdes de dangers, car elles menacent en beaucoup d'endroits l'existence même de ces formes littorales très originales.

On peut regrouper sous quelques grandes rubriques les périls d'origine anthropique qui pèsent actuellement sur les récifs coralliens. Il y a d'abord la pêche dont plusieurs méthodes sont inutilement destructrices pour le milieu récifal. Aux Philippines, les techniques de prise, connues sous les noms de *muro ami* et *kayakas*, sont particulièrement nocives. L'une et l'autre impliquent de frapper violemment avec de lourdes pierres ou de gros bâtons le corail, donc de le casser, pour faire du bruit et chasser les poissons vers les filets. Le recours au dynamitage, à l'origine de dégâts encore plus étendus, s'est généralisé depuis la Deuxième Guerre mondiale, en particuliers dans les îles de l'océan Pacifique sur lesquelles les armées japonaise et américaine ont laissé derrière elles d'énormes quantités d'explosifs. Le lagon qui entoure l'île de Wallis a été ainsi complètement dévasté.

Les activités extractives sont très agressives. Les coraux vivants et morts des récifs procurent à beaucoup de communautés des côtes et des îles tropicales une source commode, et la seule dans le cas des atolls, de matériaux de construction. Ils sont aussi utilisés pour la fabrication de la chaux, activité traditionnelle à l'île Maurice, dans l'océan Indien, où le ramassage des « platins (*Acropora*) et des « têtes de mort » (*Porites*) a alimenté des fours qui font partie des paysages classiques des côtes de l'ancienne île de France. Un peu partout, les volumes rocheux enlevés aujourd'hui aux récifs, par des moyens mécaniques, dépassent de beaucoup leur capacité naturelle de restauration. A Tahiti, pour une surface de construction corallienne estimée à 160 km^2 et une population de l'ordre de 100 000 personnes, l'extraction représente 2 m^3 par an et par habitant. Des sables sont aussi dragués dans les lagons. On les utilise pour la fabrication de ciment et surtout comme matériaux de remblai pour les travaux de génie civil. Ces prélèvements provoquent une grande turbidité des eaux, donc une diminution de la pénétration de la lumière et une sédimentation fine qui font régresser les populations de coraux. De ce point de vue, les systèmes mécaniques d'enlèvement (dragues, bennes) sont plus pernicieux pour le milieu lagunaire que les procédés hydrauliques (pompes aspirantes et refoulantes). Des recherches pétrolières, comme celles, heureusement aujourd'hui interdites, qui ont eu lieu sur la Grande Barrière d'Australie, sont dangereuses par les risques d'épandage d'hydrocarbures dont la nocivité pour les coraux et leurs commensaux est grande. Des études menées en mer Rouge, dans le fond du golfe d'Aqaba, ont mis en évidence les effets dommageables sur les récifs voisins du port israélien d'Eilat de taches d'hydrocarbures dues à des nettoyages de cuves de navires ou à des fuites à partir du terminal pétrolier.

Des rejets de stériles miniers dans les eaux littorales accroissent leur turbidité et, partant, dégradent les conditions de vie des coraux dont les populations, en particulier celle des madréporaires branchus, peuvent alors connaître des régressions spectaculaires. Aux Philippines, dans le Sud de l'île de Negros, les rejets d'une exploitation de cuivre dans le cours aval de la rivière Pagatban ont complètement fait disparaître, à proximité de son embouchure, un récif frangeant qui est devenu un banc de sable. En Nouvelle-Calédonie, les récifs coralliens ne semblent pas avoir véritablement souffert de l'augmentation de la sédimentation fine littorale liée à un accroissement du transport solide de nombreux cours d'eau, accroissement dû au ravinement par le ruissellement des stériles des mines de nickel. Mais on s'inquiète tout de même de leur avenir.

Il faut aussi incriminer des activités agricoles. On a déjà fait allusion, à propos de la prolifération sur la Grande Barrière d'Australie d'*Acanthaster planci*, ce terrible prédateur du corail, à la responsabilité possible d'une agriculture intensive de la canne à sucre ayant largement recours aux engrais chimiques. Il convient d'y ajouter l'utilisation massive d'autres produits dont une partie est aussi entraînée vers les eaux littorales par les écoulements de surface, comme les herbicides qui sont capables de détruire les zooxanthelles et les pesticides qui s'attaquent au zooplancton. Mais, c'est l'extension des défrichements qui peut avoir des conséquences graves pour la vie même des récifs coralliens lorsqu'elle déclenche, comme c'est souvent le cas dans le domaine tropical humide, une érosion des sols à l'origine d'un accroissement considérable de la turbidité côtière. Pour illustrer ce propos, on peut prendre le cas de l'île de Mayotte, étudié par A. Guilcher et B. Thomassin. Des recherches sur la sédimentation dans son lagon ont été menées en 1959 et 1983. Elles font apparaître, en vingt-quatre ans, une augmentation importante des apports terrigènes venus de l'île centrale et une diminution de la fraction carbonatée organogène qui peut atteindre 40 %. Ces résultats traduisent une régression notable de la vie corallienne sur les récifs frangeants, dans le lagon, mais aussi sur la pente interne du récif-barrière. Cette régression s'exprime par un spectaculaire phénomène de blanchiment qui est susceptible d'affecter de nombreux scléractiniaires et tous les hydrocoralliaires. La côte de l'île centrale s'envase et corrélativement la mangrove s'étend. Cette évolution doit être reliée à une récente érosion des sols provoquée par une rapide croissance de la population qui est passée de 23 364 habitants en 1958 à 50 035 en 1980, la densité s'élevant ainsi de 62 à 139 personnes par km^2. Les cultures se sont étendues sur les fortes

pentes de l'intérieur de l'île et elles ont entraîné un ravinement dramatique des sols, favorisé par un climat tropical pluvieux. La turbidité des
eaux lagonaires a augmenté et les coraux en souffrent. Mayotte fournit
ainsi un exemple significatif de l'impact nuisible des activités agricoles
d'un groupe humain, devenu trop nombreux, sur un milieu récifal anté-
rieurement équilibré et aujourd'hui déstabilisé.

C'est aussi une élévation de la turbidité des eaux littorales, due à une
érosion des sols, qui explique le ralentissement de la vie corallienne à la
Martinique depuis environ 500 ans. Sur la côte orientale de l'île, exposée
à l'alizé, R. Battistini a décrit des récifs où les madréporaires sont mori-
bonds et en voie d'encroûtement. Des algues brunes de grande taille, spécialement des sargasses, les recouvrent.

Les récifs coralliens ont également été les victimes du développement
de l'urbanisation au cours du XXe siècle. A Djeddah, en Arabie Séoudite,
ville qui est passée de 50 000 à 1 000 000 d'habitants de 1950 à 1980, le
récif frangeant vivant a complètement disparu sous les aménagements de
bord de mer. En Australie, dans la région de Whitsunday, l'aéroport de
l'île d'Hamilton a été partiellement construit sur un récif corallien. Les
rejets des effluents urbains, surtout quand ils ne sont pas traités avant leur
déversement en mer, sont tout spécialement nocifs pour les coraux. Ils
engendrent le phénomène d'eutrophisation qui se traduit par une diminution considérable de l'oxygène dissous dans les eaux littorales à cause
d'une prolifération d'organismes liée à l'abondance d'éléments nutritifs.
Les équilibres biologiques sont alors modifiés et les coraux sont les premiers à pâtir de ces changements. Ainsi, dans l'île d'Oahu, à Hawaii, ceux
de la baie de Kanohe, où ont abouti pendant trente ans, jusqu'en 1978,
des égoûts urbains, ont connu un taux de mortalité allant de 25 % à
100 % selon le degré de pollution des eaux environnantes. Ils ont été
recouverts par une algue verte, *Dictiosphaeria cavernosa*, qui a atteint des
tailles gigantesques inhabituelles. Dans un milieu eutrophisé, les madréporaires, qui ont un développement lent, sont les victimes des algues benthiques à croissance rapide qui finissent par occuper l'espace au
détriment des coraux. De la même façon, autour de Green Island, haut
lieu touristique de la Grande Barrière d'Australie dans les environs de
Cairns, les herbiers sous-marins ont proliféré au grand dam des récifs
coralliens dans un milieu pollué par des rejets d'effluents. A toutes ces
nuisances liées à l'urbanisation, il faut ajouter celles induites par les centrales énergétiques et les usines de dessalement de l'eau de mer. Le déversement d'eaux issues des systèmes de refroidissement des premières
modifie les conditions thermiques du milieu marin dont les caractéristiques de salinité sont affectées par les secondes. De telles transformations
peuvent être fatales pour les coraux qui ont dans ces domaines des exi-
gences écologiques précises.

Il reste encore à parler du tourisme qui, le développement du trafic aérien aidant, s'est étendu aux rivages coralliens du monde entier, même les plus reculés, tant ils sont attractifs pour la récréation et la détente des habitants à haut niveau de vie des pays développés. Plus de deux millions de personnes se rendent chaque année sur les récifs de la Grande Barrière d'Australie. En 1983, quelque 1,5 millions de visiteurs sont entrés dans le parc de John Pennekemp et le sanctuaire de Key Largo en Floride. Dans ces conditions, les récifs coralliens subissent une pression humaine qui leur est très dommageable. Les activités de loisir les plus communes comprennent la marche sur les platures à marée basse, le ramassage de coraux et de coquillages ainsi que la pêche, la navigation de plaisance, l'achat de souvenirs coralliens dans les boutiques pour touristes. Tous ces comportements contribuent à la dégradation des récifs. Les promeneurs écrasent sous leurs pieds les organismes fragiles. Les plongeurs, amateurs d'échantillons, détruisent les populations de madréporaires branchus avec leurs marteaux et leurs pinces. Les dégradations des ancres des bateaux qui fréquentent les récifs sont énormes. A l'occasion d'un seul arrêt, l'ancre, pesant 4 540 kg, et la chaîne d'une embarcation de 160 m de long, transportant 788 passagers, a détruit une surface de 3 150 m² de corail le 13 janvier 1985 sur un récif de l'île Cayman, dans les Antilles. Quant au corail et ses associés, matières premières d'objets de bijouterie et d'ornement, ils n'alimentent pas que les magasins locaux fréquentés par les touristes. Ils font aussi l'objet d'un commerce international à longue distance. Pour la seule année 1976, avant qu'une réglementation sévère ne soit adoptée, les Philippines avaient exporté 1 800 tonnes de corail brut dont 1 200 tonnes vers les États-Unis.

Le bilan des agressions humaines sur les récifs coralliens est plus lourd que celui des destructions naturelles. Le problème de la survie de ces récifs est posé.

La sauvegarde des récifs coralliens

La prise de conscience de la richesse, de la beauté, mais aussi de la fragilité des récifs coralliens a eu comme résultat, au moins dans certains pays, l'adoption de lois ou de règlements dont le but est d'arrêter leur dégradation en définissant les principes d'une gestion susceptible d'assurer leur sauvegarde.

C'est en Australie que les plus grands efforts ont été faits dans ce domaine. En 1975, le gouvernement fédéral de ce pays a décidé la création d'un vaste parc marin, divisé en cinq sections, couvrant environ 350 000 km² et incluant quelque 2 500 récifs de la Grande Barrière qui, depuis 1981, figure sur la liste du patrimoine mondial de l'UNESCO. On a adopté un système de zonage qui implique des niveaux différents d'utilisation des milieux récifaux. Il existe d'abord une zone A d'usage général, la plus vaste, dans laquelle les activités de commerce, de pêche et de récréation sont libres, mais l'exploitation d'éventuelles ressources minières, en particulier les hydrocarbures, est prohibée. Dans la zone B d'usage général, la navigation commerciale et le chalutage sont interdits. Dans le parc national marin proprement dit, la zone A se caractérise par des activités de loisirs, la pêche à la ligne ainsi que la collecte de corail ou la chasse sous-marine étant permises dans des limites raisonnables. Un tampon, en général d'une largeur de 500 m, peut la séparer de la zone B où l'accessibilité reste libre, mais où la seule activité autorisée est l'observation (*look but don't take!*). Certaines zones sont réservées à la recherche scientifique tandis que d'autres, d'accès strictement interdit, constituent des sanctuaires. Même dans les zones ouvertes au public, des fermetures temporaires peuvent être décidées pour aider à la reproduction d'espèces ou à la restauration après des dommages importants d'origine naturelle ou anthropique. Associer gestion et protection en les appuyant sur l'investigation et l'éducation résume la politique de l'autorité chargée de l'administration du parc marin de la Grande Barrière. Mais toutes les mesures qui viennent d'être indiquées ne mettent pas les récifs à l'abri des nuisances qui proviennent des activités humaines sur le continent, en particulier des dommages liés à la culture de la canne à sucre qui est responsable d'une augmentation de la turbidité et de la pollution des eaux littorales (érosion des sols, usage d'engrais, de pesticides et d'herbicides). On ne voit pas comment on pourra se protéger de ces facteurs de dégradation auxquels sont en particulier très sensibles les récifs frangeants de la côte du Queensland.

Ailleurs dans le monde, il existe aussi des parcs et des réserves, plus ou moins étendus, dans lesquels des mesures de conservation sont inégalement appliquées. Key Largo, en Floride, a un sanctuaire marin où les récifs coralliens sont strictement protégés. Dans cet État, le ramassage du corail à des fins commerciales est totalement prohibé et on a mis au point des systèmes de mouillage qui évitent les destructions dues aux systèmes d'ancrage traditionnels. Aux Philippines, les exportations de corail ont chuté, mais l'application d'une réglementation drastique est difficile dans un pays pauvre où des populations vivent du ramassage du corail.

Parce que les hommes sont en train de les détruire rapidement, souvent par ignorance, les récifs coralliens paraissent avoir un avenir sombre à moins que de gros efforts ne soient faits sans retard pour les sauver. A l'exception de l'Australie, des États-Unis et d'Israël, ces récifs se rencontrent dans des pays du tiers-monde. S'il est aisé d'indiquer les précautions à prendre et les interdictions à appliquer pour une bonne gestion de ces milieux fragiles, il est difficile d'imposer des restrictions à leur utilisation dans des contrées aux ressources limitées, au niveau de vie bas, dans lesquelles vivent des communautés humaines nombreuses qui tirent, dans une large mesure, leurs moyens d'existence des récifs coralliens. Comme à ces menaces associées à des interventions humaines directes s'ajoutent des risques liés à des changements planétaires (élévation du niveau de la mer, augmentation des températures des eaux de surface, mitage de la couche d'ozone), la survie de ces formes littorales très fragiles constitue un défi qu'il ne sera sans doute pas facile de relever.

ORIENTATION BIBLIOGRAPHIQUE

BATTISTINI (R.), *et al.*, Éléments de terminologie récifale indo-pacifique, *Téthys*, 1975, 7, 1, 1-111.

GOREAU (T.F.), GOREAU (N.) et GOREAU (T.J.), Coraux et récifs coralliens, *Pour la Science*, 24, 1979, 24, 77-88.

GUILCHER (A.), *Coral Reef Geomorpholgy*, John Wiley, Chichester, 1988, 228 p.

HOPLEY (D.), Anthropogenic influences on Australia's Great Barrier Reef, *Australian Geographer*, 1988, 19, 26-43.

KENCHINGTON (R.), Les écosystèmes des récifs coralliens : une ressource dont le niveau peut être maintenu, *Nature et Ressources*, 1985, 21, 18-27.

PIRAZZOLI (P.A.) et MONTAGGIONI (L.F.), Variations quaternaires du niveau relatif de la mer et géodynamique en Polynésie française, *Bulletin Centre Géormophologie CNRS*, 1989, 36, 153-156.

ROUGERIE (F.) et WAUTHY (B.), Le concept d'endo-upwelling dans le fonctionnement des atolls-oasis, *Oceanologica Acta*, 1986, 9, 2, 133-148.

ROUGERIE (F.), SALVAT (B.) et TATARATA-COURAUD (M.), La « mort blanche » des coraux, *La Recherche*, 1992, 23, 826-834.

SALVAT (B.), *Impact des activités humaines sur les récifs coralliens : connaissances et recommandations*, Antenne Museum EPHE, Tahiti, 1987, 253 p.

SALVAT (B.), Coral reefs: a challenging ecosystem for human societies, *Global Environment Change*, 1992, 1, 12-18.

THOMASSIN (B.A.), Les récifs coralliens, *Le Courrier du CNRS*, 1982, 46, 44-49.

Chapitre 7

CÔTES DISPARUES :
LE MYTHE DE L'ATLANTIDE

On retrouve dans l'histoire de beaucoup de peuples la croyance en des terres brusquement abîmées dans la mer. L'engloutissement de l'île des Atlantes rapporté par Platon, la submersion au Ve siècle de la ville d'Ys, dans la baie de Douarnenez, en Bretagne, l'envahissement par la mer en 709 de la forêt de Scissy qui aurait entouré le Mont-Saint-Michel relèvent de la légende Il reste que des événements réels, conservés dans la mémoire collective des hommes, mais déformés par l'imagination populaire et l'intervention poétique, ont sans doute été au départ de ces récits à caractère merveilleux. L'explosion volcanique qui détruisit une grande partie de l'île de Santorin, dans l'archipel des Cyclades, en mer Égée, il y a 3 500 ans, est peut-être à l'origine du mythe de l'Atlantide. Mais point n'est besoin de remonter aussi loin dans le temps pour avoir des exemples d'effondrement brutal et spectaculaire dans les flots d'espaces littoraux.

La catastrophe de Nice

La catastrophe qui s'est produite à Nice en 1979 est encore dans toutes les mémoires. La ville manque d'espaces plats et, pour en gagner, on n'a pas hésité à construire sur la mer. On a pu ainsi doubler la surface de l'aéroport au-delà duquel des travaux furent ensuite entrepris pour aménager un nouveau port de commerce. Cette politique de poldérisation urbaine menée sur une marge continentale instable n'était pas exempte de dangers. De fait, soudainement, le 16 octobre 1979, vers 14 heures, alors qu'aucune secousse sismique ne s'était produite, le terre-plein du port en construction, soit quelque 5 ou 6 millions de m^3 de matériaux rapportés, disparut dans la mer et une digue de 300 m de long s'abîma dans l'eau avec les dix personnes qui s'y trouvaient. Le phénomène ne dura que quelques minutes. Au même moment, mais la chronologie exacte des faits a été discutée, après une baisse sensible du niveau de la mer, une vague inattendue de 2 à 3 m de haut s'abattit sur le littoral des alentours d'Antibes. Elle fut suivie par des oscillations du plan d'eau d'ampleur décroissante qui durèrent plus de 4 heures et affectèrent la côte sur une longueur d'une centaine de kilomètres. A ces désordres de surface s'ajoutèrent le même jour des perturbations sous-marines. Des ruptures de câbles téléphoniques immergés au large du continent se produisirent. A 17 heures 45 TU, le câble unissant Gênes à Barcelone, situé à 80 km de Nice et à 2 500 m de profondeur, fut endommagé sur 30 km de longueur. A 22 heures TU, celui qui relie Gênes à Sassari en Sardaigne, posé à 110 km de Nice et par 2 600 m de fond, fut à son tour sectionné sur plus de 30 km. On le voit, ce qui s'est passé à Nice le 16 octobre 1979 a été un événement de taille. Deux questions se posèrent aussitôt. Quelle en avait été la cause? Pouvait-on le prévoir?

Un environnement fragile

Il convient de rappeler d'abord les caractéristiques du cadre naturel dans lequel la catastrophe s'est produite (fig. 44). Le Var, comme tous les cours d'eau méditerranéens qui descendent de montagnes, peut connaître, surtout en automne et en hiver, des écoulements brutaux et abondants, à forte charge solide. Ces crues prennent l'aspect de laves torrentielles dont les matériaux s'accumulent au débouché des reliefs, à proximité de la côte. Avec le temps, ces dépôts détritiques ont constitué un cône de déjection, souvent appelé à tort le delta du Var, aujourd'hui urbanisé. Cette construction s'avance sous la mer, sur la plate forme-continentale qui est ici peu profonde, moins de 25 m, et très étroite, sa largeur variant entre 500 et 1 000 m. Cette plate-forme est limitée par un talus à pente raide, de l'ordre de 10 à 15 % dans sa partie supérieure, qui conduit directement à des profondeurs de 2 000 m à une vingtaine de kilomètres seulement du rivage. Le front du cône sous-marin qui se situe à l'aplomb de l'accore connaît un équilibre précaire. En effet, il est incisé par de nombreux ravins dus à des éboulements localisés qui sont, par leur comportement, proches des avalanches et qui, comme elles, tendent à se produire toujours aux mêmes endroits. Le cône immergé est aussi instable dans sa masse car il est constitué principalement de sédiments meubles et fins, des sables, mais aussi des

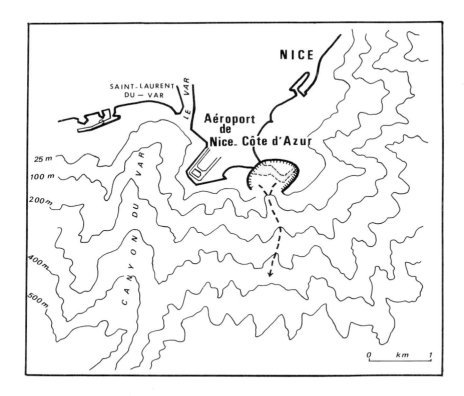

Fig. 44. — *Le delta sous-marin du Var et la situation de l'aéroport Nice-Côte d'Azur*, d'après M. Gennesseaux et J.R. Vanney (1988). Le croquis montre la localisation du remblai effondré et la direction du glissement sous la mer.

limons et des argiles riches en eau, thixotropiques, c'est-à-dire aptes à se liquéfier quand elles sont ébranlées, donc à glisser par pans entiers.

Une cause supplémentaire de la fragilité de cet édifice est la présence, sur chacun de ses côtés, d'un canyon sous-marin conduisant à la plaine abyssale ligure. Celui de l'Ouest représente une ancienne vallée du Var. Sa forme est celle d'une auge profonde, large de 200 à 300 m, à forte pente, de l'ordre de 12 % dans sa partie amont. Vers sa tête il s'élargit et son profil longitudinal s'adoucit jusque vers des fonds de 5 à 10 m, à proximité de l'embouchure du Var. La grande variété des sédiments rencontrés sur le fond du canyon est bien connue depuis une campagne de prospection photographique conduite au moyen d'une *troïka* (l'engin, imaginé par J.-Y. Cousteau et H.-E. Hedgerton, est un traîneau équipé d'une caméra et tiré à vitesse lente par un bâtiment de surface) par M. Gennesseaux qui en a publié les résultats en 1966. Il s'agit de galets, de sables et de vase, mais aussi de débris végétaux d'origine continentale qui attestent de processus de déplacement actuels. Ces matériaux sont apportés par les crues torrentielles du Var qui se déversent dans le canyon. Au cours de leur descente vers de grandes profondeurs, ils peuvent déstabiliser les versants du canyon et provoquer des glissements dont les produits s'ajouteront à la masse solide en mouvement. Ils sont aussi capables d'engendrer des courants de turbidité, constitués par de l'eau chargée en abondance de particules en suspension, donc plus dense que celle qui l'environne, qui se déplacent sous l'effet de la gravité en érodant le fond de la vallée sous-marine. Ces courants atteignent la plaine abyssale où il leur arrive de sectionner des câbles téléphoniques. Tout aussi marqué dans la topographie, mais peut-être moins actif, est le canyon de l'Est de la baie des Anges, celui qui prolonge le cours du Paillon et qui conflue avec le canyon du Var vers 1 700 m de profondeur.

Il convient aussi d'ajouter que des modifications apportées par l'Homme au cadre naturel ont probablement encore accru l'instabilité de la construction sédimentaire qui s'étend sous la mer entre le cap d'Antibes et Cap-Ferrat. Pour mettre à l'abri de ses débordements des espaces bâtis, le Var a été endigué et ses crues ne peuvent plus s'étaler librement sur son cône de déjection comme elles le faisaient naguère. D'autre part, son débouché en mer a été malencontreusement orienté vers la tête du canyon sous-marin. Même si les travaux de régularisation, en particulier des barrages, dont le cours du fleuve a fait l'objet, ont diminué sa capacité de transport et écrêté ses débits, il n'en reste pas moins vrai que les aménagements faits à Nice ont dû renforcer à l'embouchure la vitesse et la charge alluviale du courant. Au-delà, dans le canyon sous-marin, la fréquence et la magnitude des mouvements de gravité, éboulements et écoulements de turbidité, ont pu de ce fait être accrues.

Les causes de la catastrophe

De ce qui vient d'être dit, il ressort clairement que construire à Nice en gagnant sur la mer relève d'un pari hasardeux qui constitue un défi aux contraintes de la géographie physique. Et à toutes les causes d'instabilité de l'espace littoral et prélittoral qui viennent d'être rappelées, il ne faudrait pas manquer d'ajouter que l'environnement est de surcroît sismique. On se limitera à rappeler ici le fort tremblement de terre du

20 juillet 1564 dont on sait qu'il fut à l'origine d'un tsunami sur la côte de Provence.

Mais, le 16 octobre 1979, il n'y a pas eu de secousse sismique dans la région de Nice. Quelle a donc pu être la cause de la catastrophe ? D'emblée des controverses ont surgi, deux thèses explicatives du sinistre s'affrontant. L'une incrimine les travaux du nouveau port qui se seraient imprudemment rapprochés du front du cône sous-marin, au bord même du talus continental abrupt. En surimposant inconsidérément un épais remblai artificiel, on aurait déclenché un glissement, entraînant le terre-plein du port en construction et provoquant par contre-coup une vague déferlante. L'orgueil prométhéen des ingénieurs et des aménageurs, confiants dans leur technologie et fiers de construire aux dépens de la mer, aurait été pris en défaut par légèreté d'appréciation. L'autre thèse qui a fait l'objet d'une présentation détaillée par P. Habib à l'occasion du colloque « Mer-littoral, couple à risque », tenu à Biarritz en 1987, explique la catastrophe de Nice par un phénomène naturel. Un glissement se serait amorcé dans un des ravins instables qui échancrent le front du cône immergé. De fait, un levé bathymétrique de précision réalisé dans la baie des Anges aussitôt après la catastrophe fit apparaître une niche d'arrachement qui avait fait reculer de 400 m la tête d'un ravin situé au droit du port en construction. A environ 1 500 m en contrebas, le sondeur multi-faisceaux *Sea Beam* mit aussi en évidence l'existence de deux buttes de 100 à 150 m de haut, interprétées comme des paquets déplacés au cours d'un mouvement de gravité. C'est ce glissement qui aurait, par appel au vide, entraîné l'affaissement du chantier et conséquemment la vague déferlante. Ainsi, les grands travaux n'auraient pas été la cause mais la victime d'un phénomène dont l'origine du déclenchement reste obscur. On a évoqué la précarité de l'équilibre du front du cône sous-marin qui aurait été déstabilisé par ce que les ingénieurs qualifient parfois de « fatigue statique » ou de « vieillissement ». Quant à la rupture des câbles téléphoniques dans la plaine abyssale ligure, elle a été due à des courants de turbidité, induits eux aussi par le glissement, qui ont pu atteindre une vitesse de 40 km/heure sur le talus continental.

C'est la seconde explication qui a finalement été retenue puisque, après une longue instruction qui a duré une dizaine d'années, la justice a refermé le dossier en prononçant un non-lieu en faveur de la Direction départementale de l'équipement et de l'entreprise de travaux publics qui avaient la responsabilité de l'aménagement du nouveau port de Nice. Mais, sans doute, fallait-il être bien ignorant de la géographie physique et de l'histoire des côtes méditerranéennes bordées par des montagnes jeunes pour étendre imprudemment des aménagements urbains sur une marge continentale aussi instable.

L'engloutissement de la ville d'Hélikè

La catastrophe de Nice a été pour J.-J. Dufaure l'occasion de rappeler opportunément celle de la ville d'Hélikè. Cette ville grecque du golfe de Corinthe, à l'Est d'Aegion, a été engloutie dans la mer en décembre 373 avant J.-C., en même temps que des espaces littoraux voisins s'étendant sur un front d'une dizaine de kilomètres, et, avec eux, la cité de Boura. Il est regrettable que les concepteurs du nouveau port de Nice n'aient pas eu connaissance de cet événement tragique qui frappa les esprits de l'époque. On connaît bien grâce à des textes d'historiens de l'antiquité (Diodore XV, 48, 2-3 ; Strabon VII, 385 ; Pausanias, VII, 24, 12) les circonstances de la disparition soudaine d'Hélikè dont le port était situé sur la marge nord-est du cône de déjection du Sélinous, court torrent descendu d'un relief côtier. Aujourd'hui les ruines de la cité se trouvent à 1 km du rivage sous une trentaine de mètres d'eau. Le cône de déjection du Sélinous a été édifié sur un gradin étroit, placé en contrebas de l'escarpement de faille du Péloponèse, au-dessus du fossé corinthien qui est occupé par la mer et dont la profondeur atteint 800 m. Il n'y a pas ici de canyon sous-marin.

La submersion d'Hélikè se produisit pendant la nuit. L'affaissement fut instantané. Aucun habitant ne survécut à la catastrophe. Pausanias rapporte qu'au matin on ne voyait plus que la cime du bois sacré de Poséidon au-dessus des flots. Ce n'est pas un tremblement de terre qui provoqua le sinistre d'Hélikè, probablement marqué aussi par un tsunami. L'engloutissement de la ville s'explique par le cisaillement et le glissement en masse qui ont affecté une partie des dépôts mal stabilisés et plastiques de la partie sous-marine du cône du Sélinous. L'espace sur lequel avait été construit la ville a été entraîné dans le mouvement de descente et recouvert d'eau.

D'autre exemples d'affaissements brusques sous la mer d'espaces littoraux du golfe de Corinthe sont connus au XIXe siècle. Le 26 décembre 1861, une secousse sismique, liée au mouvement d'une faille active, déclencha un tsunami qui affecta les environs d'Aegion et fut aussi à l'origine de l'engloutissement de 1 500 ha de terrains côtiers. Le 7 février 1863, le cône du Finix a été temporairement submergé, sur une profondeur qui a pu atteindre 500 m, par une vague de 6 m de haut. Cette lame n'était pas due à une secousse sismique, mais à un glissement au tracé concave qui a fait disparaître sur le front de la construction alluviale une surface de 650 m de long et de 12 m de large.

L'instabilité congénitale des côtes abruptes méditerranéennes

Les aménageurs devraient être informés de la précarité des équilibres topographiques de certaines côtes méditerranéennes. En général, celles que surplombent des montagnes sont proches des grands fonds car la plate-forme continentale est dans ce cas peu étendue, voire parfois quasi-inexistante. Ces littoraux sont aussi sismiques parce que les reliefs voisins doivent leur existence à des failles, souvent encore actives. C'est leur rejeu qui est à l'origine des tremblements de terre.

Dans un tel cadre morphotectonique, le couple cône de déjection-canyon sous-marin constitue un facteur de risque élevé. L'origine des canyons sous-marins est bien établie. Ce sont d'anciennes vallées originellement émergées que les rivières ont creusées lors d'une époque de baisse progressive du niveau de la mer qui a conduit à un assèchement presque total de la Méditerranée, il y a environ 6 millions d'années. D'épais dépôts évaporitiques de sel et de gypse, repérés par forages dans le fond de la mer, témoignent de cette crise de salinité qui a été provoquée par une fermeture temporaire du détroit de Gibraltar, elle-même due au mouvement de la plaque lithosphérique africaine vers celle de l'Eurasie. La remise en eau de la Méditerranée avec la réouverture du détroit transforma par ennoyage le cours inférieur des rivières en canyons sous-marins. Quant aux cônes de déjection, ils ont été construits par ces rivières à leur sortie de la montagne, à proximité du rivage, là où leur pente longitudinale diminue brusquement et induit un dépôt de la charge alluviale. Dans leur partie immergée qui s'avance souvent jusqu'à la verticale des grands fonds abyssaux, ces cônes constituent une masse de sédiments non consolidés, aptes aux cisaillements, si une sollicitation extérieure est capable de les déclencher. Celle-ci peut venir du cours d'eau lui-même. Lorsqu'il est en crue, son flot lourdement chargé en alluvions se comporte comme un courant dense qui est capable de se maintenir au-delà de l'embouchure, d'ébranler la construction détritique et de provoquer des glissements. Il lui arrive aussi de s'engouffrer dans un canyon sous-marin dont la tête est proche du rivage. Le poids des alluvions grossières en mouvement est alors susceptible d'amorcer sur les versants raides du canyon des éboulements, eux-même générateurs par contre-coup de courants de turbidité. Des tsunamis s'ensuivent. La stabilité de la partie émergée de l'édifice sédimentaire est compromise par la précarité des équilibres dans sa partie immergée.

La submersion de la nécropole romaine
de Fos-sur-Mer

En France, le type de côte méditerranéenne qui vient d'être présenté s'applique à la Provence, en particulier à la région de Nice, à certains secteurs de la Corse occidentale, mais évidemment pas au Languedoc. Ici le littoral présente des caractères différents : vaste plaine côtière, lagunes, longues plages, plate-forme continentale étendue. Dans un tel environnement, le risque de glissement en mer n'existe pas. Aussi ne faudrait-il pas attribuer à un événement catastrophique de ce type les vestiges archéologiques submergés des *Fossae Marianae* de l'anse Saint-Gervais, dans le golfe de Fos. Il s'agit de ruines du Haut-Empire romain qui gisent aujourd'hui à 400 m du rivage et sous 4 m d'eau. On a voulu expliquer cette submersion par un rejeu de failles provoquant un affaissement rapide de la côte, de l'ordre de 1 cm par an, qui se serait produit entre le Ve et le IXe siècle. Mais elle peut plus vraisemblablement et plus simplement se comprendre par le fort recul d'une côte meuble sous l'action de l'érosion marine. Les vagues de tempête ont au cours du temps progressivement affouillé les terrains sur lesquels avaient été implantées les constructions. Celles-ci se sont affaissées sur place, parfois sans trop se disjoindre, tandis qu'elles étaient peu à peu recouvertes d'eau au fur et à mesure que la profondeur s'accroissait avec le recul du rivage. Lorsque la tranche d'eau a atteint une certaine épaisseur, les ruines ont pu être plus ou moins enfouies sous des sables apportés par les courants littoraux. La description des vestiges archéologiques submergés dans le golfe de Fos, donnée par B. Liou, s'accorde bien avec ce scénario. Ainsi, à propos de la nécropole, il signale la présence de stèles et d'autels couchés sur le fond, mais il précise que les sondages pour retrouver les sépultures ont été infructueux. C'est exactement le résultat que donnerait l'attaque d'un cimetière marin par des vagues. Il en va de même pour les vestiges de structures portuaires, en grand appareil, qui montrent des blocs alignés, souvent encore assemblés, mais parfois aussi disjoints et même épars. On peut comparer cette situation avec les vestiges d'églises médiévales qui gisent sous l'eau devant le village de Dunwich, sur la côte du Suffolk, en Angleterre sud-orientale. On sait par des chroniques que ces édifices se sont écroulés dans la mer au cours du temps à la suite du recul des falaises en arrière desquelles ils avaient été construits. Pour en revenir aux ruines des *Fossae Marianae*, malgré les apparences, ce n'est donc pas le même phénomène qui explique leur submersion et celle de la ville d'Hélikè.

Autres exemples d'engloutissement d'espaces côtiers par glissement en dehors de la Méditerranée

Le 1ᵉʳ octobre 1905, en Côte d'Ivoire, en face du Trou sans Fond d'Abidjan qui est un canyon sous-marin dont la tête se rapproche à moins de 200 m du rivage, une portion du rivage s'effondra dans la mer. En 35 minutes, la plage, heureusement vide de monde, fut engloutie sur une profondeur de 60 à 80 m et il se forma une anse de 280 m de corde. Disparurent à cette occasion un wharf de 70 m de long, un entrepôt et une centaine de barrils de ciment. Sur l'avant-plage, aussitôt après l'effondrement, on trouva une profondeur de 25 m en un point qui se situait avant à – 5 m seulement. La cause de cette catastrophe réside dans la proximité de la tête du canyon sous-marin. Un éboulement déclenché en un point de son cours peut se répercuter vers l'amont par action régressive et finir par mordre sur l'espace côtier émergé.

En Amérique, dans le golfe du Mexique, une partie du port de l'ancienne capitale de la Jamaïque, Port Royal, s'est abîmée dans les flots lors d'un tremblement de terre en 1692. Dans le Sud-Ouest de Curaçao, la baie de Caracasbaai doit son existence à une énorme glissement. Une superficie d'environ 1 km² d'un plateau calcaire, haut de 45 m, a glissé dans la mer jusqu'à une profondeur de 250 m. Quelque 150 millions de m³ de roche ont été mis en mouvement. Des échosondages dans la baie ont permis de confirmer l'occurrence d'un gigantesque mouvement de masse qui s'est produit à une date inconnue. Mais, parce que le souvenir de cet événement d'aspect cataclysmique semble s'être conservé dans la mémoire collective de certaines populations locales, les chercheurs qui l'on étudié, P.-H. De Buisonje et J.I.S. Zonneveld, pensent qu'il a dû se produire il y a moins de 7 000 ans, date de l'arrivée des premiers Paléo-Indiens dans cette île des Caraïbes. Ici encore, c'est la présence proche d'un canyon sous-marin qui est le responsable d'un événement dont l'ampleur et le caractère soudain ont sans doute profondément frappé l'imagination de populations primitives.

La menace d'un effondrement côtier à Pitsunda (Géorgie)

Après tout ce qui vient d'être dit, on ne peut que frémir lorsque l'on visite le vaste complexe hôtelier qui a été aménagé à Pitsunda, en

Abkhazie, sur la côte de la mer Noire de la Géorgie. On retrouve ici un environnement naturel qui rappelle celui qui a été décrit pour les littoraux instables de la Méditerranée. Une rivière, la Bzibi, a construit en cet endroit un cône de déjection, très bien alimenté en matériaux grossiers, comme on en trouve à toutes les embouchures des torrents qui bénéficient des fortes pentes du Caucase jusqu'à la côte et des précipitations généreuses du climat pontique. Or, ce cône se trouve en équilibre sur le flanc nord d'un canyon sous-marin qui descend très rapidement vers les grandes profondeurs de la mer Noire. En dépit d'un environnement à la stabilité aussi précaire, de grands hôtels à multiples étages, comme on a tant aimé en bâtir dans l'ancienne Union Soviétique, ont été édifiés sur le front même du cône pour utiliser la plage. Il ne fait aucun doute que les aménageurs ont manqué de prudence à Pitsunda car il y a un risque réel d'effondrement d'une partie de la station balnéaire dans le gouffre comme conséquence d'un glissement sous-marin. Affaire à suivre…

Les avatars des côtes du golfe de Gabès (Tunisie) à l'époque historique

Depuis la haute antiquité, les rivages de la petite Syrte qui correspond au golfe de Gabès actuel ont connu des transformations à propos desquelles le mythe le dispute à la réalité. On sait que les navigateurs grecs redoutaient ces parages, propices aux mirages et aux échouages, où le partage incertain entre la terre désertique et les eaux est évoqué en ces termes par le poète romain Lucain dans *La Pharsale* (IX, 303-304) : « Les Syrtes, alors que la nature donnait au monde sa première forme, semblent avoir été laissées par elle indécises entre la mer et la terre ». Des marées d'une amplitude inhabituelle en Méditerranée — le marnage peut atteindre 2 m en période de vives-eaux —, s'avançant profondément sur des espaces plats et marécageux, ainsi alternativement submergés et exondés, de vastes lagunes, appelées ici *sebkhas*, aux limites floues, de hauts-fonds vaseux découvrant à marée basse loin en mer, de fortes tempêtes — les instructions nautiques signalent des vagues de 3,50 m de hauteur —, autant de caractères susceptibles de faire naître des mythes géographiques qui ont pu se perpétuer longtemps. On s'attardera ici sur celui de l'existence et de l'assèchement dans l'antiquité d'une Mer Saharienne qu'un projet utopique de remise en eau, élaboré dans la seconde moitié du XIXᵉ siècle, propre à satisfaire l'ambition démiurgique des ingénieurs, la volonté de puissance des États et la soif de merveilleux du public, a prolongé jusqu'à nos jours. Jules Verne en a fait le thème de son dernier roman de science-fiction, *L'invasion de la mer*, paru en 1905.

Le mythe de la Mer Saharienne

L'hypothèse d'une liaison à l'époque historique entre les grands chotts du Bas-Sahara tuniso-algérien, vastes dépressions fermées, situées en partie au-dessous du niveau de la mer, alignées d'Est en Ouest sur plus de 350 km, et le golfe de Gabès par un détroit situé vers Oudref (fig. 45) a été avancée au tout début du XIXe siècle par le Major anglais Rennell, un des fondateurs de la géographie historique. Mais c'est surtout le diplomate-archéologue Ch. Tissot, dans sa thèse en latin sur le lac Triton (*De Tritonide lacu*) soutenue en 1863, qui lui a donné sa forme la plus élaborée. Le point de départ de cette hypothèse était l'identification, formulée déjà par le voyageur anglais T. Shaw qui avait parcouru la région dans le second quart du XVIIIe siècle, du chott Jerid et de son prolongement oriental le chott Fejaj avec ce que les auteurs anciens désignaient, selon les cas, sous le nom de baie ou de lac Triton. Le lac *Tritonis* ou *Tritônitis* est mentionné en premier lieu au Ve siècle av. J.-C par Hérodote qui y fait échouer Jason et ses Argonautes, poussés par une tempête dans ces parages de hauts-fonds. Le dieu Triton apparaît alors et leur montre la voie pour en sortir, ce qui indique l'existence d'une liaison avec le golfe de Gabès. Le Périple dit de Scylax ou Pseudo-Scylax, daté du IVe siècle av. J.-C., décrit à son tour le lac comme communiquant toujours avec la mer, mais seulement par un goulet étroit et précaire. Il aurait été comparable alors à l'actuelle lagune du Kara-Boghaz qui est soumise à une forte évaporation et qui est alimentée en eau depuis la mer Caspienne par un mince chenal. Dès l'époque romaine, la communication semble avoir disparu car le *palus Tritonis* est situé par Pomponius Mela, au premier siècle de notre ère, à l'intérieur des terres, en arrière de la petite Syrte. Ptolémée, au IIe siècle ap. J.-C., parle de plusieurs lacs, suggérant ainsi que les eaux ont continué à baisser pour ne plus occuper que les fonds des dépressions les plus creuses. Enfin, au Ve siècle, le lac s'est transformé en une saline, le *lacus Salinarum*, situé par Orose à l'Ouest de la Tripolitaine. C'est déjà la *sebkha* intérieure actuelle, le chott Jerid. Selon Ch. Tissot, des traditions locales, encore vivantes au milieu du XIXe siècle, conservaient le souvenir d'une communication ancienne du chott avec la mer, communication que la topographie des lieux permettait aussi d'imaginer.

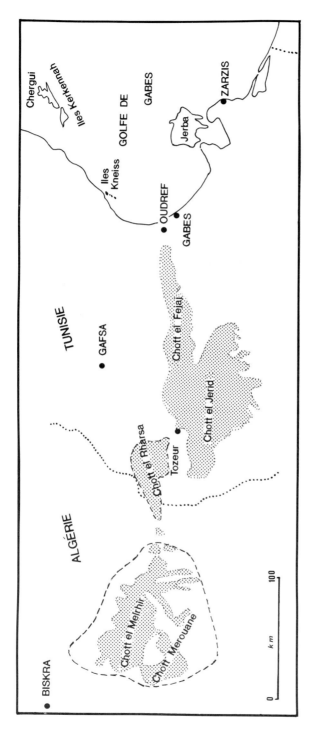

Fig. 45. — *Le golfe de Gabès et les chotts du Bas-Sahara tuniso-algérien*, d'après P. Trousset (1984).
Les chotts sont indiqués en pointillé et les régions situées au-dessous du niveau de la mer sont entourées d'un trait interrompu.

Le lac Triton : un hydronyme errant

P. Trousset a bien montré comment on avait pu aboutir à ce schéma erroné en se fondant sur un rapprochement imprudent et une interprétation abusive de données littéraires peu homogènes. En fait, le problème pour lequel était invoqué le témoignage des auteurs anciens présente un double aspect. Le premier est celui de l'identification du bassin des chotts du Bas-Sahara tuniso-algérien avec la Tritonide, le second celui d'une liaison de ce bassin avec la mer à l'époque historique. Or, il apparaît que le nom de *Tritonis* correspond à un hydronyme plus ou moins mythique et errant, qui a pu s'appliquer dès l'antiquité, selon les auteurs, à telle baie ou lagune côtière des confins de l'Afrique mineure, de la Cyrénaïque aux rivages de l'Atlantique. Dans de telles conditions, on voit les limites des sources textuelles anciennes dès lors que l'on s'appuie sur elles pour restituer la configuration d'un littoral dans des temps lointains.

C'est le montage habile mais fallacieux de documents d'époques différentes et d'inégale valeur, aboutissant à la conclusion fausse que les chotts tuniso-algériens représentaient les vestiges d'un ancien golfe marin progressivement asséché dans l'antiquité, qui fut à l'origine d'un projet grandiose et chimérique, celui de la Mer Saharienne, élaboré entre 1872 et 1882 par le Commandant Roudaire avec l'appui de Ferdinand de Lesseps. Pour recréer cette mer dont on attendait des avantages climatiques, économiques et stratégiques à une époque où la France consolidait son installation en Afrique du Nord, il suffisait, pensait-on, de percer l'isthme de Gabès large seulement d'une quinzaine de kilomètres. Dès l'origine, A. Pomel, à partir d'arguments de terrain de nature géologique, dénonça le mythe du lac Triton et s'opposa avec vigueur au projet. D'ailleurs les levés topographiques du Commandant Roudaire lui-même constituèrent un premier coup dur pour ses spéculations historico-géographiques.

Les éléments de la controverse
à propos de la Mer Saharienne

Un des fondements de la conviction que les chotts du Bas-Sahara tuniso-algérien représentaient une ancienne annexe asséchée de la Méditerranée était en effet leur altitude au-dessous du niveau de la mer. Or, les travaux de nivellement conduits entre 1872 et 1879 montrèrent que si les chotts Merouane et Melrhir (− 27 m) ainsi que le chott Rharsa (− 23 m) se situent bien au-dessous du niveau de la mer, en revanche les chotts Jerid et Fejaj se trouvent à plus de 15 m au-dessus de ce niveau. Quant au seuil d'Oudref, où le détroit mettant en communication le bassin des Chotts avec le golfe de Gabès était supposé avoir existé, son point le plus bas correspond à la cote de 45 m. De telles données topographiques étaient contrariantes pour les tenants de la réalité d'une Mer Saharienne. Lorsque cette hypothèse fut relancée dans les années 1927-1930, sous le signe du mythe alors très en vogue de l'Atlantide, par les historiens allemands P. Borchardt et A. Herrmann sur la foi de témoignages archéologiques pour le moins évanescents, on invoqua une supposée instabilité tectonique, solution commode aux difficultés créées par la topographie actuelle des lieux. Ainsi, d'opportuns mouvements du sol qui se seraient poursuivis jusqu'à l'époque romaine auraient soulevé la partie occidentale du bassin des chotts et le seuil d'Oudref. Or, des études géomorphologiques détaillées à propos de ce seuil n'ont fait apparaître de traces, ni d'un ancien passage de la mer, ni de failles, ni d'un exhaussement récent. Tout au contraire, ce sont des indices d'un affaissement qui ont été relevés.

Il faut dire que les partisans d'une ancienne Mer Saharienne avançaient d'autres arguments pour étayer leur point de vue. D'abord la présence d'épaisses croûtes de sel dans le fond des chotts. Mais de tels dépôts peuvent aussi bien s'expliquer, dans un milieu évaporitique continental, par la précipitation de chlorures et de sulfates dissous dans des eaux de surface ayant ruisselé sur des roches riches en sels (halite, gypse) ou les ayant traversées. Ensuite, et c'était probablement l'argument le plus fort, la présence en abondance dans les chotts de coquilles d'un mollusque bivalve, *Cardium* (= *Cerastoderma*) *glaucum*, une coque qui foisonne habituellement dans les lagunes de la côte méditerranéenne en communication avec la mer. Ainsi, on trouve de tels restes d'organismes marins dans le chott Jerid jusqu'à environ 40 m d'altitude, témoignant en tout état de cause de l'existence d'une nappe d'eau salée, épaisse et étendue, qui a aujourd'hui disparu. Des échantillons de ces coquilles ont été datés par des méthodes radiométriques (carbone 14, uranium-thorium). Les résultats montrent qu'elles appartiennent à deux générations, l'une se situant vers 150 000 ans, l'autre vers 90 000 ans avant le Présent. Ainsi est exclue une connexion entre le golfe de Gabès et le bassin des chotts du Bas-Sahara tuniso-algérien dans l'antiquité. Une grande majorité de chercheurs pense même qu'elle n'a jamais existé pendant tout le Quaternaire. L'argument avancé est l'absence complète de coquilles authentiquement marines, les *Cardium* ne constituant pas à eux seuls un témoignage irréfragable en raison de leur capacité d'adaptation à de fortes variations de salure, d'autant plus qu'ils voisinent avec une faune caractéristique d'eaux douces comme les genres *Melania* et *Melanopsis*. En fait, il apparaît, comme l'a montré R. Coque, que les chotts ont été des lacs à salinité variable lors des périodes pluviales du Quaternaire. Celles-ci étaient caractérisées par un bilan hydrologique qui, à la différence de celui d'aujourd'hui, était positif, d'abord parce que les précipitations étaient plus abondantes, ensuite parce que des températures plus fraîches réduisaient l'évaporation. L'ensemencement de ces paléolacs en *Cardium* a pu se faire par un procédé déjà signalé par Darwin : le transport de larves dans les replis des pattes ou le contenu stomacal d'oiseaux migrateurs fréquentant les rivages marins, capables de parcourir de grandes distances. Mais certains, comme A. Lévy, émettent des doutes sur la réalité de ce mode de transplantation et insistent sur la nécessité d'une introduction originelle par voie marine. Quant au projet, sinon de ressusciter, du moins de créer une Mer Saharienne, il ressurgit de temps à autre. F. Perrin rapporte qu'au moment des premiers travaux français sur les applications de l'énergie nucléaire, on songea à utiliser la bombe atomique pour ouvrir le passage nécessaire à la mise en eau de la mer. En 1951 fut lancée une Association de recherches techniques pour l'étude de la Mer Intérieure Saharienne (projet Artemis). Il arrive que le thème soit repris dans la presse algérienne comme un moyen d'enrayer la désertification et de ramener le Sahara à son âge d'or. Rien n'est moins sûr tant est grand le risque de voir cette mer artificielle, si elle devait devenir un jour une réalité, se transformer en une étendue d'eau morte et putride, contaminant par sa salinité les nappes phréatiques d'eau douce qui donnent vie aux oasis du Bas-Sahara tuniso-algérien.

La recherche du monastère de saint Fulgence

Toujours dans les parages du golfe de Gabès, les archéologues ont pu identifier l'île sur laquelle se dressait le monastère dans lequel saint Fulgence s'était retiré au début du VIᵉ siècle, déposant sa charge d'abbé pour se consacrer humblement à la prière, recopier des manuscrits, tresser des éventails en fibres de palmiers et s'enivrer de silence. Cette île appartient au petit archipel des Kneiss, situé au large de la côte entre Sfax et Gabès et associant à une plus grande île trois îlots minuscules, voisins les uns des autres (Jaziret el Rharbia, Dzirat el Laboua, Dzirat el Hajar). En effet, des ruines appartenant à un édifice religieux ont été trouvées à Dzirat el Laboua, mais l'exiguïté de cet îlot — à marée haute, ses dimensions ne dépassent pas 45 m pour la longueur et 40 m pour la largeur, la hauteur étant alors seulement de 4 m — ne laissait pas de surprendre. Comment ce monastère qui abrita une nombreuse communauté de moines, à en croire le témoignage du diacre Ferrand qui a écrit une vie de saint Fulgence, avait-il pu être implanté sur une surface aussi faible ? A la vérité, l'étendue de l'îlot a été réduite au cours des siècles à la fois par l'érosion et l'élévation du niveau de la mer — aujourd'hui cette élévation est supérieure à 5 mm par an — qui ensemble sont responsables de sa submersion progressive. Les très faibles profondeurs, inférieures au mètre, qui entourent les trois îlots des Kneiss donnent d'ailleurs à penser qu'ils représentent en fait les restes d'une île unique, allongée et suffisamment grande pour avoir été le siège d'un monastère important dont la mémoire est conservée par le nom même de Kneiss, pluriel du mot arabe *knissia* qui signifie église. Au reste, divers portulans du Moyen Age et de la Renaissance mentionnent encore une seule grande île à l'emplacement des trois îlots d'aujourd'hui.

Il existe d'ailleurs dans le golfe de Gabès un autre exemple frappant de l'amenuisement de la surface d'une petite île par les actions conjuguées de l'érosion et de l'élévation du niveau de la mer, amenuisement qui a fini par aboutir à sa disparition. Il s'agit du haut-fond de Bibane, presque à fleur d'eau, qui s'étend à l'ESE de Zarzis jusqu'à une dizaine de milles de la côte. Son extrémité nord-est, appelée Ras Zira, émergeait encore il y a quatre siècles. L'île, connue alors sous le nom de Secco di Palo, servit de point de ralliement à la flotte du comte de Medina Celi, lors de l'expédition qu'il dirigea en 1560 contre l'île de Jerba. On sait que des puits y furent creusés à cette occasion pour essayer d'obtenir une eau buvable.

L'archipel des Kerkennah : Hérodote avait raison !

L'endroit connu sous le nom de Bordj el Hassar dans l'île Chergui, l'une des deux grandes îles de l'archipel des Kerkennah, correspond à la ville antique de *Cercina*. Il est sérieusement attaqué par l'érosion marine qui taille une falaise haute de 2 ou 3 m dans du matériel exclusivement archéologique. P.-F. Burollet a montré que sous les rides sableuses peu épaisses de l'avant-côte existent des alignements continus de blocs taillés encore en place, signalant nettement qu'une partie de la cité antique se trouve aujourd'hui submergée. Ces vestiges gisent actuellement sous quelques décimètres d'eau, même lors des plus basses marées quand le marnage atteint 1,30 m. Il apparaît qu'ici le rivage a reculé d'au moins 200 m depuis l'époque romaine et que le niveau de la mer est actuellement supérieur d'au moins 2 m à son niveau d'alors. Ce double phénomène d'érosion et de submersion se poursuit. Dans le Nord de cette île de Chergui, des pistes naguère utilisées sont de nos jours inondées par la mer de façon permanente tandis que des champs encore cultivés il y a peu sont progressivement transformés en terrains marécageux et salés de type *sebkha* par une salinisation des sols due à une remontée de la nappe phréatique contaminée par l'eau de mer.

De ces constatations, il n'est pas sans intérêt de rapprocher certaines indications, fournies par des auteurs anciens au sujet des dimensions de l'île de *Cercina*, qui, concordantes entre elles, ne correspondent pas aux dimensions actuelles de l'île de Chergui, corroborant ainsi l'idée d'une amputation non négligeable de sa superficie sous les effets combinés de l'érosion des vagues et du relèvement du niveau de la mer. Ainsi, Pline l'Ancien attribue à *Cercina* une longueur de 25 milles romains (37 km), une largeur moitié moindre dans sa plus grande extension (18 km) et de 5 milles seulement (7,4 km) à son extrémité septentrionale. Or, l'île ne mesure aujourd'hui que 24 km de long — en y incluant l'îlot de Roumadia, on arrive à une longueur maximale de 30 km — pour 14 km de large au maximum et 3 ou 4 dans sa partie la plus effilée. C'est donc avec raison qu'on peut se demander, non seulement si l'île principale de l'archipel des Kerkennah n'a pas été entamée surtout dans sa partie nord, mais si sa configuration elle-même n'a pas été modifiée sensiblement depuis l'antiquité.

Hérodote pour sa part donne une longueur de 300 stades à l'île de *Kuranis*, généralement identifiée avec la plus grande des îles Kerkennah. La convergence de cette distance avec celle donnée par Pline ne laisse pas d'être significative, compte tenu de l'utilisation d'unités de mesure différentes. De la côte, ajoute Hérodote, on pouvait atteindre l'île à pied à partir du continent. Cette affirmation apparaît vraisemblable. Entre le continent et l'archipel des Kerkennah les profondeurs marines ne dépassent guère aujourd'hui 3,5 m. Or, on l'a vu, en raison d'une subsidence active de cette partie du golfe de Gabès, le relèvement du niveau de la mer a été de l'ordre de 2 m depuis l'antiquité.

Ainsi, même si le tracé du littoral du golfe de Gabès n'a pas connu au cours des temps historiques les amples transformations que les tenants de la Mer Saharienne lui avaient attribuées de manière erronée, il reste vrai, comme le montrent les exemples des archipels de Kneiss et des Kerkennah, qu'il a été affecté par des modifications importantes en raison d'une topographie basse et surtout d'un affaissement régional marqué qui, depuis l'époque romaine, a provoqué un relèvement du niveau marin de 1 à 2 m selon les endroits. On voit tout l'intérêt que présentent les vestiges archéologiques et les sources littéraires anciennes, à la condition de s'entourer de précautions dans leur interprétation, pour mettre en évidence l'évolution d'un trait de côte. Dans le cas du golfe de Gabès, il est clair que le rivage actuel occupe une position bien en deçà de celle qui était la sienne dans l'antiquité. Depuis lors, progressivement des espaces terrestres étendus ont été engloutis par la mer et le phénomène insidieux se poursuit aujourd'hui. Les aménageurs doivent en tenir compte.

ORIENTATION BIBLIOGRAPHIQUE

BEN OUEZDOU (H.), Sur l'hypothèse de la mer saharienne quaternaire : analyse du contexte géomorphologique et géologique de l'évolution récente des chotts algéro-tunisiens et du seuil d'Ouedref (Tunisie), *C.R. Acad. Sci.* Paris, 1989, 308-II, 767-772.

BUROLLET (P.F.), La Mer Pélagienne, les apports de l'archéologie, *Géologie Méditerranéenne*, 6 (1), 309-313.

DUFAURE (J.-J.), Catastrophes et risques sur des deltas de côtes tectoniques : de l'engloutissement antique d'Hélikè (golfe de Corinthe) à la catastrophe de Nice (1979), *Hérodote*, 1982, 26, 136-156.

HABIB (F.), Le sinistre du nouveau port de Nice, *Mer et littoral, couple à risque, Actes du colloque de Biarritz, 11-13 septembre 1987*, La Documentation Française, Paris, 1988, 565 p.

LEVY (A.), L'énigme de la mer saharienne quaternaire, *Pour la Science*, 1987, 120, 58-65.

PASKOFF (R.P.) et OUESLATI (A.), Modifications et coastal conditions in the gulf of Gabes (southern Tunisia) since classical antiquity, *Zeitschrift für Geomorphologie*, 1991, n° spéc. 81, 149-162.

TROUSSET (P.), Du lac Triton des anciens au projet de mer saharienne : histoire d'une utopie, *Cahiers de Tunisie*, 1984, 127-128, 31-50.

Chapitre 8

LE LITTORAL D'EMPOIGNE

Un peu partout à travers le monde, surtout dans les latitudes tempérées mais également sous les tropiques, aussi bien dans les pays industrialisés que dans ceux en voie de développement, les littoraux sont soumis à d'intenses pressions et font l'objet d'enjeux antagonistes d'équipement qui les agressent, mettent en péril leurs équilibres naturels et dégradent les richesses de tous ordres qu'ils recèlent. Afin de remédier à un état de choses qui va s'aggravant, les pouvoirs publics finissent en général par prendre des mesures qui souvent sont trop tardives et s'avèrent insuffisantes pour soustraire à l'appétit gargantuesque des promoteurs de tout poil des espaces sensibles dont il convient d'éviter le saccage. On se limitera dans ce chapitre à parler du cas de la France qui est représentatif de beaucoup d'autres pays et qui montre les difficultés que l'on rencontre à mettre en application des principes de gestion patrimoniale dans les milieux littoraux.

L'occupation sauvage des rivages marins

De tout temps les bords de mer ont exercé un attrait particulier sur les hommes à cause des ressources offertes par la pêche et la navigation, mais, en dehors des ports, les côtes, traditionnellement considérées comme répulsives parce qu'inhospitalières ou insalubres, sont restées longtemps vides d'établissements humains permanents. Cependant, au cours du XXe siècle, surtout depuis les années soixante, elles sont devenues des espaces pleins dans lesquels s'affrontent âprement des convoitises conflictuelles alors que l'environnement se caractérise par son exiguïté et sa fragilité.

Le premier concurrent par ordre d'ancienneté est représenté par le groupe des pêcheurs, des conchyliculteurs et des exploitants de sel. Ces activités traditionnelles du littoral font vivre des dizaines de milliers de

Photo 20. — La Grande-Motte, Languedoc. Pression d'urbanisation et aménagements empiétant sur le haut de la plage.

familles et leurs produits en nourrissent des centaines de milliers d'autres. Ces professionnels de la côte, en particulier ceux qui élèvent les moules et les huîtres, ont besoin de place et d'eau non polluée. Le deuxième partenaire est l'industrie, créatrice de richesse et d'emplois mais dévoreuse d'espace, qui recherche les bords de mer, en particulier pour ses raffineries de pétrole et ses usines chimiques. Les dunes à Dunkerque, les vasières de l'estuaire de la Loire à Saint-Nazaire, les terres humides deltaïques à Fos ont payé un lourd tribut à l'industrie portuaire et à l'urbanisation induite par elle. Enfin, au cours des trois dernières décennies, parallèlement à l'élévation du niveau de vie, à la diminution du temps de travail et au développement des activités de loisir et de récréation, les installations touristiques — routes, hôtels, maisons de vacances, marinas, terrains de camping — ont proliféré, débordant parfois sur le domaine public maritime. La mer et le soleil étant à la mode, un thalassotropisme irrésistible pousse chaque année quelque 30 millions d'individus vers les 5 500 km de rivage de la France métropolitaine. Le littoral est ainsi devenu un marché mirobolant où le réflexe immédiat a été de tirer un profit maximal de la situation. Les programmes immobiliers, encouragés par des municipalités préoccupées d'accroître leurs revenus, ont été multipliés sur les côtes languedocienne, aquitaine, vendéenne et normande. Combien reste-t-il d'aires publiques naturelles entre Menton et Marseille ? Les rivages ont été mités par des lotissements linéaires « pieds dans l'eau », à la vue imprenable. Aujourd'hui encore, on voit surgir partout de nouveaux projets de ports de plaisance, de centres de thalassothérapie, de terrains de golf, comme si le lourd bilan des détériorations déjà à l'actif d'aménagements imprudents ne suffisait pas : pollution des eaux littorales, raréfaction ou extinction d'espèces animales et végétales, érosion de plages, destruction de dunes, disparition de marais, dégradation de sites remarquables par leur beauté naturelle ou leur intérêt scientifique.

La réaction tardive des pouvoirs publics

Pour éviter que l'occupation du littoral ne dégénère en conflits destructeurs et en dommages irréparables, il aurait fallu que les pouvoirs publics interviennent plus tôt et plus énergiquement. Il a manqué une prise de conscience à temps de la gravité du problème et une volonté politique clairement affirmée. Les responsables, partagés entre la nécessité d'une industrialisation du pays, le souci de préserver les activités traditionnelles liées à la mer et la forte pression de la demande touristique, n'ont pas été capables, il faut bien le reconnaître, de formuler des arbitrages qui auraient sauvegardé de vastes espaces côtiers dans l'intérêt général à long terme. Les stratégies souvent contradictoires des administrations de l'État et les revendications des communes ont contribué au gâchis. P. Claval a écrit que l'aménagement du territoire relève « d'un ensemble de mesures concertées qui règlent l'utilisation de l'espace et son équipement de manière à assurer le plein épanouissement des individus, à faciliter la vie sociale en minimisant les frictions qui résultent de la distance ou du rapprochement d'activités antinomiques et à éviter les perturbations de l'équilibre naturel dont la destruction serait, immédiatement ou à terme, nuisible à la collectivité ». Si l'on adopte ce point de vue, il faut bien reconnaître que le littoral de la France n'a pas fait l'objet d'un véritable aménagement, en l'absence de principes de gestion préalablement définis pour cet espace. Sans doute tout un arsenal d'instructions ou de directives ministérielles, de décrets et de lois a-t-il été progressivement élaboré. Les dispositions prises représentaient des progrès, mais elles sont arrivées trop tard, alors que le mal était déjà largement accompli et la remise en ordre difficile, voire impossible. Parce que les décideurs n'ont pas su faire preuve de prévoyance, leur échec dans le domaine de l'occupation des rivages marins est patent et les conséquences en seront supportées par les générations à venir.

Des mesures longtemps éparses

Jusque dans les premières années de la décennie soixante-dix, il n'y a pas eu de doctrine en matière d'aménagement littoral en France, les problèmes propres aux côtes n'étant pas dissociés de ceux posés par l'environnement en général. Cependant, il existait déjà un certain nombre d'outils législatifs et réglementaires qui, si une volonté politique avait existé, auraient permis aux pouvoirs publics d'intervenir avec une certaine efficacité pour maîtriser dans l'intérêt général une occupation de plus en plus anarchique des rivages. Par exemple, la stricte application de l'ordonnance d'août 1681 sur la Marine, édictée par Colbert, qui prévoit l'inaliénabilité et l'imprescriptibilité du domaine public maritime aurait évité des empiétements dommageable sur ce domaine. La loi du 2 mai 1930 permettait par la procédure de classement de maintenir des sites remarquables dans le patrimoine naturel. Celle du 22 juillet 1960, portant établissement des parcs nationaux, grâce à des dispositions réglementaires contraignantes, autorisait la mise à l'abri de vastes espaces pour à la fois y préserver l'environnement et y maintenir des activités traditionnelles. Le parc national de Port-Cros en donne une illustration dans le domaine littoral. Quelques années plus tard étaient créés les parcs naturels régionaux, tel celui de la Camargue. En 1967, l'État a imposé à toutes les communes de plus de 3 000 habitants de dresser un plan d'occupation des sols (POS). Ce document constitue un instrument de planification spatiale qui permet des arbitrages entre des équipements concurrents, en décidant des différentes affectations du territoire municipal. Le but est double : d'une part éviter que diverses activités ne s'exercent dans le désordre, d'autre part maintenir des terrains à l'écart des aménagements pour conserver des aires vertes. Mais l'espace côtier enserré dans les limites d'une commune est toujours trop restreint pour correspondre à une entité physique si bien qu'une gestion rationnelle d'un milieu littoral donné impose des harmonisations dans un cadre territorial élargi. Des municipalités, conscientes de la fragilité de leur environnement marin et soucieuses de le protéger, ont su tirer parti des plans d'occupation des sols. D'autres, au contraire, malheureusement plus nombreuses que les premières, davantage intéressées par des profits rapides, ont favorisé, au détriment du milieu naturel, la multiplication des aménagements, en particulier des lotissements touristiques longeant le bord de mer. Il convient enfin de citer, au titre des outils juridiques de protection de l'environnement en général, la loi du 18 juillet 1985 sur les espaces naturels sensibles qui donne aux départements un droit de préemption pour les acquérir toutes les fois qu'il s'agit de terrains non bâtis.

Mais quelques mesures spécifiques ont été prises dans les années soixante à propos de l'aménagement des côtes. En 1963, il a été décidé d'interdire toute construction sur une bande de terrain large de 20 à 50 m

Photo 21. — Dundrum Murlough, Irlande du Nord. Aménagement de passages piétonniers dans une réserve naturelle de dunes littorales anciennes.

à partir de la limite supérieure du domaine public maritime et réservée à l'extension des aires industrialo-portuaires ainsi qu'à l'implantation éventuelle de bases militaires ou de centrales énergétiques. De fait, peu d'équipements de ce type ont été réalisés et de l'espace est ainsi resté à l'état de nature. C'est dans la même décennie qu'ont été créées des missions interministérielles pour l'aménagement de littoraux, celui du Languedoc-Roussillon en 1963, celui d'Aquitaine en 1967. Il leur était fixé comme finalité l'élaboration, pour de grandes unités naturelles, d'un programme général d'équipement touristique visant à la mise en place de vastes ensembles immobiliers, l'évaluation des moyens nécessaires à leur construction et le suivi des opérations par une coordination de l'action des administrations compétentes et de celle des collectivités locales concernées. A ce propos, il faut bien reconnaître que les entreprises d'urbanisation dont ces missions ont été chargées, en particulier celle dont le littoral du Languedoc-Roussillon a fait l'objet, ont largement contribué au bétonnage, justement dénoncé aujourd'hui, des côtes. Quant à la multiplication des ports de plaisance, elle est responsable de la perturbation des flux sédimentaires sur les rivages qui a conduit au déclenchement ou à l'aggravation de l'érosion des plages. On le voit, les dispositions législatives, réglementaires et administratives dont on vient de parler ne constituaient pas une doctrine globale et cohérente de l'aménagement du littoral français.

L'émergence d'une politique d'aménagement et de protection propre au littoral

Il faut dire d'abord qu'une prise de conscience de la spécificité des milieux littoraux, donc de la nécessité de les dissocier des milieux proprement terrestres pour les aménager mais aussi pour les sauvegarder, se développe en Europe occidentale dans les années soixante-dix, comme en témoignent une résolution sur la protection des espaces côtiers adoptée par le Comité des ministres du Conseil de l'Europe en octobre 1973 et une recommandation sur les principes concernant la gestion des mêmes espaces faite par l'OCDE en octobre 1976.

Si, en France, on continue à prendre des mesures concernant l'environnement en général, par exemple la loi du 10 juillet 1976 relative à la protection de la nature qui prévoit l'obligation de procéder à des études d'impact lorsque des équipements projetés peuvent porter atteinte au milieu naturel, parallèlement des dispositions réglementaires et législatives propres au littoral apparaissent et vont se multiplier. En 1972 sont lancés les schémas d'aptitude et d'utilisation de la mer (SAUM), remplacés depuis 1983 par les schémas de mise en valeur de la mer (SMVM), instruments qui ont pour but de planifier à l'échelle d'une unité géographique les activités économiques liées à l'interface terre-mer en essayant de ménager les équilibres naturels. L'année 1973 marque un tournant avec la publication d'un rapport au gouvernement intitulé *Perspectives pour l'aménagement du littoral français*. Ce document constitue le véritable point de départ d'une réflexion qui sera jalonnée par la prise de mesures fragmentaires et aboutira finalement à l'élaboration d'une loi sur le littoral, promulguée en janvier 1986, charte actuelle de la politique française en matière d'aménagement et de protection des côtes. Le rapport en question, connu sous le nom de rapport Piquard, insiste sur la nécessité d'aménager non seulement le bord de mer mais aussi l'immédiat arrière-pays, de maintenir à l'état de nature le tiers du linéaire côtier, de créer un organisme qui, à l'image du *National Trust* britannique, aurait pour mission d'acquérir des terrains afin de les soustraire aux équipements tout en les laissant ouverts à la fréquentation du public. C'est dans cet esprit qu'une circulaire de mars 1974 prévoit l'ouverture de Bases littorales de loisirs et de nature. L'année 1975 voit l'adoption d'un schéma national pour la conchyliculture et l'aquaculture qui vise à sauvegarder des vasières et des lagunes dont l'existence est menacée par l'extension des ports de plaisance, et surtout la promulgation d'une loi qui crée un Conservatoire de l'espace littoral et des rivages lacustres sur lequel on reviendra. En août 1976, une instruction du premier ministre aux préfets rappelle la nécessité d'éviter une occupation linéaire du littoral, de mettre à l'abri de l'urbanisation les marais, les dunes et les forêts, d'éloigner d'au moins 2 000 m du trait de côte les nouvelles routes. Un article de la loi du 31 décembre 1976 ajoute au code de l'urbanisme une disposition qui grève les propriétés foncières riveraines du domaine public maritime d'une servitude destinée à assurer le passage des piétons, autorisant ainsi la restauration de l'ancien sentier des douaniers.

En 1978, la Direction de l'aménagement du territoire et de l'action régionale (DATAR) établit un état des lieux des côtes françaises qui aboutit à un bilan pessimiste sur les modalités de leur occupation. En effet, la mise à l'encan et la dégradation des rivages marins, dues souvent à l'irresponsabilité des collectivités locales, avaient continué en dépit des initiatives dont on a parlé. Cette situation appelle un texte plus solennel et plus contraignant, opposable aux tiers, alors que l'instruction d'août 1976 n'avait que le caractère d'une circulaire interne à l'administration. C'est la directive nationale relative à la protection et à l'aménagement du littoral, publiée en août 1979. Elle reprend et précise les principales dispositions du texte antérieur, et elle ajoute de nouvelles prohibitions. Il est désormais interdit de construire à moins de 100 m du rivage, d'extraire des matériaux dans l'espace littoral sans autorisation préfectorale, de faire accéder des véhicules jusque sur les dunes et les plages. Des conditions plus strictes sont mises à la création de ports de plaisance, telle l'obligation qui est désormais faite à leurs constructeurs de réhabiliter les rivages et les petits fonds marins dégradés par leurs travaux. Il faudra encore attendre quelques années pour qu'une véritable charte, fixant les principes et les règles d'une doctrine en matière de gestion des espaces côtiers en France, soit enfin établie. Son texte voté par le parlement est devenu la loi n° 86-2 du 3 janvier 1986 relative à l'aménagement, à la protection et à la mise en valeur du littoral. La gestation avait été longue, elle n'aboutissait pas à l'accouchement d'une souris, mais c'est vingt ans plus tôt que cette loi aurait dû être élaborée. Du moins valait-il mieux tard que jamais.

Le Conservatoire du littoral : un outil efficace de sauvegarde des espaces naturels littoraux

Il convient de revenir maintenant sur le Conservatoire de l'espace littoral et des rivages lacustres qui a été créé par la loi n° 75-062 du 10 juillet 1975 car il faut souligner son rôle essentiel dans le maintien d'espaces côtiers à l'état de nature. Même si l'objectif initialement fixé d'acquérir pour l'année 1990 50 000 ha de terrains divers n'a pas été atteint, les résultats obtenus à cette date ne sont pas négligeables. En quinze ans d'existence, le Conservatoire du littoral est devenu propriétaire de 37 000 ha, assurant par là-même la protection de 286 sites, qui représentent une longueur de rivage marin et lacustre d'environ 470 km. Sur les 5 500 km de côtes de la seule France métropolitaine, 360 km, soit 7 % de ce linéaire, sur une profondeur de 0,5 à 1 km, ont ainsi été mis définitivement à l'abri de l'urbanisation. La localisation de ce patrimoine est relativement équilibrée sur l'ensemble des côtes, si on excepte le département des Alpes-Maritimes où la fièvre de la construction avait précédé la création du Conservatoire.

En effet, le but fondamental assigné par la loi au Conservatoire du littoral consiste à mener « une politique foncière de sauvegarde de l'espace littoral, de respect des sites naturels et de l'équilibre écologique » pour mettre en œuvre la politique dite du « tiers naturel » recommandée par le rapport Piquard de 1973. L'action du Conservatoire consiste donc fondamentalement à acquérir des terrains qui, du point de vue de la géographie physique, constituent des ensembles homogènes et significatifs — plages et dunes, vasières, mangroves, lagunes, falaises, calanques — pour les soustraire à des aménagements qui les dénaturent ou à une surfréquentation sauvage qui les dégrade. L'acquisition se fait dans les deux tiers des cas par des négociations amiables, mais d'autres modalités sont possibles : préemption, expropriation, dons et legs des particuliers, souscription publique. L'affectation à titre gratuit des propriétés du domaine privé de l'État est aussi prévue. En matière d'acquisition le pouvoir de décision appartient à un conseil d'administration composé pour moitié d'élus (députés, sénateurs, élus régionaux) et pour moitié de représentants des administrations concernées par la protection des rivages et de personnalités qualifiées choisies parmi les responsables d'associations de protection de l'environnement. Quant aux propositions d'intervention, elles proviennent des sept conseils de rivage (Manche-Mer du Nord, Atlantique-Bretagne, Méditerranée, Corse, Lacs, Antilles-Guyane, Réunion) dont la composition dépend à part égale des régions et des départements.

A la différence du *National Trust* britannique qui a servi de modèle pour sa création et qui est une fondation privée, alimentée par des dons en argent et en nature, le Conservatoire du littoral est un établissement public à caractère administratif, rattaché au Ministère de l'environnement et recevant de l'État une dotation financière qui malheureusement a diminué au cours des dernières années (80 millions de francs seulement en 1990). Les terrains acquis par lui prennent, après classement dans le domaine propre, un caractère pratiquement inaliénable, ce qui garantit leur transmission aux générations futures. Ils sont aussi inconstructibles et, sauf restrictions dictées par des impératifs de protection, ils sont librement ouverts au public, mais interdits aux véhicules ainsi qu'au camping et au caravanage. La chasse y est prohibée.

Cette liberté d'accès pour les piétons implique des aménagements spécifiques qui sont à la charge du Conservatoire du littoral : aires de stationnement, sentiers, clôtures, panneaux de signalisation et d'information sur lesquels figure le chardon des sables, emblème du Conservatoire. Mais il est aussi nécessaire de remettre en état les sites que l'on acquiert lorsqu'ils sont dégradés. De gros efforts ont été faits en matière de restauration de dunes par le Conservatoire, en particulier sur la côte de Picardie, celle de la Bretagne et celle du Languedoc. D'excellents résultats ont été obtenus par la méthode simple et peu coûteuse des brise-vent en dépit d'une forte fréquentation humaine. La politique du Conservatoire consiste d'ailleurs à privilégier le recours à des méthodes douces de réhabilitation et elle exclut à juste titre de lutter contre l'érosion de la mer par des ouvrages lourds de défense. Sa stratégie a pu faire l'objet de critiques, mais elle va dans le bon sens et il faut espérer que l'on ne verra jamais d'enrochements sur ses terrains.

Quant à la gestion courante (gardiennage, entretien, nettoyage) des terrains, le Conservatoire du littoral la confie, dans le cadre de conventions, à des collectivités locales, communes ou départements, à des associations de protection de la nature ou à des organismes spécialisés comme l'Office national des forêts qui a une vocation spécifique pour la gestion des espaces boisés. Dans le cas où les terrains acquis sont utilisés pour des activités traditionnelles agro-pastorales ou aquacoles, par exemple l'élevage sur les prés-salés ou l'exploitation du sel dans les lagunes, leur maintien est encouragé dans la mesure où elles ne déstabilisent pas fondamentalement ces milieux.

Si l'on cherche maintenant à établir un bilan de l'action du Conservatoire du littoral après quinze ans d'existence, il apparaît nettement positif. Cet organisme, bien que limité dans ses interventions par la modestie des moyens financiers que lui attribue l'État, a incontestablement réussi dans le rôle d'opérateur foncier que la loi lui a assigné. Il représente aujourd'hui le principal instrument de sauvegarde des espaces naturels littoraux par le patrimoine public que progressivement il constitue. D'un point de vue scientifique, les pratiques de réhabilitation et d'entretien dont font l'objet ses propriétés n'appellent pas de critiques majeures. Son fonctionnement décentralisé, sa politique de concertation avec les collectivités locales, sa préférence pour les achats à l'amiable plutôt qu'au recours à des modalités d'acquisition contraignantes, facilitent ses opérations. Certes, il existe bien des communes qui, de crainte de mécontenter un électorat plus soucieux de revenus immédiats que de protection de l'environnement, ont refusé pendant des années au Conservatoire du littoral de devenir propriétaire de portions de rivage. Nombreuses aussi ont été celles qui, pour ne pas grever leurs finances, n'ont pas voulu assurer la gestion de terrains qui, s'ils avaient été lotis, auraient au contraire rapporté des taxes locales. En revanche, d'autres municipalités ont compris que la protection d'espaces vierges dans des limites spatiales raisonnables représentait un atout stimulateur de flux touristiques au même titre que celui constitué par la présence de monuments historiques. Enfin, il faut dire que dans l'opinion publique l'image du Conservatoire est bonne. Il n'est pas perçu comme un musée dont les biens imposent des limitations aux activités de loisirs, mais au contraire comme une institution qui défend le littoral pour l'ouvrir à tous. Il a ainsi acquis une autorité morale qui explique une large adhésion collective à son œuvre. En témoignent les quelques centaines de petits chèques qui parviennent au Conservatoire chaque année au retour des vacances, accompagnés d'un mot : « J'ai vu tel site, continuez, voilà ma participation. » Mais il

Photo 22. — Côte des Basques, Biarritz. Reprofilage d'une falaise marneuse pour ralentir son évolution par des glissements qui menacent de destruction des aménagements implantés au sommet de l'escarpement.

y a un revers à la médaille. Ces pans de nature sauvés attirent aujourd'hui les foules et une surfréquentation mal maîtrisée peut introduire des déséquilibres dans des milieux que l'on veut protéger. Ne faudra-t-il pas revenir bientôt sur le principe du libre accès en interdisant aux promeneurs, au moins temporairement, certains espaces et en établissant un droit d'entrée qui, outre un avantage financier, aurait pour effet de réduire le nombre des visiteurs ?

A propos de gestion, il existe une anomalie qui devrait être réglée. Les pouvoirs du Conservatoire du littoral s'arrêtent à la limite du domaine public maritime qui jouxte ses terrains et qui a été agrandi depuis qu'une loi du 28 novembre 1963 y incorpore les lais et relais de mer. On peut alors se trouver devant une situation paradoxale. Prenons un exemple. L'État intervient par la voie du Conservatoire pour acheter un massif dunaire, le restaurer et le conserver à l'état de nature. Le même État, en tant que responsable du domaine publique maritime, peut par le biais des Services maritimes intervenir indépendamment sur la plage associée à ce massif dunaire en l'équipant d'enrochements qui perturberont les échanges sédimentaires dans l'espace littoral et dénatureront le paysage. Il serait donc raisonnable de confier au Conservatoire la responsabilité de la gestion du domaine public maritime contigu à ses propriétés.

La loi qui a créé le Conservatoire du littoral lui donnait, outre la capacité d'acquérir des biens fonciers, le pouvoir de proposer aux collectivités locales des conseils à propos de l'aménagement des rivages. Dans ce dernier domaine on peut dire que les interventions du Conservatoire sont restées limitées et n'ont pas eu la portée que l'on était en droit d'espérer d'elles. Sans doute cet organisme ne dispose-t-il que d'un personnel réduit en nombre, mais depuis 1985 il bénéficie de l'assistance d'un conseil scientifique dont on pouvait légitimement attendre une dynamisation de cette action de rayonnement que le législateur lui avait dévolue et qui, pour dire le moins, est restée bien médiocre. En particulier, il aurait fallu diffuser auprès des élus, au rôle important depuis les lois de décentralisation mais généralement mal en informés en la matière, par l'intermédiaire de colloques, d'ateliers et de publications, les résultats des recherches en cours sur l'évolution des littoraux et leur applicabilité à l'aménagement. Par une rétroaction positive, cette œuvre de formation qui a manqué aurait facilité la tâche du Conservatoire comme opérateur foncier. Cependant, cette lacune sera peut-être comblée par la fondation d'entreprise qui associe depuis 1991 le Conservatoire à Procter et Gamble France, et qui a justement pour but de financer des études scientifiques appliquées à l'environnement littoral, des publications de vulgarisation donnant le résultat de ces recherches et des séminaires d'information.

Ceci étant dit, il reste à souligner que le succès d'ensemble du Conservatoire du littoral prouve qu'une volonté politique affirmée et appuyée sur un organisme *ad hoc* peut soustraire définitivement des espaces littoraux à la spéculation foncière qui les dénature.

La charte française de l'aménagement du littoral

La doctrine officielle française en matière de développement et de préservation des espaces côtiers est exprimée dans la loi n° 86-2 du 3 janvier 1986 relative à l'aménagement, la protection et la mise en valeur du littoral qui reprend dans un document unique les orientations, les principes et les dispositions qui figuraient déjà, avec un caractère épars et fragmentaire, dans des textes législatifs et réglementaires antérieurs que l'on a eu l'occasion de citer plus haut. A une époque où la politique de décentralisation accroissait les pouvoirs de décision des collectivités locales, les dispositions normatives d'une loi s'imposaient pour que l'État, par des prérogatives propres, puisse donner priorité à l'intérêt général sur les intérêts particuliers.

La lecture qui est donnée ici de la loi sur le littoral est celle d'un géomorphologue dont les travaux de recherche portent sur l'évolution des côtes considérées dans leurs caractéristiques morpho-sédimentaires. Apparemment, et ce fut un oubli fâcheux, aucun de ses confrères n'a été appelé à donner son avis à l'occasion de la phase de consultation et de concertation qui a précédé l'élaboration du texte de la loi, si l'on en juge par l'imprécision regrettable de la terminologie utilisée pour la dénomination des différents milieux côtiers. Mais on remarque avec intérêt que, dans l'article 1er, le littoral est défini comme une entité géographique et que l'érosion marine doit faire l'objet d'un effort de recherche et d'innovation. On ne saurait mieux dire. Il est heureux aussi que les principes de gestion qui sont ensuite énoncés s'appliquent principalement à des espaces physiques et non à des catégories juridiques. Dans la rédaction qui lui est donnée par l'article 3, l'article L. 146-6 du Code de l'urbanisme mentionne la nécessité de protéger, lorsqu'ils constituent des sites remarquables, « les dunes et les landes côtières, les plages et lidos, les forêts et zones boisées côtières, les îlots inhabités, les parties naturelles des estuaires, des rias ou abers et des caps, les marais, les vasières, les zones humides et milieux temporairement immergés ainsi que…, dans les départements d'outre-mer, les récifs coralliens, les lagons et les mangroves ». Cette énumération témoigne d'une terminologie hétéroclite, disparate, parfois redondante. Elle aurait gagné en cohérence et surtout en précision, qualité fondamentale dans un texte de cette nature, si des géographes spécialistes de l'étude des rivages marins avaient été appelés à donner leur avis. Ils n'ont pas été davantage consultés pour la rédaction du décret d'application n° 80-694 du 20 septembre 1989 qui explicite les critères à prendre en considération pour décider de la conservation de sites appartenant à ces milieux : aspect paysager remarquable ou caractéristique du patrimoine naturel ou culturel, contribution au maintien des équilibres biologiques, intérêt écologique. La liste des milieux concernés est complétée par la mention des estrans, des falaises et des tourbières, mais, on le voit, l'incohérence du vocabulaire n'a pas changé. En revanche, il apparaît que des géologues sont intervenus dans un autre ajout, lui tout à fait correct dans sa formulation technique, qui concerne la mise à l'abri de « gisements de minéraux ou de fossiles, les stratotypes, les grottes ou les accidents géologiques remarquables ».

Une prescription importante pour la sauvegarde des milieux côtiers figure dans l'article L. 146-4 - III du Code de l'urbanisme donné par l'article 3 de la loi en question. Elle concerne l'inconstructibilité d'une bande de terrain de 100 m de large à compter de la limite haute du rivage, incluant donc le domaine public maritime. Précaution sage, il est prévu que les plans d'occupation des sols peuvent porter cette largeur à plus de 100 m si, par exemple, l'érosion de la côte le justifie. Mais, d'une part, ce caractère *non aedificandi* ne s'applique qu'en dehors des espaces déjà urbanisés dans lesquels seules des restrictions assez vagues à la construction sont prévues, d'autre part, il peut admettre des exceptions pour des installations nécessaires à des services publics ou des activités économiques exigeant la proximité immédiate de l'eau. Doit-on permettre ainsi à des centres de thalassothérapie, très à la mode actuellement, sans doute parce que la Sécurité sociale accepte encore d'y financer des cures, de s'édifier en bordure de la mer, alors que l'implantation de terrains de camping, aux infrastructures légères et facilement destructibles, est maintenant interdite dans le voisinage des rivages?

Toujours dans l'article 3 de la loi sur le littoral, l'article L. 146-7 du Code d'urbanisme prohibe expressément l'ouverture de routes principales à moins de 2 km du trait de côte et l'aménagement de routes secondaires à proximité de lui. Même si des exceptions sont prévues, en particulier dans les espaces déjà urbanisés, l'éloignement du rivage des infrastructures routières ne peut qu'avoir des effets bénéfiques pour l'environnement en décourageant les constructions au bord de l'eau et en allégeant la fréquentation touristique. Il doit favoriser le maintien de coupures vertes prévues dans la loi, tout comme la sauvegarde de massifs dunaires, fixés par une végétation fragile, rapidement détruite par le roulage et le piétinement. Dans le même ordre d'idées, l'article 30 interdit le stationnement sauvage des véhicules à moteur à proximité des rivages, en particulier sur les plages et les dunes.

L'article 24 régit les conditions de l'emprunt de sédiments dans le domaine côtier, au nom du maintien de l'intégrité morphologique et biologique des milieux qui le constituent. Les extractions sont limitées ou prohibées, sauf dans le cas d'exploitations d'intérêt minier ou de dragages dans les bassins des ports et dans les chenaux qui leur donnent accès. A une époque où, pour des raisons à la fois naturelles et humaines, les côtes présentent un déficit en sables et en galets, une interdiction plus strictement formulée eût été souhaitable. Il est vrai qu'en la matière des droits coutumiers anciens sont en jeu, par exemple en Bretagne où depuis longtemps

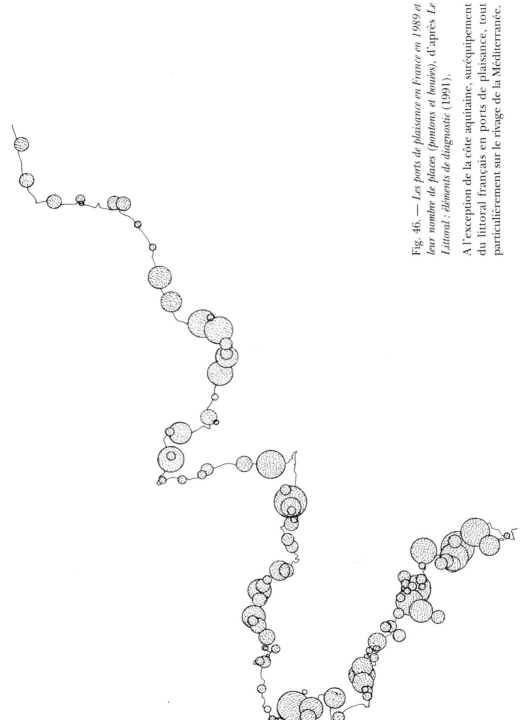

Fig. 46. — *Les ports de plaisance en France en 1989 et leur nombre de places (pontons et bouées)*, d'après *Le Littoral : éléments de diagnostic* (1991).

A l'exception de la côte aquitaine, suréquipement du littoral français en ports de plaisance, tout particulièrement sur le rivage de la Méditerranée.

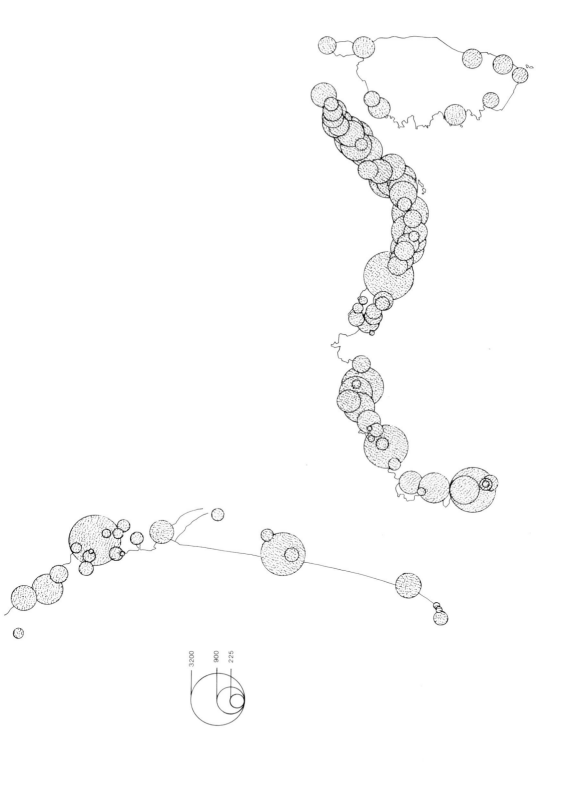

3200
900
225

les sables coquilliers des plages servent d'amendements calcaires pour des sols acides. Mais on s'étonne de la disposition qui autorise des extractions lorsqu'elles ont pour objet la conservation ou la protection d'espaces naturels remarquables. Le géomorphologue ne peut que s'interroger sur la nature de tels espaces.

Dans l'article 27 de la loi sur le littoral, article qui concerne la gestion du domaine public maritime, il est stipulé qu'il ne peut être porté atteinte à l'état naturel du rivage de la mer, notamment par endiguement, assèchement, enrochement ou remblaiement, sauf là où existent des aires industrialo-portuaires ou des installations nécessaires à la sécurité maritime, à la défense nationale, aux activités économiques liées à la mer (pêche, aquaculture, saliculture). Une stricte application de cet article aurait pu permettre de limiter considérablement le recours aux enrochements sur des plages où des aménagements sont menacés par l'attaque des vagues. On sait que ces structures de protection sont néfastes pour la sauvegarde des plages. Hélas! leur interdiction fait justement l'objet d'une exception dans le cas des opérations de défense contre l'érosion de la mer. Du moins la prohibition des remblaiements permet-elle de freiner la transformation de vasières en espaces constructibles au prix de la perte d'écosystèmes très productifs. Il en va de même pour la restriction des endiguements qui donne le moyen de lutter contre la prolifération des ports de plaisance (fig. 46) dont les effets perturbateurs sur la dynamique sédimentaire des côtes sableuses sont bien connus. A ce propos, l'article 21 stipule que le bénéficiaire d'une concession pour la construction d'un port de plaisance se voit imposer la reconstitution, sur des surfaces équivalentes, des plages ou des vasières détruites par les travaux. C'est là une idée louable mais qui relève d'une vue de l'esprit de législateurs mal informés des réalités de la nature, tant il est vrai qu'on ne recrée jamais dans son intégralité un milieu qui a été détruit.

Au total, la loi sur le littoral présente le caractère d'une loi d'orientation qui cherche à établir un double compromis : le premier entre la conservation de l'environnement et le maintien des activités traditionnelles de bord de mer d'une part, le développement de l'industrialisation, du tourisme et de l'urbanisation d'autre part; le second entre l'autonomie d'action des collectivités locales d'une part, la volonté d'arbitrage de l'État d'autre part. D'emblée les juristes ont critiqué sa codification laborieuse et incomplète, laissant place à une large marge d'interprétation. A l'occasion d'un colloque tenu à la faculté de droit et des sciences économiques de l'université de Montpellier I, quelques mois après la promulgation du texte, F. Bouyssou soulignait l'ambiguïté de ses objectifs, l'imprécision de sa terminologie et la portée trop souvent contournable de ses dispositions.

La loi sur le littoral cinq ans après : quel bilan?

En fait, l'efficacité de la loi sur le littoral demeure tributaire des conditions de son application. Car force est de reconnaître que, cinq ans après sa promulgation, ce texte, censé remettre de l'ordre dans le dispositif de protection des côtes de France, n'a pas jugulé la fringale d'espace des aménageurs qui ont continué à multiplier les projets de lotissements, de complexes de loisirs, de ports de plaisance, d'établissements de thalasso-thérapie, de terrains de golf. Dans le seul département du Var, les autorisations de construire ont quadruplé en trois ans. Ainsi le bétonnage du rivage continue, favorisé par la demande qui stimule les promoteurs et surtout par une politique de décentralisation qui donne de larges pouvoirs aux maires en matière d'urbanisme. Les préfets qui ont perdu de leur puissance arbitrale ont eu tendance à relâcher leur vigilance pour ne pas s'opposer à des collectivités locales, toujours prêtes à dénoncer le centralisme administratif. Pourtant ils ont le pouvoir de faire modifier un plan d'occupation des sols s'il contrevient à des dispositions contraignantes de la loi sur le littoral ou de s'opposer à la construction de nouveaux ports de plaisance puisqu'ils empiètent nécessairement sur le domaine public maritime. De leur côté, maires et promoteurs ont su utiliser à leur profit les formulations insuffisamment précises de la loi, comme « espaces proches du rivage », « sites remarquables » ou « hameaux nouveaux intégrés à l'environnement ».

On constate actuellement que l'État cherche à reprendre en main le contrôle du développement du littoral, en réagissant à l'interprétation laxiste des textes législatifs et réglementaires par la diffusion de circulaires restrictives. En octobre 1991, les vingt-sept préfets des départements littoraux ont été réunis pour une séance de « relecture » de la loi sur le littoral en présence des titulaires de ministères concernés par l'aménagement des espaces côtiers : Équipement, Environnement, Mer, Tourisme. Une instruction ministérielle sur la protection et l'aménagement du littoral a d'ailleurs suivi sous la forme d'une lettre circulaire datée du 22 octobre 1991. L'émiettement des responsabilités entre des services dépendant de ministères différents enlève de l'efficacité aux actions de l'État. La direction de l'architecture et de l'urbanisme, qui relève du ministère de l'Équipement, est chargée plus particulièrement de suivre l'application de la loi sur le littoral et de celle sur la protection des sites remarquables, mais le ministère de l'environnement intervient de son côté dans la classification de ces sites tout comme dans l'élaboration de mesures réglementaires dans le cadre de la loi précitée. Le ministère de la Mer s'occupe de l'élaboration des schémas de mise en valeur de la mer, de la défense des côtes contre l'érosion, de l'amélioration de l'accès aux rivages en sa qualité de gestionnaire du domaine public maritime. Dans toutes ces interventions sur un même espace géographique on devine que la synergie n'est pas toujours la règle. Des décisions récentes, comme celles ordonnant quelques démolitions exemplaires d'aménagements irréguliers, vont dans le bon sens. On prend aussi conscience des effets induits contre-productifs de la dotation touristique qui encourage les communes côtières à construire, pénalisant ainsi les municipalités conservationnistes qui mériteraient pourtant d'être aidées.

Le combat des écologistes

A propos d'aménagement du littoral, il convient aussi de parler de la partie de bras de fer qui oppose d'une part les équipes d'élus municipaux, d'autre part les associations de défense de la nature et de protection de l'environnement. On trouve chez les premières un large consensus en faveur du développement économique des communes, en particulier par le biais du tourisme balnéaire, créateur d'emplois et source de revenus nouveaux, agent aussi de transformation et de revigorisation des sociétés locales, menacées par le déclin de leurs activités traditionnelles. A cela s'ajoutent des intérêts particuliers, ceux des propriétaires fonciers dont les terres sont valorisées lorsqu'elles se situent à proximité de la côte, ceux des corps de métier du bâtiment pour lesquels s'ouvrent de nouveaux chantiers, ceux des professions commerciales qui voient leur clientèle s'agrandir. Les initiatives des élus locaux en matière d'aménagement du littoral rejoignent aussi les visées des grands groupes immobiliers nationaux qui se partagent le marché toujours rentable de la construction liée aux activités de vacances et de loisirs.

A ce groupe aux intérêts convergents s'oppose fermement celui des défenseurs de la nature et des protecteurs de l'environnement dont l'audience va croissant. Sans doute les écologistes, au sens large du mot, restent-ils minoritaires, mais ils sont actifs et ils se regroupent en associations parfois très influentes, comme la Société pour l'étude et la protection de la nature en Bretagne (SEPNB). Les animateurs de ces associations maintiennent des rapports étroits avec les chercheurs universitaires auprès desquels ils recueillent des données scientifiques pour argumenter leurs interventions. Ils sollicitent aussi des aides au plan juridique. En 1987, le comité législatif d'information écologique a publié à leur intention, sous la forme d'un numéro spécial de la revue *Combat Nature*, un guide pratique d'utilisation de la loi sur le littoral. En effet, c'est en s'appuyant sur les textes législatifs et réglementaires que les écologistes interviennent avec beaucoup de fermeté auprès des autorités administratives et judiciaires départementales. Ils obtiennent souvent gain de cause à la colère des élus et au dam des promoteurs frustrés dans leurs projets. Ainsi, en 1991, le tribunal administratif de Nice, sur plainte d'associations locales de défense des sites naturels, a annulé en se fondant sur des dispositions de la loi sur le littoral, les documents d'urbanisme servant de support à deux importantes opérations d'aménagement qui étaient en cours de réalisation dans le Var. La première au cap Dramont, sur la commune de Saint-Raphaël, prévoyait sur une surface de 210 ha un nouveau lotissement de plusieurs hameaux et d'un ensemble d'équipements (hôtels, commerces, piscines, courts de tennis, terrain de golf) pour un investissement de 1,5 milliards de francs. Le programme était achevé aux deux tiers quand la décision judiciaire est intervenue. Il est aujourd'hui suspendu en attendant la décision du conseil d'État devant lequel il a été fait appel. L'autre projet en cause concerne le terrain de golf international de Gassin qui était moins avancé puisque soixante villas seulement sur deux cents avaient été construites. Dans les deux cas, le tribunal administratif a fondé ses décisions sur une atteinte excessive à la qualité des sites et des paysages. Si elles étaient confirmées, un coup d'arrêt décisif serait enfin porté à l'urbanisation de ce qui reste encore d'espaces littoraux libres sur la Côte d'Azur.

Les limites des études d'impact et des enquêtes publiques

Les exemples que l'on vient de rapporter peuvent étonner. En effet, il existe dans la procédure d'examen à laquelle sont soumis les projets d'aménagement, avant d'obtenir une éventuelle autorisation, des verrous qui n'ont donc pas fonctionné dans les cas précités.

Il s'agit d'abord des études d'impact prévues par le décret du 12 octobre 1977, venant après la loi du 10 juillet 1976 sur la protection de la nature. Elles ont pour finalité l'évaluation des effets à attendre sur l'environnement de projets d'aménagement et la proposition, le cas échéant, de mesures compensatoires. Elles sont obligatoires pour toutes les grandes opérations, en règle générale pour celles dont le coût dépasse 6 millions de francs. Pour les autres, seule une notice d'impact, document plus sommaire, est exigée. Partant du sage principe que prévenir vaut mieux que guérir, la volonté du législateur d'obliger les aménageurs à tenir compte du milieu naturel dans leurs entreprises d'équipement de l'espace était louable, mais en leur confiant la charge de l'élaboration des études d'impact, il commettait une erreur car il en réduisait *ipso facto* la portée. Les maîtres d'ouvrage étant ainsi à la fois juges et parties, on comprend que les bureaux d'études auxquels ils s'adressent pour préparer ces documents cherchent plutôt à

justifier les projets d'aménagement en minimisant leurs effets sur l'environnement. A lire les études d'impact, on trouve que souvent elles présentent
un caractère formel et superficiel. En général, elles s'appuient sur une
compilation de données recueillies dans des publications disparates, de
valeur inégale ; les observations de terrain pertinentes et nouvelles sont
insuffisantes ; la rédaction hâtive nuit à la précision et à la clarté de
l'exposé. Dans beaucoup de cas, les conclusions n'apparaissent pas convain-
cantes pour les évaluateurs indépendants que sont les spécialistes universitaires de l'évolution et de l'aménagement des littoraux.

Or, ce sont ces études d'impact qui, sans autre contrôle qu'un examen
administratif et juridique par des services techniques de l'État, notamment
les directions départementales de l'équipement, vont servir de pièce maî-
tresse pour les enquêtes publiques régies par la loi du 12 juillet 1983. Ici
encore, il y avait au départ une intention louable, celle d'introduire de la
transparence dans les opérations d'aménagement, en informant les populations concernées sur des opérations impliquant des risques pour l'environnement, de recueillir leurs observations et éventuellement leurs
suggestions. Ce faisant, on entamait l'emprise jusqu'ici exclusive des grands
corps technocratiques de l'État sur les espaces à aménager. La loi sur le littoral du 3 janvier 1986 mentionne d'ailleurs spécifiquement le recours obligatoire à l'enquête publique dans plusieurs de ses dispositions. Mais, dans
la pratique, sauf là où existent des associations actives pour la défense de
l'environnement, capables de mobiliser l'opinion, cette procédure n'a pas
eu le succès de participation et n'a pas suscité les débats contradictoires
que l'on pouvait attendre d'elle et, en général, les projets d'aménagement
proposés ne sont pas véritablement remis en cause.

Il faut dire aussi que les commissaires-enquêteurs qui ont la charge de la
conduite des enquêtes publiques sont souvent mal préparés à remplir la
tâche qui leur est impartie. Celle-ci consiste à examiner les documents du
dossier, à interroger les services compétents de l'État, à enquêter sur les
lieux, à organiser et à animer des réunions publiques, à recueillir des opinions. A l'issue de la procédure, les commissaires-enquêteurs doivent rédi-
ger un rapport dans lequel ils présentent une synthèse des opinions émises
et, éventuellement, des contre-propositions exprimées. Ils peuvent aussi
donner un avis personnel. Leurs conclusions sont importantes car c'est en
s'appuyant sur elles, après consultation des délégations régionales à l'architecture et l'environnement, que les préfets concernés signent ou non un
arrêté autorisant le lancement des travaux. Désignés par le tribunal administratif, les commissaires-enquêteurs, grâce au large pouvoir d'initiative et
de manœuvre dont ils disposent, constituent les personnages-clés des
enquêtes publiques. Ils doivent être capables de comprendre tous les
enjeux d'un projet d'aménagement et d'en apprécier la portée avec clair-
voyance et impartialité. Si leur bonne volonté n'est pas en cause — ce sont
des honnêtes hommes dont les rémunérations sont misérables —, leur apti-

tude à piloter des enquêtes qui exigent des connaissances précises, aussi bien juridiques que scientifiques, laisse souvent à désirer. Dans la majorité des cas, les commissaires-enquêteurs sont recrutés parmi des retraités, anciens magistrats ou fonctionnaires des services techniques de l'État, qui ne sont pas préparés à jouer le rôle d'expert que l'on attend d'eux. Il conviendrait donc de revoir à la fois le recrutement, la formation et la rémunération des commissaires-enquêteurs. Cette réforme associée à une révision des modalités de l'établissement de l'étude d'impact permettrait de donner à l'enquête publique, bonne dans son principe, plus d'efficacité.

Dans les environnements côtiers qui sont intrinsèquement fragiles et où les seuils de tolérance sont vite atteints, le compromis entre l'extension des aménagements et le maintien des équilibres naturels s'avère illusoire. La solution pour parvenir à un développement satisfaisant du littoral consiste donc à y partager l'espace pour faire coexister sur des secteurs distincts, sans doute au prix de confrontations, de tensions et de frustrations, des aires préservées et des aires intégrées aux systèmes économiques nationaux et régionaux. Cependant, cette idée raisonnable de l'espace partagé, suggérée par J. Bethemont à propos des deltas mais que l'on peut étendre à l'ensemble des milieux littoraux d'une région, se heurte toujours à des freinages qu'il faudrait faire disparaître avant qu'il ne soit trop tard, comme c'est déjà malheureusement le cas sur certaines portions des côtes de France.

ORIENTATION BIBLIOGRAPHIQUE

BECET (J.-M.), *L'aménagement du littoral*, Presses Universitaires de France, Paris, 1987, 127 p.

Atlas des espaces naturels du littoral, Conservatoire de l'espace littoral et des rivages lacustres, Rochefort-sur-Mer, 1991.

DATAR, *Perspectives pour l'aménagement du littoral français*, La Documentation Française, Paris, 1974, 266 p.

DAU, *Le littoral : éléments de diagnostic*, ministère de l'Équipement, Paris, 1991.

La loi littorale, Economica, Paris, 1987, 388 p.

GUIGO (M.) et collab., *Gestion de l'environnement et études d'impact*, Masson, 1991, 231 p.

MICHAUD (J.L.), *Manifeste pour le littoral*, Berger-Levrault, Paris, 1976, 304 p.

MIOSSEC (A.), Cassandre et Pénélope, à propos de quelques cas d'aménagement sur le littoral de la Bretagne et de la Vendée. *Norois*, 1986, 132, 505-515.

MIOSSEC (A.), Conséquences de la pression touristique sur l'espace physique littoral. *Norois*, 1987, 133-135, 153-163.

MIOSSEC (A.), Aménagement ou occupation de l'espace littoral : forces et faiblesses de la protection de l'environnement. *Cahiers Nantais*, 1988, 30-31, 189-212

MIOSSEC (A.), Études d'impact et enquêtes d'utilité publique. *Cahiers Nantais*, 1990, 35-36, 235-257.

Chapitre 9

VERS UNE PHILOSOPHIE
DES RIVAGES

Dans ce dernier chapitre dont le titre est emprunté à un article récent d'A. Guilcher, le maître de la géomorphologie littorale en France, on voudrait revenir sur les graves problèmes que pose pour les aménagements l'érosion des côtes. Le recul des rivages marins n'est sans doute pas universel mais, on l'a vu dans les pages précédentes, suffisamment généralisé pour inciter à une réflexion conduisant à la formulation de quelques principes de gestion du littoral dans un domaine où les spécialistes de l'évolution des côtes ont leur mot à dire.

L'idée de base est qu'il ne faut surtout pas être prisonnier de principes rigides et absolus. Les décisions doivent être prises en tenant compte des situations particulières, après une étude approfondie de la tendance évolutive du rivage et des risques qui lui sont associés, des enjeux économiques et sociaux, de l'intérêt offert par les faits de nature. Des réponses rationnelles au comportement morpho-sédimentaire des littoraux peuvent alors être proposées aux aménageurs et aux décideurs. En anticipant sur les événements, elles évitent les désastreuses mesures prises au coup par coup, dans l'urgence et dans le désordre, qui engendrent ou aggravent des dysfonctionnements dans les interactions complexes des processus naturels, contribuent à la dégradation de l'environnement et entraînent un gaspillage de moyens dont finalement les contribuables font le plus souvent les frais.

Les Pays-Bas : une politique nationale
de résistance au recul de la côte

Les Pays-Bas donnent l'exemple d'un pays qui a défini et applique une politique cohérente en matière de défense du littoral. Celui-ci vit sous

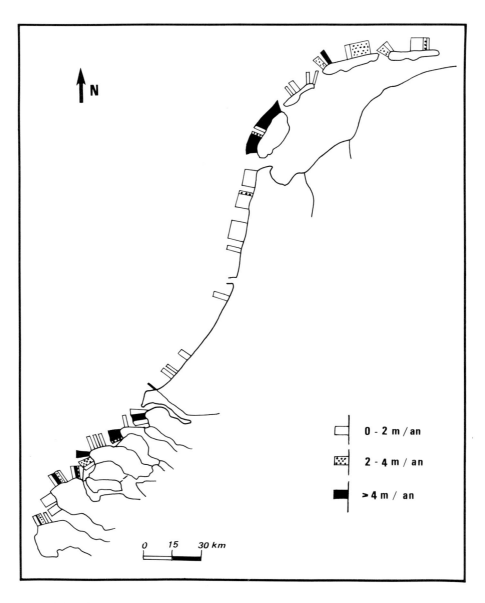

Fig. 47. — *L'érosion de la côte aux Pays-Bas,* d'après C. Louisse et
H.J. Verhagen (1990).

une double menace. La première est celle d'une inondation puisque
27 % du territoire national se trouvent au-dessous du niveau moyen de la
mer. Depuis l'achèvement de la réalisation du plan Delta qui, on s'en souvient, a été élaboré après le désastre provoqué par l'onde de tempête du
début de l'année 1953 en mer du Nord, les polders sont désormais à
l'abri d'une nouvelle catastrophe du même type. L'autre menace tient au
recul de la côte qui se traduit en particulier par une perte d'espaces

dunaires. Pour le siècle à venir, on estime que quelque 2 000 ha, sur les 42 000 ha que couvrent actuellement les dunes aux Pays-Bas, seront progressivement engloutis dans la mer si le taux actuel régional de montée du niveau de la mer (2 mm/an) se maintient et davantage si, comme beaucoup le pensent, il s'élève à 6 mm/an par suite de l'effet de serre. Or, les dunes littorales constituent des milieux qui jouent dans la vie du pays un rôle économique et aussi culturel important. A leur fonction essentielle de protection des polders contre une invasion par la mer, s'ajoutent leur contribution de premier plan à l'approvisionnement en eau potable des habitants grâce aux nappes phréatiques qu'elles abritent ainsi que leur offre en espaces pour l'implantation d'industries, de lotissements résidentiels, d'aménagements touristiques et récréatifs, sans parler de leur intérêt écologique et paysager. Sur les 353 km de linéaire côtier des Pays-Bas en bordure de la mer du Nord, les dunes dont la largeur varie de quelques dizaines de mètres à plusieurs kilomètres en occupent 254 km. De cette dernière longueur, quelque 96 km sont protégés, surtout par des épis, mais 120 km sont en cours de recul à des vitesses moyennes variables (fig. 47) qui, en certains endroits, peuvent dépasser 4 m par an. Des plages basses, sans dunes, elles aussi en état de régression, se rencontrent sur 38 km dans les îles-barrières de la mer des Wadden. Le reste de la côte est constitué par des digues (34 km) et des ouvrages de défense longitudinaux de types divers (27 km).

En 1988, le gouvernement des Pays-Bas a chargé le *Rijkswaterstaat*, un département du ministère des transports et des travaux publics, d'organiser une enquête approfondie sur tout le littoral du pays. Son objet était, par des recherches de terrain et de laboratoire associant la méthode naturaliste et empirique à l'approche théorique et modélisatrice, d'établir un état des lieux morpho-sédimentaire, d'évaluer les actions des phénomènes dynamiques en jeu, de dégager la tendance évolutive pour le siècle à venir des différents compartiments côtiers. Il lui était aussi assigné de fournir au gouvernement, sur une base scientifique, différentes options susceptibles de contribuer à l'élaboration d'une politique nationale de réponse à l'érosion des rivages marins. L'enquête fut un modèle du genre à plusieurs titres. Par son caractère largement multidisciplinaire : des ingénieurs intervinrent mais aussi des géologues, des géographes physiciens et humains, des climatologues, des archéologues et d'autres experts encore. Par le concours de différents organismes : des services techniques de l'État, des universités, des bureaux d'études contribuèrent au projet. Par la rapidité de l'achèvement du travail : il fallut moins de deux ans pour aboutir. Par la qualité des résultats obtenus : une vingtaine de rapports techniques constituent une mine de données fondamentales et applicables sur l'environnement littoral des Pays-Bas.

Plusieurs stratégies ont ainsi été proposées et le coût de chacune d'elle a été chiffré (prix de 1989). L'une consistait à accepter le recul du littoral, sauf bien sûr là où il mettrait en danger la sécurité des polders qui reste évidemment une priorité absolue. Dans ce cas, seuls 20 km de linéaire côtier seraient à protéger au prix de 45 millions de florins par an, 350 ha de dunes devant être perdus d'ici à l'an 2 000. Une défense sélective du littoral, appliquée à des secteurs particulièrement intéressants d'un point de vue économique ou écologique, impliquerait d'intervenir sur une longueur de 60 km, réduisant ainsi la perte d'espace à 150 ha, avec un coût annuel de 60 millions de florins. Une défense intégrale s'appliquerait à 140 km de rivage ; aucune terre ne disparaîtrait et les dépenses s'élèveraient à 80 millions de florins par an. Enfin, une politique offensive consisterait non seulement à protéger tout le trait de côte, mais aussi à gagner de l'espace aux dépens de la mer par la mise en place de brise-lames et de remblayages dans des secteurs spécialement menacés par la mer, comme sur l'île Texel par exemple. Le budget annuel devrait être alors de l'ordre de 95 millions de florins. Toutes ces évaluations financières ont été faites en admettant une vitesse d'élévation du niveau de la mer égale à l'actuelle qui est, on vient de le voir, de 2 mm par an. Une vitesse plus rapide, comme celle attendue de 6 mm par an, conduirait à majorer les coûts d'environ 25 %. A titre de comparaison, les travaux actuels destinés à stabiliser la position de la ligne de côte reviennent à 26 millions de florins par an au budget de l'État.

En 1990 le gouvernement néerlandais a fait connaître son choix qui a été approuvé par un vote du parlement. C'est la défense intégrale qui a été retenue et le trait de côte doit désormais être maintenu sur la position qui était la sienne cette année-là. Priorité est donnée pour réaliser cet objectif à l'alimentation artificielle en sédiments des plages dont la tendance évolutive est au recul et à partir desquelles les dunes se nourrissent en sable. La méthode s'avère à la fois plus respectueuse de l'environnement, plus efficace et moins coûteuse que la mise en place d'épis ou de murs, même si l'opération doit être recommencée tous les cinq ou six ans en moyenne. Il est actuellement nécessaire, pour nourrir les rivages des Pays-Bas, de draguer environ 8 millions de m³ de sédiments par an à l'entrée des estuaires et des chenaux d'accès aux ports, mais surtout à plusieurs kilomètres au large des côtes, au-delà des profondeurs de 20 m, pour ne pas aggraver sur le littoral les phénomènes d'érosion que l'on cherche justement à combattre. Les ouvrages lourds de défense déjà existants ne seront pas enlevés, mais on évite désormais d'en ajouter d'autres. Il s'agit donc de fixer la ligne de rivage, sans la durcir et même, au contraire, toutes les fois où la chose est possible, en lui conservant la flexibilité morphologique naturelle que donnent aux dunes et aux plages des échanges sédimentaires réciproques au gré des actions marines et éoliennes. La défense du rivage peut ainsi être à la fois intégrale et souple. Dans les parties inhabitées des îles-barrières de la mer des Wadden, une large liberté d'évolution est laissée à la côte, comme dans le cas des petites îles de Rottumeroog et de Rottumerplaat, à l'embouchure de l'Ems, devenues des réserves naturelles dans lesquelles il n'y a pas d'intervention humaine. Inversement, des gains localisés d'espace sur la mer ne sont pas exclus s'ils apparaissent nécessaires. Sans doute le projet de gagner vers l'an 2 000 30 km² par remblayage en avant du rivage actuel entre Scheveningen et Hoek Van Holland, dans la partie méridionale de la province de Hollande, restera-t-il dans des cartons. Mais on peut penser qu'une nouvelle extension artificielle, après celle de la Plaine de la Meuse (Maasvlakte), achevée en 1974, qui avec 2 700 ha pris sur la mer déborde de plus de 5 km la ligne naturelle de la côte à l'embouchure du Nieuwe Waterweg, deviendra peut-être un jour un impératif européen pour l'activité et le développement de Rotterdam, le premier port du monde par son trafic de marchandises.

La protection, prévue par la loi, des polders contre les inondations marines, par l'entretien des digues et des dunes, relève de la responsabilité des wateringues, organismes de droit public qui regroupent des propriétaires fonciers et ressortissent des administrations provinciales. Il n'en va pas de même pour la défense du littoral contre l'érosion de la mer dont l'État assure la prise en charge financière et technique par l'intermédiaire du *Rijkswaterstaat*.

La Camargue : propositions pour une réponse modulée à l'érosion marine

Dans un pays comme la France où le linéaire côtier est long et où l'enjeu que représente la sauvegarde des espaces littoraux n'a pas partout la même importance, l'élaboration d'une stratégie unique, comme dans le cas des Pays-Bas, n'est ni possible ni souhaitable. La réponse aux problèmes posés aux aménagements par l'instabilité du trait de côte doit se faire dans le cadre des différents géosystèmes qui se partagent les rivages du pays. Il s'agit de grandes unités naturelles qui s'individualisent par leur autonomie sédimentaire et qui, bien entendu, ignorent les frontières administratives ou politiques. A leur tour, les géosystèmes peuvent se diviser en secteurs, caractérisés par une tendance évolutive propre et une occupation humaine plus ou moins dense, qui sont solidaires entre eux. Toute intervention sur un secteur a donc nécessairement sur ses voisins des répercussions qu'il est nécessaire de prévoir.

On choisira ici l'exemple de la côte de la Camargue (fig. 48) pour suggérer un schéma de gestion rationnelle d'un environnement côtier où l'érosion de la mer peut revêtir des formes très menaçantes pour les amé-

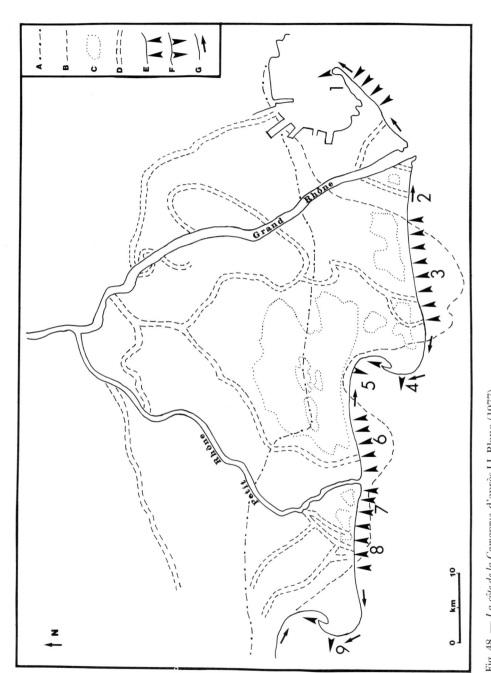

Fig. 48. — *La côte de la Camargue*, d'après J.J. Blanc (1977).

A. Tracé du rivage à l'époque romaine. B. Tracé du rivage à la fin du XVIIIe siècle. C. Lagune. D. Bras abandonné du Rhône. E. Secteur en cours d'érosion. F. Secteur en cours de progradation. G. Dérive littorale.

1. La Gracieuse. 2. Piémanson. 3. Faraman. 4. Beauduc. 5. Réserve nationale de la Camargue. 6. Saintes-Maries-de-la-Mer. 7. Grand Radeau et Grande Rhée. 8. Rhône Vif. 9. Espiguette.

nagements en raison de la labilité des rivages d'une plaine deltaïque. Dans ces parages, la dernière grande tempête, d'occurrence semi-centennale selon J.-J. Blanc, s'est produite les 7 et 8 novembre 1982. Une baisse marquée de la pression atmosphérique et des vents violents du Sud-Est, caractérisés par des rafales de plus de 150 km/h, engendrèrent pendant une cinquantaine d'heures une surélévation du plan d'eau qui, à certains moments, atteignit 2 m avec des vagues de 6 à 7 m de haut déferlant sur les plages. Il s'ensuivit de gros dégâts et de nouvelles mesures de protection furent prises. Depuis, il y a bien eu quelques alertes, comme en 1984, mais on attend toujours la tempête de probabilité décennale ou vingtennale qui permettrait de juger véritablement de l'efficacité des défenses qui ont été mises en place. Pour le moment, on peut procéder à une évaluation de la situation et, éventuellement, avancer des propositions afin de mieux gérer un environnement instable, diversement valorisé par les hommes.

En partant de l'Est, la flèche sableuse de la Gracieuse constitue la première unité géomorphologique de la côte de la Camargue. Longue de 5 km, elle représente une digue naturelle qui met à l'abri des houles du Sud les installations industrialo-portuaires du golfe de Fos et les aménagements conchylicoles de la baie de Carteau. Or, son évolution actuelle menace à terme cet important rôle de protection. En effet, elle a tendance non seulement à migrer vers le Nord-Ouest et à s'allonger vers le Nord-Est, mais aussi à s'amincir et à se tronçonner. La diminution considérable des apports solides à l'embouchure du Grand Rhône, conséquence des aménagements dont le fleuve a fait l'objet, et la dégradation de la végétation de la flèche, consécutive à la pression touristique estivale, ont renforcé les actions érosives des houles et des vents, ces derniers ouvrant des brèches agrandies par des vagues de débordement pendant les tempêtes. La racine de la flèche montre ainsi une précarité grandissante qui affaiblit son rôle protecteur tandis que sa partie distale s'allonge, menaçant de fermeture le chenal conduisant aux bassins portuaires de Fos. Il est donc impératif d'intervenir ici pour des raisons économiques évidentes. Des obstacles artificiels immergés gênent aujourd'hui la progression de la flèche de la Gracieuse à son extrémité. Mais pour stabiliser et renforcer son corps, le Port autonome de Marseille a opté pour la restauration et le rehaussement du bourrelet dunaire qui le constitue plutôt que pour son artificialisation par des ouvrages lourds de défense. Il y a là un choix méritoire. D. Moulis, P. Barbel et M. Radulescu, d'un bureau d'études de Montpellier, ont proposé de mettre en place un ouvrage expérimental, fait de ganivelles destinées à piéger le sable en transit sur le haut de l'estran, qui a donné de bons résultats. En effet, en deux ans, un cordon dunaire, long de 250 m, large d'une centaine de mètres, haut de plus de 3 m, s'est développé. Cependant sa végétalisation naturelle est lente et elle devra être assistée pour améliorer encore les résultats d'une opération en cours d'extension à l'ensemble de la flèche dont l'accès est désormais interdit aux véhicules à moteur. Il restera à voir aussi les effets d'une forte tempête et l'on sera peut-être conduit à recourir à une alimentation artificielle en sable car il ne faut pas oublier que c'est un déficit sédimentaire qui est la cause première de la déstabilisation de la flèche de la Gracieuse.

La plage de Piémanson commence sur la rive droite du Grau de Roustan qui correspond à l'embouchure du Grand Rhône. Même si elle est privée d'apports solides directs du fleuve depuis que le bras secondaire de Piémanson ne fonctionne plus, cette plage paraît stable car la dérive littorale dirigée vers l'Est lui fournit des sédiments venu du rivage de Faraman qui est en cours d'érosion. Freinée par le débouché en mer des eaux du Rhône, la dérive est contrainte de déposer ici une partie de sa charge. La plage de Piémanson s'adosse sur un cordon dunaire bien développé, mais en de nombreux endroits il est interrompu par des couloirs dans lesquels s'engouffrent des vagues de tempête. La baisse de Quenin et la Grande Palun sont alors submergées. Ces brèches ont leur origine dans les nombreux chemins d'accès au rivage ouverts par des piétinements répétés et agrandis par le vent. La dégradation de la dune bordière de la plage de Piémanson s'explique, non par des érosions naturelles marine et éolienne, mais par une fréquentation humaine anarchique qui l'a déstabilisée. Ce secteur du rivage de la Camargue pourrait faire l'objet d'une opération exemplaire d'aménagement d'un littoral deltaïque méditerranéen dans un pays développé. Les conditions y sont très favorables : équilibre sédimentaire de la plage, absence d'aménagements, proximité immédiate des terres humides du domaine de La Palissade acquis par le Conservatoire du littoral, inclusion dans le Parc naturel régional de la Camargue. L'entreprise implique une restauration préalable du cordon dunaire, sa mise en défens, et l'élaboration d'un schéma d'accès pour contrôler et diluer la fréquentation touristique sur toute la longueur d'une belle plage qui appartient à la commune d'Arles et dont l'ouverture au public reste souhaitable.

Le littoral de Faraman correspond à un secteur particulièrement érodé de la côte du delta du Rhône. La vitesse moyenne du recul était partout de plusieurs mètres par an avant la mise en place d'ouvrages de défense au cours des dernières années. Il s'agit d'un recul ancien et continu. Les ruines du phare de Faraman, construit vers 1830 à plus de 400 m à l'intérieur des terres, se situent aujourd'hui en mer à une centaine de mètres du trait de côte. L'érosion est très rapide car le littoral se localise ici sur un ancien lobe sous-deltaïque qui s'avançait autrefois bien au-delà du rivage actuel vers le Sud et que l'attaque des vagues a commencé à détruire à partir du moment où, au début du XVIIIe siècle, le Rhône a changé de cours à l'occasion d'une crue, abandonnant le chenal connu sous le nom de Bras de fer (Vieux Rhône). La côte se trouve directement exposée à l'action de la houle et des vents. Il apparaît que le corps sédimentaire sableux immergé en avant d'elle, vestige de l'ancien sous-delta tronqué par l'érosion de la mer, détermine dans ce secteur, par réfraction, une concentration de l'énergie de la houle qui donne naissance à deux dérives littorales de sens opposé, l'une portant vers la plage de Piémanson, l'autre vers la pointe de Beauduc. Ici le cordon dunaire est très étroit et discontinu. A la Pointe à la Mer, il a même totalement disparu et les vagues battent directement la Digue à la Mer, ouvrage destiné à protéger de l'inondation les terres basses du delta. Compte tenu de l'enjeu économique et social représenté par la sauvegarde des salines qui ont été aménagées en arrière du rivage (production de 800 000 tonnes de sel par an, emploi d'environ 300 salariés) et de la gravité de la menace que représente pour elles l'évolution régressive accélérée du littoral, la réponse est ici une artificialisation du rivage par des ouvrages de protection, démarche seule susceptible de mettre à l'abri les partènements et les surfaces saunantes d'une invasion brutale par la mer. Un schéma de défense, élaboré par la Compagnie des salins du Midi et des salines de l'Est, est réalisé par étapes. Des épis courts constituent les pivots du système de défense dans lequel les digues frontales ne sont que des pièces secondaires destinées à contenir une surcote du niveau de la mer. Il est prévu de renforcer le dispositif de protection par l'implantation de brise-lames immergés pour diminuer l'impact sur le rivage de l'attaque frontale des vagues. On arrive ainsi à stabiliser la position du trait de côte.

La plage de Beauduc, bien alimentée par la convergence de deux dérives côtières de direction contraire, montre un tracé arqué très régulier. Plusieurs rides sableuses prélittorales témoignent d'un apport abondant de sédiments, fournis surtout par l'érosion de la plage de Faraman, qui constituent une gêne pour l'alimentation en eau par pompage des salines de Salin-de-Giraud. A la pointe de Beauduc, le rivage a avancé aux dépens de la mer de 300 m en 80 ans. L'extrémité de la flèche s'allonge à la vitesse moyenne de 44 m par an. Dans ce secteur, les lais et relais de mer accroissent notablement l'étendue du domaine public maritime.

Le littoral de la Réserve nationale de la Camargue est également caractérisé par un engraissement, mais il est moins rapide que dans le secteur précédent. A la limite orientale de la réserve, le trait de côte a avancé de 500 m par rapport à celui représenté par la carte de Cassini qui date de la fin du XVIIIe siècle et de 250 m depuis 1895, ce qui indique une progradation à une vitesse constante de l'ordre de 2,50 m par an. Il est possible que cette vitesse soit aujourd'hui ralentie car le volume des sédiments arrivant de l'Ouest a dû être diminué depuis que des ouvrages de défense protègent la plage des Saintes-Maries-de-la-Mer. Des cordons dunaires successifs, depuis celui qui porte le Bois de Rièges jusqu'à celui qui se forme actuellement, témoignent de l'avancée du rivage. Dans le cadre d'une réserve naturelle, la conduite qui s'impose est de permettre au littoral de continuer à évoluer librement, sans aucune sorte d'intervention, pour observer ses transformations. On a la chance d'avoir ici le seul espace deltaïque de France où les conditions naturelles ont été peu perturbées. Il constitue un laboratoire dans lequel des phénomènes morpho-sédimentaires littoraux peuvent être étudiés *in vivo*. La stratégie de laisser-faire préconisée dans ce cas répond à une finalité scientifique.

La côte des Saintes-Maries-de-la-Mer a connu un recul spectaculaire dont le résultat est une menace directe de destruction et de submersion par la mer de la ville. L'abandon, daté du IVe siècle, du bras de Saint-Ferréol qui avait construit un lobe sous-deltaïque aujourd'hui disparu, ainsi que la diminution de la charge solide du Petit Rhône expliquent l'érosion exacerbée du littoral dans ce secteur très exposé à l'action des houles du Sud-Est et du Sud-Ouest. Par gros temps, des courants d'arrachement entraînent des sédiments vers le large. Le transfert littoral dominant se fait vers l'Est. On se trouve ici devant le cas, unique sur la côte de la Camargue, d'une aire urbanisée qu'il convient évidemment de mettre à l'abri de l'attaque de la mer tout en sachant bien que la conjoncture est particulièrement difficile. Il y a déjà plusieurs décennies que des ouvrages de protection ont été mis en place aux Saintes-Maries-de-la-Mer, mais c'est après la grande tempête de 1982 qu'un plan de défense a été élaboré, puis progressivement appliqué à partir de 1984. Aujourd'hui le rivage est équipé à la fois d'épis longs, d'épis courts, d'épis en T, d'enrochements et de murs de haut de plage. En attendant de voir ce que seront les effets de la prochaine tempête sérieuse, le rivage paraît pour l'instant stabilisé. Mais, il faut savoir que, les années passant, la résistance à l'avancée de la mer risque d'être de plus en plus difficile si, comme c'est probablement le cas, les profondeurs littorales avoisinantes s'accroissent. Il conviendrait d'ailleurs que des levés bathymétriques périodiques confirment et précisent une telle évolution qui a pour effet de diminuer le freinage des vagues à l'approche de la côte, donc d'accroître leur énergie lorsqu'elles déferlent sur le rivage. Il est prévu d'ajouter des brise-lames pour compléter le dispositif de défense qu'il serait souhaitable de renforcer par des apports artificiels de sable. A l'Ouest de la ville, le Parc naturel régional de Camargue a procédé avec succès à la restauration de la dune bordière de la plage. Inutile de dire qu'il ne serait pas raisonnable de créer de nouveaux aménagements urbains à proximité du rivage qui reste sous la double menace de la mer, l'érosion et la submersion.

Juste à l'Ouest du Grau d'Orgon, l'embouchure du Petit Rhône, s'étend le rivage du Grand Radeau et de la baisse de la Grande Rhée où le recul est très rapide, de l'ordre de 5 à 7 m par an. Sur l'estran apparaissent des affleurements de limons argileux, à l'origine déposés dans des roselières situées en arrière de la plage. Quand le cordon dunaire littoral existe, il est bas et discontinu. La forte érosion de ce secteur s'explique logiquement par la diminution des apports solides à la mer du Petit Rhône depuis la fin du XVIIIe siècle. La dérive littorale est sous-saturée. Par forte houle du Sud-Est les courants d'arrachement sont agressifs et les vagues de débordement franchissent la plage. La végéta-tion subit les effets nocifs de cette avancée des influences marines : genévriers et pins souffrent des embruns et de la contamination par l'eau salée de la nappe phréatique. L'espace n'a pas fait l'objet ici d'aménagements : on ne rencontre ni habitat, ni routes, ni cultures. On peut donc se demander légitimement s'il convient de le défendre contre l'érosion qui le ronge depuis au moins deux siècles, évolution qui s'inscrit dans l'ordre naturel des choses et que l'on a longtemps acceptée sans émettre de doléances. Une attitude de laisser-faire peut se justifier ici et, même accompagnée d'une indemnisation des proprié-taires dont les terres se perdent dans la mer, elle serait nettement moins coûteuse que la défense de la côte pour laquelle on a opté, arguant de la nécessité de sauvegarder un environnement naturel de qualité. Mais, une fois la mise à l'abri décidée, il convenait de mettre sur pied un dis-positif de protection efficace pour ne pas s'exposer à des déboires qui coûtent cher. Or, il apparaît que les interventions faites depuis 1984 l'ont été au coup par coup, sans étude préalable, sans suivi. Aussi la situation ne s'est-elle pas améliorée. Les épis mis en place n'ont pas empêché le recul du trait de côte de se poursuivre puisque certains d'entre eux ne sont plus enracinés sur le rivage. Ils l'ont sans doute même probablement aggravé dans la mesure où ils peuvent engendrer des courants d'arrachement. Leur maintenance a été négligée. En 1987, une digue en enrochement a été édifiée sur le haut de la plage. Il n'est pas sûr non plus qu'elle s'avère efficace. Elle a été implantée trop près du trait de côte. Les blocs qui la constituent ne sont pas assez lourds et son arase est trop basse. Elle est aussi contre-productive car elle pro-voque une réflexion des vagues et gêne la construction d'un cordon dunaire. Sur ce rivage de la Petite Camargue placé dans un contexte météo-marin agressif, seule une défense lourde frontale peut donner des résultats au prix de la perte de la plage. Mais la mise en place de brise-lames implique des dépenses élevées que l'absence d'aménage-ments à protéger rend discutables. Il reste que le bilan qualité-coût des demi-mesures qui ont été prises jusqu'à présent n'est pas satisfaisant.

La côte des parages du Rhône Vif en arrière de laquelle se situent les marais salants d'Aigues-Mortes offre des conditions météo-marines et un cadre morpho-sédimentaire rappelant le secteur précédent, mais l'érosion revêt ici un caractère moins aigu. Avant la mise en place d'ouvrages de protection, on estimait à environ 3 m par an la vitesse moyenne du recul du rivage dans ce secteur. La cause de l'érosion est encore dans ce cas la destruction d'une ancienne avancée sous-del-taïque due à des bras abandonnés du Rhône, ceux de Saint-Roman et de Peccaïs. Un cordon dunaire existe, mais il présente des ensellements et des discontinuités qui laissent planer la menace d'une pénétration de la mer dans des installations saunantes entretenues par la Compagnie des salins du Midi et des salines de l'Est. Des épis courts ont été implantés et des enrochements longitudinaux ont aussi été placés dans les endroits où existent des risques de franchissement par la mer du bourrelet dunaire. Celui-ci pourrait être également renforcé par la mise en place d'un réseau de ganivelles pour piéger le sable enlevé sur l'estran par le vent. Actuellement le trait de côte paraît stabilisé.

Le rivage de l'Espiguette rappelle par sa morphologie et son comportement celui de Beauduc. Vers lui convergent deux dérives littorales de sens opposé, la plus importante venant du Sud et déplaçant 200 000 m³ de sable par an. La côte engraissait de 20 m par an sur le corps de la flèche et de 25 m à son extrémité avant la construction des jetées de Port-Camargue qui ont encore accentué l'importance des atterrissements.

Ainsi, dans ce géosystème que constitue la côte de la plaine deltaïque du Rhône coexistent plusieurs secteurs différenciés, d'abord sur la base de leur comportement morpho-sédimentaire, ensuite sur la nature des établissements humains qui ont pu y être installés. Certains, caractérisés par un budget sédimentaire positif, gagnent sur la mer, mais d'autres, les plus nombreux, démaigrissent et reculent. Le comportement évolutif de ces derniers appelle une réponse qui dépend du type des aménagements à protéger, de leur valeur matérielle ou historique, des effets induits par l'érosion sur l'activité économique et la situation sociale de la région. Là où l'on considère comme indispensable la mise à l'abri d'équipements, comme par exemple les salines de Salins-de-Giraud et d'Aigues-Mortes, il faut se résoudre à se barricader, en ayant recours aux ouvrages lourds de défense, tout en étant bien conscient du prix à payer tant en coût financier, qui s'accroîtra avec le temps, qu'en atteinte à la qualité de l'environnement qui sera durablement détérioré. Lorsque les investissements à défendre justifient les dépenses qu'elle implique, surtout lorsque la conservation d'un patrimoine urbain ancien s'ajoute à un enjeu économique et social, comme dans le cas de la ville des Saintes-Maries-de-la-Mer menacée de disparition, l'alimentation artificielle en sédiments du rivage constitue la meilleure des solutions au problème de l'érosion des côtes. Cependant, toujours en se plaçant du point de vue bien compris de la collectivité, il ne semble pas nécessaire de généraliser l'artificialisation et la stabilisation de tout le littoral de la Camargue. Quand il n'existe pas de justification sérieusement fondée pour s'acharner à entraver le jeu des processus naturels, il apparaît plus raisonnable, du point de vue à la fois du respect de l'environnement et du bon usage de l'argent public, d'accepter le recul d'une côte qui, on le dira encore une fois, relève d'un phénomène normal sur la marge d'une plaine deltaïque. Affirmer, comme on l'entend dire parfois, que la défense obstinée de tout le littoral de la Camargue se justifie par la nécessité de conserver l'intégralité d'un milieu naturel original relève d'une argumentation spécieuse. Tout au contraire, il serait souhaitable, en particulier sur un espace inclus dans un Parc naturel, que certains secteurs, surtout quand ils constituent des archétypes scientifiques remarquables, puissent ne pas souffrir d'altérations et évoluer librement.

Un plan directeur guidé par les principes de gestion qui viennent d'être énoncés devrait être élaboré après consultation des différents partenaires qui interviennent dans l'aménagement de la côte de la Camargue : le Parc naturel régional de Camargue, les communes (Arles, Saintes-Marie-de-la-Mer, Aigues-Mortes), les services maritimes et de navigation des deux régions concernées (Provence-Alpes-Côte d'Azur et Languedoc-Roussillon), l'Office national des forêts, le Conservatoire de l'espace littoral et des rivages lacustres, la Réserve nationale de la Camargue, la Compagnie des salins du Midi et des salines de l'Est, la Compagnie industrielle et agricole du Midi. Ce plan s'appuiera sur une étude approfondie de la situation morpho-sédimentaire actuelle du littoral pour laquelle on dispose déjà de beaucoup de données réunies par J.-J. Blanc et son équipe de chercheurs. Il prendra aussi en compte les vues prospectives sur son évolution dans les décennies à venir, évolution qui peut être prédite à partir des transformations qui se sont manifestées dans un passé récent. On sera ainsi en mesure de définir les modalités et les étapes des opérations à conduire. Il faudra aussi préciser les conditions du suivi des opérations afin de procéder éventuellement à un réajustement des interventions. A ce propos, des transformations dans la topographie des petits fonds sont souvent annonciatrices de modifications sur la partie émergée des plages. Il est possible de les déceler par l'analyse de photographies aériennes, d'où la nécessité de prises de vues répétées, et bien sûr par des levés bathymétriques qu'il faut refaire périodiquement. Le plan directeur ainsi conçu pourrait être intégré dans le schéma de mise en valeur de la mer en cours d'élaboration. Ce dernier document, prévu par une loi du 7 janvier 1983, a justement pour but d'être un outil permettant d'engager la concertation et la planification intercommunale dans les secteurs de côte qui présentent une unité géographique, et où s'exercent des activités liées au littoral et à la mer qui peuvent être concurrentes. On se départirait ainsi des errements qui consistent à ne pas prévoir les phénomènes d'érosion, à attendre les événements et à réagir ensuite, en catastrophe, dans l'improvisation et en ordre dispersé. C'est ce qui a été fait en Petite Camargue, à l'Ouest de l'agglomération des Saintes-Maries-de-la-Mer, après la grande tempête de 1982. Il a été vu à ce propos que ce n'était pas là une bonne méthode.

La cartographie prospective
de l'évolution du trait de côte

La prévision du comportement d'un rivage marin constitue une donnée de première importance car elle peut permettre d'éviter d'être obligé de le défendre contre une éventuelle érosion si les aménagements dont il a fait l'objet tiennent compte de l'évolution attendue dans les décennies suivantes. La question est donc de savoir comment prévoir cette évolution. Aujourd'hui, la tendance de la recherche en morpho-sédimentologie côtière est de s'intéresser tout particulièrement aux phénomènes dynamiques, vagues et courants littoraux, et aux formes qui en résultent. L'approche est résolument instrumentale, quantitative, modélisatrice. On s'applique, par exemple, à mettre en évidence les modifications de profil des plages sous l'influence des variations de l'énergie de la houle et de celle des courants, en recourant à des formules, des équations et des figurations précises. Les mécanismes des flux sédimentaires dans la zone du déferlement des vagues sont évalués. Les volumes des transferts solides font l'objet de calculs. Les observations sont numérisées. Des modèles physiques et mathématiques sont élaborés. On tire aussi parti de la télédétection pour suivre les flux sédimentaires et les modifications momentanées des rivages meubles dans le but de déceler les tendances cinématiques d'un littoral.

Ces méthodes de travail, qui ont été développées surtout par des chercheurs anglo-saxons mais dont la pratique s'est généralisée, ont des mérites qu'il convient de rappeler. En particulier, elles permettent de mettre en évidence les effets à court terme et à une échelle locale des phénomènes dynamiques sur les formes d'érosion ou d'accumulation des rivages marins. Pour prendre un cas, les études sur la côte d'Aquitaine qu'a conduites J.M. Froidefond, à propos des modifications de la topographie dans l'espace affecté par le déferlement des vagues et les courants de marée, illustrent bien cette tendance actuelle de la recherche en géomorphologie littorale dont les applications pratiques sont évidentes. On peut, par exemple, prévoir les effets — actions, interactions, rétroactions — d'un aménagement portuaire sur les secteurs adjacents du rivage. Mais la vogue dont elle fait l'objet, et qui lui permet d'attirer à elle des crédits de recherche, ne doit pas faire oublier ses limites. Ainsi, du point de vue qui nous intéresse ici, il faut bien reconnaître que cette approche instrumentale et modélisatrice ne permet pas de prévoir l'évolution d'une ligne de rivage sur un laps de temps de plusieurs décennies et sur toute la longueur du compartiment littoral auquel elle appartient. D'abord, parce que les formules et les équations ne s'appliquent pas aisément à un environnement fortement anisotrope. Ensuite, parce que nécessairement existe un divorce entre les résultats obtenus à partir d'un modèle physique réalisé dans des conditions réductrices arbitraires et les effets réels des mécanismes naturels, rebelles à la mesure dans leur intégralité et leur complexité. On ne peut donc transposer purement et simplement, et encore moins extrapoler dans le temps et dans l'espace, les enseignements tirés d'un modèle, même s'ils permettent de mieux comprendre l'action des processus littoraux, pour prédire ce que sera à plus ou moins long terme le comportement d'un trait de côte.

Pour illustrer ce qui vient d'être dit, on prendra l'exemple de la baie du Mont-Saint-Michel où le problème, on le sait, est son colmatage rapide qui menace à échéance d'une décennie l'insularité de la célèbre abbaye bénédictine. Pour voir comment ralentir les atterrissements, on a procédé à des simulations sur un modèle réduit. Elles ont abouti à la proposition d'interventions diverses, l'une d'entre elles étant le dérasement de la digue submersible de la Roche-Torin, construite en 1859-60 pour protéger des polders des défluviations de la Sélune et de la Sée dont les courants balayaient une partie des sédiments vaso-sableux déposés à chaque marée dans la partie orientale de la baie. La destruction partielle de cet ouvrage a eu lieu en 1983-84, mais les résultats obtenus n'ont pas été ceux que l'on attendait. En cinq ans, si 6 ha de marais herbu ont bien été érodés, en revanche 272 ha de vasière ont été gagnés sur la mer dont 124 sont déjà végétalisés. Cet exemple fait apparaître une énorme divergence entre les prévisions résultant des simulations et la réalité des faits intervenus. On pourrait en donner d'autres. Il faut donc admettre que la modélisation est une méthode qui manque encore de fiabilité pour obtenir une vue prospective de l'évolution d'une côte par érosion ou accumulation, ou de sa non-évolution dans le cas de la stabilité.

Une autre approche existe dans la recherche en géomorphologie littorale. De caractère historique et de nature empirique, elle consiste à éclairer ce qu'a été le comportement d'une côte dans le passé pour en comprendre la situation présente, mais aussi pour en prédire par extrapolation l'évolution dans les décennies à venir. Trois échelles de temps peuvent être choisies pour ce type d'étude : la période holocène depuis la fin de la transgression postglaciaire il y a 5 ou 6 000 ans, l'époque historique, la dernière centaine d'années. Il ressort des recherches que c'est ce dernier laps de temps qui est le plus significatif pour la prévision de l'évolution d'une côte qui doit faire l'objet d'aménagements dont la durée de vie se compte en plusieurs dizaines d'années. En premier lieu parce qu'il est suffisamment long pour avoir permis l'occurrence de fortes tempêtes dont on sait que ce sont elles qui font évoluer durablement une ligne de rivage. Ensuite parce que l'on dispose pour lui de documents cartographiques et photographiques assez nombreux qui permettent d'évaluer correctement les modifications de tracé d'un rivage. Enfin parce qu'il correspond à une époque au cours de laquelle des interventions humaines diverses ont considérablement altéré les effets des processus naturels en jeu sur les littoraux.

Cette méthode a été utilisée par exemple par J.-P. Pinot pour étudier les transformations, depuis la fin du XVIIIe siècle, des côtes du Trégor et du

Léon. Pour ce faire, il a comparé les excellentes cartes levées au 1 : 14 000 par les ingénieurs-géographes du Roi entre 1773 et 1776 avec les cartes actuelles de l'Institut géographique national au 1 : 25 000, en ramenant ces deux types de carte à l'échelle du 1 : 10 000 afin d'obtenir une meilleure précision graphique. Il a aussi eu recours, pour identifier des stades dans l'évolution, à des documents divers (autres cartes, plans, photographies prises d'avion et au sol) de date intermédiaire. L'auteur a voulu mesurer d'abord avec exactitude le sens et la vitesse d'évolution des rivages avant qu'ils ne soient touchés par des interventions humaines, puis évaluer les modifications apportées à cette évolution par des exploitations mal contrôlées et des aménagements de plus en plus lourds. De fait sa démarche avait un but pratique bien défini : améliorer la fiabilité des études d'impact, en donnant aux décideurs des estimations solides à propos des effets sur l'environnement induits par des plans d'équipement. Mais, en les projetant dans l'avenir, les résultats obtenus autorisent aussi une vue prospective de l'évolution de ces rivages au cours des prochaines décennies.

Cette perspective prévisionnelle est celle qui guide les travaux de F. Levoy sur la vulnérabilité du littoral de la presqu'île du Cotentin aux actions marines de submersion et d'érosion. Cet auteur a ainsi évalué pour sept secteurs de la côte du département de la Manche, en utilisant des modèles statistiques permettant de définir la période de retour d'un événe-

Type de Côte	Principaux secteurs concernés	Largeur des terrains érodables à échéance de :		
		10 ans (an 2000)	50 ans (an 2040)	100 ans (an 2090)
Côte à falaises de roches dures	Côte de Carteret, du Rozel et Nez de Jobourg	/	/	/
Côte à falaises de roches meubles	Côte du Nord Cotentin entre la baie d'Ecalgrain et Cherbourg, Cherbourg et le cap Lévi	10 à 20 m (éboulements)	20 à 30m	40 m
Côte sableuse	Carteret-Rozel, anse de Vauville, pointe Lévi — cap de Barfleur, anses entre pointe de Barfleur et pointe de Saire, Saint-Vaast, baie des Veys	3 à 6 m	30 m	55 m

ment donné, les risques d'inondation liés à des surcote de probabilité d'occurrence de 2, 5, 10, 50 et 100 ans. Quant à la prévision de l'érosion à échéance de 10, 50 et 100 ans (tabl.), il cherche à l'obtenir en ajustant à des droites de régression les valeurs de recul du rivage obtenues par la comparaison de photographies aériennes prises à des époques différentes au cours des dernières décennies. Par exemple, pour le secteur littoral de Montmartin, au lieu-dit Le Marais de la Porte à Flot, où le repli du trait de côte entre 1947 et 1984 a été de 171 m, le recul entre 1984 et l'an 2000 est estimé à 85 ± 24 m. On fera remarquer ici que le simple calcul de la vitesse moyenne de l'érosion au cours de la première période (4,60 m/an) et son extrapolation pour la seconde donne un résultat (74 m) qui se situe dans le même ordre de grandeur.

Parce qu'il s'agit d'une démarche comparable, il convient de rappeler ici les recherches de sédimentologie prévisionnelle sur la côte d'Aquitaine dont on a parlé dans le chapitre de ce livre consacré aux plages (p. 58).

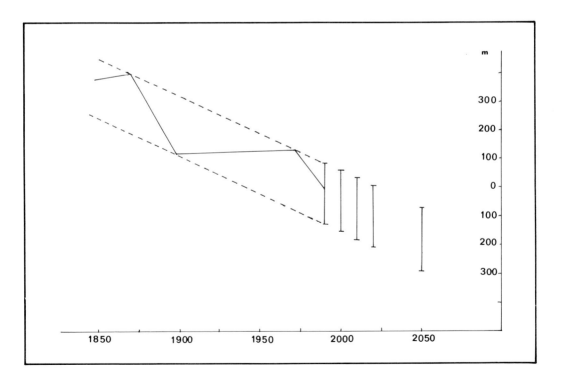

Fig. 49. — *Tendance au recul du rivage en un point de l'île de Schouwen (Pays-Bas) depuis 1850 et extrapolation de cette tendance jusqu'en 2050,* d'après P. van Vessem (1988).
Le recul général du rivage est provisoirement interrompu par des avancées passagères dues à des arrivées de bancs sédimentaires.

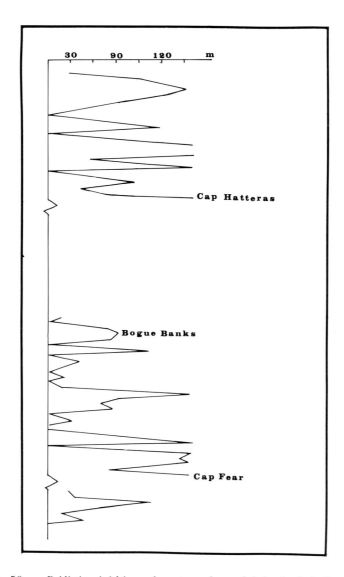

Fig. 50. — *Prédiction à échéance de cent ans du recul de la côte de la Caroline du Sud, aux États-Unis*, d'après O.H. Pilkey et T.W. Davis (1987). La prédiction est basée sur la vitesse actuelle du recul de la côte.

Hors de France, on retrouve le même ordre de préoccupations, par exemple aux Pays-Bas (fig. 49) et aux États-Unis (fig. 50).

Ainsi, la connaissance du comportement d'un littoral dans un passé récent permettant une prévision relativement fiable de son évolution dans les décennies à venir, on ne peut que recommander la multiplication de ce type de recherche sur les littoraux de la France. A partir des résultats obtenus, il est possible d'établir des cartes prospectives à grande échelle de l'évolution du trait de côte qui sont d'une grande utilité pour mettre à l'abri d'une éventuelle érosion de la mer les aménagements à venir.

Pour l'adoption d'un zonage côtier

Sur les littoraux en état de recul et non encore occupés par des établissements humains, comme c'est le cas en France pour de longs tronçons de la côte d'Aquitaine où la sagesse commande de se replier et non de résister, la possibilité de prévoir les différentes positions qu'occupera le rivage dans les décennies prochaines permet l'élaboration d'un zonage

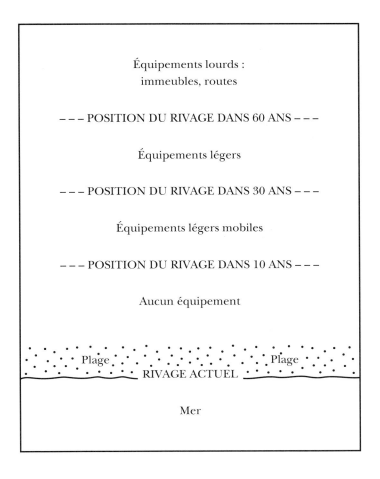

côtier dont la finalité est d'éviter le recours à des travaux de protection contre la mer. De ce point de vue, on pourrait définir à partir du trait de côte actuel, comme l'a proposé récemment un groupe d'experts américains du Conseil de la recherche nationale, trois bandes de terrain, limitées respectivement par la position du rivage attendue dans dix ans, dans trente ans et dans soixante ans (tableau). Dans la première bande aucune construction de quelque nature que ce soit ne serait autorisée. On ne tolérerait dans la seconde bande que des installations mobiles et dans la troisième bande seulement des équipements légers à durée de vie courte. Quant aux aménagements lourds, à amortissement long et à durée de vie étendue, comme les immeubles et les routes, ils ne pourraient être implantés qu'au-delà de la position supposée du trait de côte dans soixante ans. Un tel zonage devrait être périodiquement révisé, par exemple tous les cinq ans, et aussi réajusté pour tenir compte du comportement réel de la ligne de rivage. Il conviendrait de l'intégrer par la voie réglementaire dans le plan d'occupation des sols des communes littorales.

Le nécessaire aggiornamento

En France, à propos d'érosion marine, des progrès restent à faire. Ce sont toujours les ingénieurs d'une administration de l'État, les services maritimes et de navigation, qui gardent la haute main sur la maîtrise de ce phénomène naturel qui constitue un risque à partir du moment où il menace l'existence d'aménagements. Ils interviennent généralement à la demande des communes, à titre curatif, après que des dégâts ont été commis par une forte tempête. Ils recommandent systématiquement, par formation et par tradition, des ouvrages lourds de défense dont le financement le plus souvent public est assuré par le département ou la région, voire l'État. Ils ont aussi leur mot à dire quand des bureaux d'études sont consultés en la matière par les collectivités locales. La réalité de ce domaine réservé est illustré par un fait récent significatif. C'est au Conseil général des ponts et chaussées que ce qui était alors un secrétariat d'État chargé de l'Environnement s'est adressé en 1987 pour produire une étude dont l'intitulé même est révélateur d'une approche discutable du problème : *Enquête concernant les travaux de lutte contre l'érosion marine*. Ainsi, c'est toujours en terme d'un antagonisme avec l'Homme que ce phénomène naturel est envisagé alors qu'il conviendrait de l'apprécier aujourd'hui davantage dans une perspective d'adaptation des aménagements à une situation de fait qui ne relève pas du seul art de l'ingénieur.

Ce qui a été dit des Pays-Bas au début de ce chapitre montre la voie à suivre, même si la doctrine qui a été adoptée dans ce pays en matière d'érosion marine n'est pas transposable partout. En France, il est urgent que s'établisse une réflexion d'ensemble dans le but de substituer à la perception exclusivement technocratique et défensive d'un phénomène naturel, celle qui a prévalu jusqu'ici, une approche naturaliste plus large. Une ample concertation devrait associer des ingénieurs, des élus et des universitaires de disciplines diverses : géographes, géologues, juristes, économistes, sociologues, historiens. Actuellement, les connaissances s'étant approfondies et les mentalités ayant évolué, il est possible d'énoncer des principes d'action sur les milieux côtiers permettant d'éviter l'impasse qui conduit à une défense obligée d'un littoral, coûteuse pour la collectivité et nuisible pour l'environnement. L'objectif est de gérer l'espace pour ne pas être contraint un jour de protéger contre l'érosion et la submersion par la mer les aménagements qui y ont été implantés. Sans exclure bien entendu la nécessaire artificialisation des côtes là où des enjeux importants existent déjà et le justifient, il convient d'échapper à l'absurdité que serait la généralisation du barricadage littoral tel qu'on peut malheureusement le voir déjà sur certaines côtes. Prévision des événements et souplesse dans les interventions constituent les fondements de cette philosophie des rivages que l'auteur au terme de ce livre appelle de ses vœux.

ORIENTATION BIBLIOGRAPHIQUE

BLANC (J.), *Recherches de sédimentologie appliquée au littoral du delta du Rhône, de Fos au Grau du Roi*, Centre national pour l'exploitation des océans, 1977, 69 p.

BOUSQUET (B.) et MIOSSEC (A.), Défense de la côte ou protection de l'espace littoral : peut-on parler d'une politique française ? *Littoral 90*, Colloque Eurocoast, Marseille, 1990, 363-640.

GUILCHER (A.), Vers une philosophie des rivages, *Cahiers Nantais*, 1990, 35-36, 3-15.

LEVOY (F.), Morphocinématique et évolution prévisionnelle du rivage de Montmartin-sur-Mer (France), *Photo-Interprétation*, 1989, 1, 1-8.

LEVOY (F.), La défense contre la mer du département de la Manche, présentation de l'étude globale, *Géologues*, 1992, 97, 61-68.

LOUISSE (C.J.) et VAN DER MEULEN (F.), Future coastal defence in the Netherlands : strategies for protection and sustainable development, *Journal of Coastal Research*, 1991, 4, 1027-1041.

NATIONAL RESEARCH COUNCIL, *Managing coastal erosion*, National Academy Press, 1990, 182 p.

TERWINDT (J.H.J.) et BATTJES (J.A.), Research on large scale coastal behaviour, *22nd International Conference on Coastal Engineering*, Special Report, Rijkswaterstaat, La Haye, 1990, 10, 1-10-9.

ZUNICA (M.), *Ambiente costier e valutazione d'impatto*, Pàtron, Bologne, 1992, 204 p.

INDEX THÉMATIQUE

Masson Éditeur
120, boulevard Saint-Germain
75280 Paris Cedex 06
Dépôt légal : janvier 1993

Société des nouvelles éditions liégeoises
Rue Saint-Vincent, 12 - 4020 Liège
décembre 1992